言葉で広がる知性と感性の世界

英語・英語教育の新地平を探る

柳瀬陽介・西原貴之【編著】

溪水社

中尾佳行先生近影

まえがき

　英語を学ぶことの重要性は、世間での流行り言葉が「国際化」から「グローバル化」へと変わるにつれますます強調されているが、それに応じて「英語を学ぶ」ことに関する省察は深まっているようには思いがたい。世間では今でも、「ネイティブから学ぶ」や「留学をする」といった方法が「英語を学ぶ」ことのほぼすべて、あるいは決定的な切り札であるかのような言説が見られる。いや、教育の専門家の間でも、「とにかく授業を英語で行えばよい」や「TOEICやTOEFLで学習成果を測定管理しなければならない」といった方法に関するやや単純な語り方がなされることすらある。

　日本の学校教育では、周知のように英語が熱心に教えられているが、そもそも「英語を教える」ことに対する省察も、必ずしも十分ではないのではないかもしれない。少なからずの教師が、「英語は便利」や「グローバル化で英語は必須」といった一種の外的動機づけの言説とともに児童・生徒・学生に英語を教えている。だが、その結果は必ずしもかんばしくないことも（きわめて残念ながら）否定はできない。

　学習や教育について、方法や外的動機づけについてだけしか語らないことには明らかな限界がある。

　偉大なる哲学者であり教育学者でもあったジョン・デューイは、具体的な教育内容を考慮しない教育方法論を批判していた。言い切ってしまうなら、教育方法とは、一人ひとりの学習者の興味・関心にしたがって、どのように教育内容を選択し編集し配列するかだからだ（『民主主義と教育』）。

　ここに英語教育内容学の重要性がある。

　英語教育の方法を考える際には、学習者にとって英語教育内容がどのようなものとして見えるのかという観点が必須であり、その観点から教育内容を選択・編集・配列しなければならない。この意味で、英語教育方法学は英語教育内容学抜きには考えられない。

　同時に英語教育内容学は、従来の英語学研究や英米文学研究を単純に水で薄めたもの — 簡略化したもの — ではない。英語学や英米文学の研究が、いわば普遍的な研究者目線からの探究であるとしたら、英語教育内容学は、特定の文脈での学習者目線によるものでなくてはならない。例えば、日本人英語学習者は、必然的に日本語の影響下にある。日本人英語学習者は、英語を — 私たちの恩師である中尾佳行先生（「あとがき」で詳述）がよく引用される鶴見俊輔の表現を使うなら — 日本語の習慣を「学びほぐす」(unlearn) 必要がある。日本人学習者を対象とする英語教育内容学は、そういった学びほぐしも視野に

入れたものでなくてはならない。また、学習者の興味・関心に即して教育内容を選択・編集・配列する以上、英語教育内容学には、提示や活動をどのようにすれば学習者を惹きつけることができるのかという考慮が必要となる。この意味で、英語教育内容学は英語教育方法学抜きには考えられない。

　そのように考える中尾先生は、英語教育内容学は「英語」を起点とし「言語」を中核とするものの、それだけには決してとどまらないとよくおっしゃっていた。英語教育内容学はもっと学際的に、教育学、心理学、神経科学、哲学、歴史学、さらにグローバリゼーションに関わる社会学や人文学一般などの考え方を取り込む必要がある。加えて技術的には例えばコーパス言語学のように計算機科学の知見も応用しなければならない。英語教育内容学はそのように発展しなければならないし、実際にそのようになりつつあるというのが中尾先生の見解であった。

　教育が「人間を育てる」営みだとしたら、教師を育てる教員養成は「人間を育てる人間を育てる」営みである。そうなると、英語教育ひいては言語教育においては、言語がコミュニケーションのツールであると同時に、それを超えて人間の思考や感性を形成する基盤でもあることを踏まえておかないといけない、とも中尾先生はしばしばおっしゃっていた。

　本書は、そういった中尾先生のお考えに啓発された人間が英語そして英語教育について考えなおし、それらを考える新地平を探求した論考を集めたものである。そこには上記のような意味の英語教育内容学の研究もあれば、英語教育方法学的な研究もある。伝統的な英語学や英米文学の流儀での研究もある。しかし一貫しているのは、言葉が私たちの知性と感性を広げるものであるということを、人文学的な研究者として訴えかけたい思いである。この本で、人文学的「知」からの問いかけを楽しんでいただけたら幸いである。

2016年3月

編著者

目　次

まえがき……………………………………………………………………………… i

コーパス言語学の言語理論への貢献
　　　―semantic prosody及びphraseologyをめぐって―…石井達也… 3

メディア・リテラシーを育てる英語教育のために
　　　―新聞記事を批判的に読むための試案―………石原知英… 13

*The Tale of Melibee*の*ouen*について……………………………大野英志… 23

O. Henry作 "After Twenty Years" の語り手と焦点化
　　　―英語教育における文学の可能性を求めて―
　　　………………………小野章・中尾佳行・柿元麻理恵… 32

文学テクストを会話分析の観点から指導する………………菊池繁夫… 47

空間表現に基づく身体を通した文学的な読み………………熊田岐子… 57

A Computer-Assisted Textual Comparison among the Manuscripts
　　　and the Editions of *The Canterbury Tales*: With Special
　　　Reference to Caxton's Editions
　　　………………Akiyuki Jimura・Yoshiyuki Nakao
　　　Noriyuki Kawano・Kenichi Satoh… 68

Determination of the Countability of English Nouns According to
　　　Generality of Concept………………………Toshiaki Takahashi… 86

教師の実践共同体における言語教師認知変容プロセス記述の試み
　　　―ある教職大学院生の事例―……………………中川篤… 97

ワーズワスの "The Solitary Reaper" の精読…………………中川憲… 109

日本人英語学習者による英語詩読解中の辞書使用…………西原貴之… 119

典型的な構文と動詞………………………………………………能登原祥之… 129

『パストン家書簡集』における*since*………………………平山直樹… 141

初期近代英語期における付加疑問文について………………福元広二… 155

*Emma*における登場人物の内面を描く語彙
　　—Mindを中心に—………………………………松谷緑… 164

*Old Bailey Corpus*による後期近代英語研究 ………………水野和穂… 172

英語教師志望者の「英文和訳」と「翻訳」
　　—トリビアル・マシンとノントリビアル・マシン—
　　　　………………………………………………守田智裕… 180

「訳」に関する概念分析………………………………………柳瀬陽介… 190

英文法は「分ければ分かる」か？語彙的アスペクトに基づく
　　動詞分類を教える試み………………………………山岡大基… 212

「英語のプロソディ指導における3つの原則」の提案と
　　その理論的基盤………………………………………大和知史… 219

自己調整可能な書き手／直し手の育成を目指した
　　英語ライティング指導………………………………山西博之… 232

プラニングに焦点を当てた英語パラグラフ・ライティングの指導
　　—プロダクトとアンケートの結果について—…吉留文男… 241

Teachers' Responses to the Implementation of the Task-Based
　　Language Teaching (TBLT) in Junior High Schools in China
　　　　………………………………Jing Wang・Jun Mao… 258

コミュニケーションの「ツール」を超えて
　　—人文学的「知」からの問いかけ—……………中尾佳行… 275

執筆者一覧………………………………………………………………306
あとがき…………………………………………………………………307
中尾佳行先生略年譜……………………………………………………311
中尾佳行先生著作一覧…………………………………………………314
お礼のことば……………………………………………中尾佳行… 327

言葉で広がる知性と感性の世界
―英語・英語教育の新地平を探る―

コーパス言語学の言語理論への貢献
―semantic prosody 及び phraseology をめぐって―

石井 達也

広島大学大学院教育学研究科院生

要約
本論文ではコーパス言語学がもたらした言語理論への貢献について考察する。特に言語研究の出発点を語彙に定めることで、semantic prosody 及び phraseology といった概念を発展させてきたことを示す。その上で、研究手法における哲学的背景及び、他の言語学とコーパス言語学との関係性を整理する。そして最後にコーパス言語学の学際化が図られる中で、ジャンル分析とコーパスの新たな接点と、それを生かした英語教育への応用について提案する。

1. 序論

コーパスとは、言語研究の目的においてある規則に則って集積された電子化された言語データの集合体である (Hunston, 2002; Sinclair, 2005)。本論では、semantic prosody 及び phraseology の観点からコーパス言語学の言語学への貢献について考察する。また主に新 Firth 学派と呼ばれる英国バーミンガム大学等において発展してきたコーパス駆動型 (corpus-driven approach) と呼ばれる手法における実証科学としての方法論を再考する。そして最後に、コーパスの学際化が図られる中で、specialised corpora と英語教育への応用の可能性について言及する。

2. コーパス駆動型の言語理論への貢献

コーパス言語学の台頭により、それまで研究者の直観のみでは明らかにできなかった言語現象を観察し、記述することができるようになった (Wynne, 2005)。コーパス言語学の言語理論への貢献の一つに語彙と文法の関係が割り切れないということを、ビックデーターを用いて立証してきた点が挙げられる (Groom, 2005)。そしてその過程においてコンコーダンスライン、未分類またはアルファベット順に配列された例文一覧、を観察することで semantic prosody 及び phraseology という概念を発展させてきた。これらの理論的発展は、バーミンガム大学及びコリンズ社が共同で進めていた the Cobuild project に起因する。その

分析手法は次節に譲るとし、今節ではコーパス言語学の言語理論への貢献について記述する。

　Sinclair (1987, 1991) では the Cobuild project の中で見つかった興味深い言語現象の一つとして句動詞 *set in* を挙げている。具体的には句動詞 *set in* が *rot*, *decay*, *malaise*, *despair* などの語と共起することにより喜ばしくない出来事が含意されていると記述している。この言語現象は Louw (1993) によって semantic prosody という概念に発展する。semantic prosody は以下のように定義されている。

> A consistent aura of meaning with which a form is imbued by its collocates
> (Louw 1993: 157)

semantic prosody は、ある特定の言語環境下において、単語は特定の意味を具現化することがあることを示した。さらに Sinclair (1991) は、語彙の振舞いに関して、the open choice principle と the idiom principle という2つの一見対立する意見を提言する。前者は以下のように説明されている。

> This [the open choice] is a way of seeing language text as the result of a very large number of complex choices. At each point where a unit is completed (a word or a phrase or a clause), a large range of choice opens up and the only restraint is grammaticalness　　　　　　　(Sinclair, 1991: 109, inserted by the author)

一方で後者は以下のように定義している。

> The principle of idiom is that a language user has available to him or her a large number of semi-preconstructed phrases that constitute single choices, even though they might appear to be analysable into segments.　　(Sinclair, 1991: 110)

前者と後者が織りなすことで、比較的容易にことばを無限に紡ぎだすことが可能となるのである。別の言い方をすると、前者は terminological tendency であり、一方で後者は phraseological tendency であると言える　(Sinclair, 2004: 29)。そして Sinclair (2004: 29-30) は以下のように言語単位について言及している。

> One hypothesis, to be explored in this chapter, is that the notion of a linguistic item can be extended, at least for English, so that the units of meaning are to be largely phrasal.　　　　　　　　　　　　　　(Sinclair, 2004: 29-30)

ここで重要な点は単語の振舞いを記述する際に、新たな単位 units of meaning を規定したことである。さらに彼は、その例として、*naked eye* の振舞いを記述する際に、コンコーダンスラインを観察し、意味のまとまりを広げ、*visibility+ preposition+ the+ naked+eye* の語彙選択が多いことが確認した。さらに隠された意味、semantic prosody として *difficulty* が含意されていることを記述した。semantic prosody は隠させた書き手、話し手の評価を明らかにするこができるのである (Hunston, 2007; Partington el.at, 2014; Stewart, 2010)。ここでの要点は、ある言語環境によって具現化されたパターン表現によって意味が生成されているというである。

さらに the Colbuild project の帰結として Hunston and Francis (1999) は以下のようにパターンと単語の関係を主張している。

> a pattern is a phraseology frequently associated with (a sense of) a word
> (Hunston and Francis, 1999: 3)

さらに彼らはパターンと意味の関連性を以下のように指摘している。

> patterns are closely associated with meaning, firstly because in many cases different senses of words are distinguished by their typical occurrence in different patterns; and secondly because words which share a given pattern tend also share an aspect of meaning. (Hunston and Francis, 1999: 3)

すなわち、ある単語の振舞いを観察した際に、具現化された表現に差異はあるもの、それらに共通のパターンが存在し、意味を共有しているのである。そしてそのパターンこそ phraseology という概念なのである。

Stubbs (2007) によると、コーパス駆動型は、単語の振舞いを記述することで、以下のように語彙、統語、意味論、語用論の関係を再考し、言語理論に新たな枠組みを提示することが出来たと主張している。

```
[1] collocation      lexis         }
[2] colligation       syntax        } relations between linguistic signs
[3] semantic preference   semantic  } relations between signs and the world
[4] discourse prosody    pragmatics  } relations between signs and speakers
```
図 1　**Stubbs　(2007: 179)**

collocation はある語と共起することで形成された語群である。colligation は共起された語同士の文法的関係性を示す。semantic preference とは語とその周辺に共

起された語の意味的関係性である。discourse prosody とは semantic prosody とほぼ同義である (Stewart, 2010)。そして、それは伝達目的を達成するために機能している。そのため、語彙単位の選択と関係し、意味を生成する役割も司っている。彼は、その例として *the end of the world* のコンコーダンスラインを観察した。文法的関係性を示す colligation を観察すると否定形と共起する傾向が伺えた。一方で意味的共起を示す semantic preference は *reassurance* の意味領域と共起する傾向があることを記述している。そして最後に *it's not the end of the world* が構文として具現化した場合、話し手は "it may look bad, but it could be worse, so cheer up!" (Stubbs, 2007: 179) の意味を含意していることを記述している。このように、ある単語の振舞いをコンコーダンスから統語関係を観察し、さらに共起する意味関係ことを考察することで、新たな意味のまとまり、phraseology を記述することが出来るようになったのである。

　この節では、コーパス言語学の言語理論への貢献について考察した。結論を述べるならば、コンコーダンスラインを観察することで、ある単語の振舞いを出発点とし、共起する語との統語関係、意味関係を明らかにしてきたことである。そしてその過程で semantic prosody および、新たな記述単位としての phraseology という概念を発展させてきたことである。上記で示したように、phraseology とは具体的に具現化される表現に差異はあるものの、それらの共通の言語パターンであり、それらは共通の意味を織りなしているのである。これらのことは巨大データーによって作られるコンコーダンスラインの観察によって記述可能となった。次節ではコンコーダンスラインの観察の裏にある哲学的背景について考察を試みる。

3. コーパス駆動型の言語学的手法及び哲学的背景

　この章ではコーパス駆動型の言語学的手法とその哲学的背景について他の言語理論との関係性について言及しつつ考察を試みる。コーパス駆動型は phraseology を観察するのに適した手法である (Fracis, 1993)。コーパス駆動型の手法の最大の特徴は bottom-up の手法を用いるという点である。その研究手法として Kirshnamurthy (2008) は以下のように言及している。

> A corpus-driven approach involves a bottom-up methodology, beginning by selecting unedited examples from the corpus, identifying their shared and individual features, and only then grouping them for the purpose of lexicographic presentation.　　　　　　　　　　　　　　　(Kirshnamurthy, 2008: 231)

ここで unedited examples from the corpus とはコンコーダンスラインを指している。

コーパスから KWIC によって作られたコンコーダンスラインを、研究者の内省により分類し、その言語的特徴について記述するという手法である。Stubbs (2007) はこの手法をヒュームが提唱した帰納法そのものであると見なしている。これはチョムスキーが生成文法をデカルト学派と自称したことと対をなすものである。彼はこの言語学の方法論的対立は 18 世紀の英国哲学と 17 世紀の大陸哲学の科学方法論の対立と同じであり、コーパス言語学は「古くからの難問に対して新たな方法を提供できる」 (p. 133) としている。

この方法論的対立はまた「言語」の捉え方に起因するものであると考えられる。ではコーパス言語学者は「言語」をどのように捉えているのか。以下、チョムスキー学派及びハリデーを中心とするシドニー学派の言語観について言及した後に、コーパス言語学との関連性を述べる。生成文法を提唱するチョムスキー学派は、言語を「抽象的対象物」(Lee, 2011: 167) として捉えているために、performance (E-language) よりも competence (I-language) の解明を研究目標としている。それに対して、機能主義言語学では performance (E-language) に注目していると言える。例えばハリデーを中心するシドニー学派が提唱する選択的機能文法では、言語研究とは「意味の科学」であるとし、言語外の環境が如何に具現化されているかということについての記述を試みている。さらに社会とテクストの関係において、龍城 (2006) では「テクストとは社会の具現である」 (p. 19) と考えている。これらシドニー学派の言語観はコーパス言語学者と共通の認識であると言える。例えば Teubert (2004) は「コーパス言語学は言語を社会現象として見なしている。意味もまた言語同様に社会現象である。」 (p. 97) としている。さらに Teubert (2007) はソシュールを引用し、コーパス言語学の目的は "la parole" の探求であると定義している。 すなわちコーパス駆動型によって検索されたコンコーダンスラインは「多くの様々な話者による言語使用の標本」(Stubbs, 2007: 154) であると見なすことができるのである。以上のようにコーパス言語学は選択的機能文法と親和性が高く、Thompson and Hunston (2006) では両者の接点について英語のみではなく日本語やタイ語等についても論じられており、これらの研究は用法基盤モデルを援用することになるとしている。

他方で、近年、認知言語学者もコーパスを用いた研究を行っている。その理由として Gries (2008) は、例えば、コーパスにおける頻出語は認知言語学における entrenchmen の程度と関連があるかもしれないということを示唆している。また Talyer (2012) は mental corpus という概念を提唱し、コーパスを「心理現象」であるとしている。またコーパス言語学者で lexical priming を提唱している Hony (2005) はコンコーダンスラインとは「心理コンコーダンス」 (p. 140) を反映していると見なしている。ここで興味深いことはコーパス言語学者も認知言語学者も用法基盤モデルについては一致をしているものの、『コーパスとは何か』と

いうことに対する解釈は異なっていることである。その理由として Teubert (2004) は「コーパス言語学は意味を扱っている」のに対して「認知言語学は認識を扱っている」(p. 98) からであるとしている。また Hunston and Francis (1999) のパターン文法と Goldberg (1995) の構文文法は類似点が多いものの、Stubbs (2007) によると、その手法は前者がコーパスをもとにした帰納的あるのに対して、後者は直観に基づいた演繹的であるとしている。

　この節ではコーパス駆動型の言語学的及び哲学的背景を整理した後に、生成文法との方法論的対立の起因となる哲学的対立、言語観の対立について考えた。またその上で、選択的機能文法及び認知言語学とコーパス言語学の関連性についても言及した。コーパスを用いて研究する際に大事なことは、『コーパスとは何か』、『その方法論は如何なるものか』ということが言語学的及び哲学的に謙虚に問われなくてはならないということである。すなわち研究に際して、実証するコーパスの特徴をよく理解しておく必要があると言える。そしてもし、ヒュームの提唱するように、帰納法の立場を取るならば "a corpus should be as large as possible, and should keep on growing" (Sinclair, 1991: 18) と考えていることの再考にもつながるかも知れない。

4. コーパスの今後の可能性について

　最後に本節では specialised corpora と英語教育への応用の可能性を論じる。その具体例として English for Specific Purposes (ESP) の分野で発展してきたジャンル分析および move という概念と phraseology の共通点について考えたい。

　ESP の分野においてジャンルという概念が発展した (Coffin, 2001)。ジャンル概念の発展により、とある特定の目的を共有する社会において、展開される特有の言語パターンがあることが明らかにされた (Paltridge, 2014)。またジャンル分析はライティング指導への応用を考慮されつつ、move と step という概念を発展させた (Dudly-Evans and John, 1998)。move と step は以下のように定義させている。

> A 'move' is a unit that relates both to the writer's purpose and to the content that s/he wishes to communicate. A 'step' is a lower level text unit than move that provides a detailed perspective on the options open to the writers.
>
> (Dudly-Evans and John, 1998: 89)

　研究論文は Introduction, Methods, Results, and Discussion (IMRD) から成り立っている (Swales, 1990, 2004)。Biber and Conrad (2009) は IMRD にはそれぞれの伝達機能があるとしている。しかし move や step はそれらの伝達機能を達成するた

めに重要な役割を果たしている。例えば Swales (1990) は Introduction において以下のような move と step があることと主張している。

  Move1 Establishing a territory
   Step1 Claiming centrality and/or
   Step2 Making topic generalization (s) and/or
   Step3 Review items of previous research
  Move2 Establishing a niche
   Step1A Counter-claiming or
   Step1B Indicating a gap or
   Step1C Question-raising
   Step1D Continuing a tradition

  Move3 Occupying the niche
   Step1A Outlining purposes or
   Step1B Announcing present research
   Step2 Announcing principal findings
   Step3 Indicating RA structure

図 2 Swales (1990: 141)

彼はそれぞれの move について例文を示している。それらの言語パターンは読者をその社会の共通の目的まで導いてくれる目印のような働きをしていると言える。その前提は談話の流れはある特定の社会において、すでに共有させているのと考えているからである。以上のようなことから、研究論文における言語パターン、特に論理の流れを司る move を具現化した phraseology を、コーパスから取り出されたコンコーダンスラインを観察することで、記述することが可能ではないかと考えられる。しかしながら研究論文と言っても人文科学に関するものと自然科学に関するものではその性格が異なる (Hyland, 2009)。よってある特定の分野における研究論文をコーパスデーター化し、分析することが必要である。このようなコーパスデーターは specialised corpora と呼ばれ、ある特定の言語使用域下で特異な言語パターンを見つけることが出来る (Hunston, 2002)。例えば、Gledhill (2000) では癌に関する医学論文を IMRD に分類され集積したコーパスデーターを分析し、それぞれの phraseology について記述している。一方で Nwogu (1997) では医学研究論文を 11 の move に分けることが出来るとしている。このようなことから、医学研究論文を更に緻密に move に分類し、集積したコーパスデーターを解析することで、それぞれの move を機能させる phraseology を記述することが可能であると推測できる。具体的考察については別の機会に譲ることとしたい。[1]

 Dudley-Evans and John (1998) は、英語教師はジャンルの専門家でないかも知れないが、ESP 教師はジャンルの先生やジャンルの医師のようになるべきであ

るとしている。すなわち、ジャンル分析の手法を教師が会得することが重要であることを示している。それにより、より個々の分野の言語的特徴を理解することができ、ある特定の社会で用いられている言語的振舞いを指導する事が可能となるであろう。

　以上示したように、ある社会において慣習的に使用されている談話の流れを分析し、それに基づく言語パターンの記述が可能であろう。そしてその記述は英語教師にとって有益な情報と成り得るであろう。

5. まとめ

　本論文では、第 2 節においてコーパス言語学に言語理論への貢献について考察した。また第 3 節においてコンコーダンスラインの観察の背景となる哲学的動機及び、他の認知言語学や選択的機能主義言語学といった言語理論とコーパスの関係について整理した。そして最後にジャンル分析で用いられている move とコーパス言語学が発展させてきた phraseology の概念の融合と英語教育への応用を提案した。具体的考察は別に譲るとし、semantic prosody 及び phraseology と、その研究手法の哲学的背景の理解が深まれば幸甚の至りである。

謝意

本論文は筆者が英国バーミンガム大学院応用コーパス言語学専攻中に執筆させたものであり、その知識はバーミンガム大学が中心となり発展させてきたコーパス駆動型に依拠している点が多い。しかしながらランカスター大学で開催されたサマースクール、コーパス国際言語学会などに参加する機会も得られた。改めてこのような機会を提供させて頂いた広島大学、いつも温かく見守って下さる中尾佳行教授ならびに柳瀬陽介教授に感謝申し上げたい。また査読者にも改めて感謝申し上げたい。

注

1. 具体的には作者の英国バーミンガム大学院応用コーパス言語学修士論文
Ishii, T. (2015). *Phraseological Patterns in Medical Research Articles With Focus on the Function of Moves*. MA thesis. University of Birmingham.

References

Biber, D., & Conrad, S. (2009). *Register, genre, and style*. Cambridge: Cambridge University Press.

Coffin, C. (2001). Theoretical approaches to written language: A TESOL perspective. In A. Burns & C. Coffin (Eds.), *Analysing English in a global context*. (pp. 93-122).

New York: Routledge.

Dudley-Evans, T., & St John, M. J. (1998). *Developments in English for specific purposes: A multi-disciplinary approach.* Cambridge: Cambridge University Press.

Francis, G. (1993). A corpus-driven approach to grammar; Principles, methods and examples. In M. Bake, G. Francis, & E. Tognini-Bonelli (Eds.), *Text and technolo: In honor of John Sinclair* (pp. 137-156). Amsterdam/Philadelphia: John Benjamins.

Gledhill, J. (2000). *Collocations in science writing.* Tübingen: Gunter Narr Verlag.

Goldberg, A. (1995). *Constructions: A construction grammar approach to argument structure.* Chicago/London: The University of Chicago Press.

Gries, S. (2008). Phraseology and linguistic theory. In S. Granger & F. Meunier (Eds.), *Phraseology: An interdisciplinary perspective.* Amsterdam/Philadelphia: John Benjamins.

Groom, N. (2005). Pattern and meaning across genres and disciplines: An exploratory study. *English for Academic Purposes*, *4*, 257-277.

Hoey, M. (2005). *Lexical priming: A new theory of words and language.* London/New York: Routledge.

Hunston, S. (2002). *Corpora in applied linguistics.* Cambridge: Cambridge University Press.

Hunston, S. (2006). Phraseology and system. In G. Thomopson & S. Hunston (Eds.), *System and corpus: Exploring connections* (pp. 1-14). London: Equinox Publishing.

Hunston, S. (2007). Semantic prosody revisited. *International Journal of Corpus Linguistics*, *12*(2), 249-268.

Hunston, S., & Francis, G. (1999). *Pattern grammar: A corpus-driven approach to the lexical grammar of English.* Amsterdam/Philadelphia: John Benjamins.

Hyland, K. (2009). *Academic discourse: English in a global context.* London: Continuum.

Krishnamurthy, R. (2008). Corpus-driven lexicography. *International Journal of Lexicography*, *21*(3), 231-242.

Lee, B. (2011). *Philosophy of language.* New York: Continuum.

Louw, B. (1993). Irony in the text or insincerity in the writer? The diagnostic potential of semantic prosodies. In M. Baker, G. Francis, & E. Tognini-Bonelli (Eds.), *Text and technology: In honor of John Sinclair* (pp. 157-175). Amsterdam/Philadelphia: John Benjamins.

Nwogu, K. N. (1997). The medical research paper: Structure and functions. *English for Specific Purpose*, *16*, 119-138.

Partington, A., Duguid, A., & Taylor, C. (2014). *Patterns and meaning in discourse:*

theory and practice in corpus-assisted discourse studies (CADS). Amsterdam/Philadelphia: John Benjamins.

Sinclair, J. M. (1987). Collocation: A progress report. In R. Steele & T. Threadgold (Eds), *Language topics: Essays in honour of Michael Halliday.* (pp. 319-332). Amsterdam/Philadelphia: John Benjamins.

Sinclair, J. M. (1991). *Corpus, concordance, collocation.* Oxford: Oxford University Press.

Sinclair, J. M. (2004). *Trust the text.* London: Routledge.

Sinclair, J.M. (2005). Corpus and basic principles. In M. Wynne (Ed.), *Developing linguistics corpora: A guide to good practice* (pp. 1-16). Oxford: Oxbow Books.

Stewart, D. (2010). *Semantic prosody: A critical evaluation.* London/New York: Routledge.

Stubbs, M. (2007). On texts, corpora and models of language. In M. Hoey, M. Mahalberg, M. Stubbs, & W. Teubert (Eds), *Text, discourse and corpora* (pp. 127-161).New York: Continuum.

Swales, J. (1990). *Genre analysis: English in academic and research settings.* Cambridge: Cambridge University Press.

Swales, J. (2004). *Research genres: Explorations and applications.* Cambridge: Cambridge University Press.

Talyer, J. (2012). *The mental corpus: How language is represented in the mind.* Oxford: Oxford University Press.

Teubert, W. (2004). Language and corpus linguistics. In M. A. K. Halliday, W. Teubert, & C. Yallop (Eds.), *Perspectives in lexicology and linguistics* (pp. 73-112). London: Continuum.

Teubert, W. (2007). Parole-linguistics and the diachronic dimension of the discourse. In M. Hoey, M. Mahalberg, M. Stubbs, & W. Teubert (Eds), *Text, discourse and corpora* (pp. 57-87).New York: Continuum.

Wynne, M. (2005). Preface. In M. Wynne (Ed.), *Developing linguistics corpora: A guide to good practice* (pp. vii-viii). Oxford: Oxbow Books.

龍城正明（編）（2006）『ことばは生きている：選択的機能言語学序説』東京：くろしお出版.

メディア・リテラシーを育てる英語教育のために
—新聞記事を批判的に読むための試案—

石原 知英

愛知大学

要約

本稿では、英語教育におけるメディア・リテラシーの概念のあり方とその必要性、その具体的な展開について論じる。21世紀型スキル (Griffin, McGaw, & Care, 2012/2014) の一つとして、メディアを批判的に読み解く力の必要性が指摘されて久しいが、それは英語教育においても扱いうる内容である。具体的には、メディア英語（新聞記事やニュース報道など）を題材に、批判的談話分析の手法を応用したリーディング活動を行うことが考えられる。その一例として、2015年6月22日付で *The Guardian* に掲載された戦後70年沖縄全戦没者追悼式についての記事を例にとり、教室で応用可能な発問とそれに対する回答の形式で、言語的特徴からどのような批判的読みが可能であるかを提案する。

1. 英語教育におけるメディア・リテラシー
1.1 メディア・リテラシーの概念

近年のインターネット・メディア関連の技術の進歩やその急速な普及という状況に鑑みると、爆発的に増え続ける情報を取捨選択し、批判的に読み解く力を養成することは、現代の教育における喫緊の課題の一つであると考えられる。

中橋 (2014) は、メディア・リテラシーを、「メディアの意味と特性を理解した上で、受け手として情報を読み解き、送り手として情報を表現・発信するとともに、メディアのあり方を考え、行動していくことができる能力」(p. 13) であるとし、情報を送受信するためにメディアを使うという旧来の概念に加えて、「メディアを批判的に捉える能力」(p. 50) を含めた捉え方をしている。

メディア・リテラシーの教育について、森本 (2014) は、「中核となるのは『批判的』な視点」であり、「学習者がメディアに対して『批判的』になること、もしくはメディアを「批判」することである」(p. 64) と述べている。その背後には、Masterman (1985/2010) が指摘するように、「メディアは能動的に読み解かれるべき、象徴的（あるいは記号の）システムであり、外在的な現実の、確実で自明な反映などではない」(p. 28) という認識がある。現代のメデ

ィア・リテラシー教育は、多様なメディアを使いこなすことに加えて、メディアそのものや、それを介して伝えられる情報を批判的に読み取る力を養うことであり、その背後にある社会的・文化的・政治的・経済的な影響力を読みとる力を身につけさせるということである。

　柴田・河原（2013）は、こうしたメディア・リテラシーの考え方を発展させ、「メディア意識」という概念を導入している。言語意識論（Language Awareness）の知見と批判的談話分析（Critical Discourse Analysis）の手法を軸としたメディア意識の概念は以下のように説明される。

> 『コミュニケーションの媒介になっている記号（主に言語）』に注目し、それが表象しているさまざまなディスコースを分析することによって、(1) メディアそのもの、(2) メディアが表象している力関係やイデオロギー、(3) メディアをとりまく社会・文化的コンテクスト、(4) 多様なメディアとの関係（間テクスト性；intertextuality）に対する鋭い観察眼と分析力、そしてさまざまなメディアに対する柔軟な分析的態度を育成することを目的とする概念装置である。（p. 153）

　この考えは、先に述べた新しいメディア・リテラシーの概念と近い。柴田・河原（2013）も、「従来の（狭義の）メディア・リラシーの概念（インターネットなどのツールを用いた情報収集および情報の発信能力など）ではなく、（critical という意味での）批判的（あるいは分析的）な情報の識別、処理、評価の能力」（p. 159）と言い換えているとおりである。

1.2 英語教育の担うところ

　英語教育の文脈において、上述のメディア・リテラシー、あるいはメディア意識の考え方を位置づけるとするならば、読むことの指導の中で、英語によって書かれたメディアを批判的に読み解いていく力を養うことが考えられる。具体的には、新聞記事やニュース報道などのメディア・テクストについて、語彙や文法、音声などの言語要素に明示的かつ意識的に着目し、言葉の用いられ方や言語の働きを理解するとともに、メディアの背後にある社会文化的な側面への気づきを促すことが必要となるだろう。

　メディア・リテラシーという用語ではないものの、現行の学習指導要領の中にも、この考え方の一端が垣間見える。例えばコミュニケーション英語 I/II においては、紹介や報告、対話や討論などを聞いて、情報や考えなどを理解したり、概要や要点をとらえたりする際に、「含まれる事実や話し手の意見を正確にとらえるだけではなく、それらの事実や意見を踏まえて自らがどう考えるか、

話し手の意見は事実を踏まえると妥当であるかまで含めて、総合的にとらえることが必要となる」（文部科学省, 2009, pp. 15-16）とあり、情報を的確に理解、解釈し、さらに批判的に検討できる力を養うことが目標として掲げられている。

メディア・リテラシーの養成について、英語教育の担うところは、英語メディアに対する批判的な読みの態度を涵養することである。その際には、言葉の役割や機能といったことばへの気づきを軸にして、多角的かつ分析的に理解することが求められる。何が（どういう出来事が）どのように（どのような言葉で）述べられているか、また何が述べられていないのかに着目しながらメディア英語に触れることで、日本がどのように海外に発信されているか、政府の公的な発言がいかに英語に訳されているか、海外のメディアが日本の動向をどう評価しているかなどについて、批判的な視点から読み解く力を養うのである。

1.3 読みの指導としてのメディア・リテラシー

英語教育におけるメディア・リテラシーの概念を、教室での読むことの指導に落とし込む際に留意すべきは、テクストの言語分析に焦点を当てつつ、ある程度普遍的な方法論を学生に身につけさせるということである。Masterman（1985/2010）は、以下のように指摘している。

> メディア・リテラシー教育におけるクリティカルな行為は、次の三つの方法を志向する必要がある。まず、個別のテクストや争点に最大の注意を払うことである。メディア・リテラシー教育は、普遍的なクリティカルな能力と基本的原則の理解を育もうとするが、それらは常に（リービスの言葉を借りれば）「ローカルな分析」に基づいていなければならない。第二に、クリティカルな意識の発達は、テクスト以外の関連する情報を参照できるかどうかに左右される。[...] 第三に、批評という行為は、特定のテクストや問題を超えて、類似のテクストや問題の分析にも妥当性を持つような一般的原則に向かわなければならない。 (p. 35)

この「ローカルな分析」に基づくという観点から、テクスト中心のディスコース分析であり、テクストの言語的特徴に焦点を当てた社会理論的問題への批判的なアプローチであるとされる批判的談話分析の知見が応用できる。具体的なテクスト分析の技法として、Fairclough（2003/2012）では、以下に挙げるように様々な切り口を提案している。（例文の強調は全て筆者による。）

1. 社会的行為者の表象（話法や主語、態の選択、代名詞の使用、文法的役割・品詞の選択、名詞化等）

e.g. After **they were let go**, they had to try out different interpretations of the events which wrecked their lives [...] (p. 209)

   受動態を用いることで、解雇した側／行為主体が省かれている。
2. 心的態度の表明（法助動詞、法副詞、分詞形容詞、様相の動詞等）

   e.g. Integration **must** be accompanied by flexibility and empowerment in order to achieve fast response, creativity and innovation […] (p. 152)

   命題に対する話者の強い肯定的な心的態度が表出されている。
3. 評価的陳述（形容詞、動詞、副詞等）

   e.g. The author has summed up the arguments **wonderfully**. (p. 248)

   「素晴らしく」という副詞句は話者の肯定的な評価の陳述である。
4. 前提（存在の前提、命題の前提、価値の前提）

   e.g. **Social cohesion is threatened** by a widespread sense of unease, inequality and polarization. (p. 70)

   「脅かされる」という語の前提として、「社会的一体性」の存在や、そのことに価値があるという評価がある。
5. 正当化（権威化、合理化、倫理的評価、神話作成）

   e.g. **We have no choice but** to prepare for this new age in which **the key to success** will be the continuous education and development of the human mind and imagination. (p. 118)

   「〜以外に方法はない」や「成功のカギ」という表現を用いて、必然であるかのように述べることで、正当化が行われている。

　上述した他にも、Fairclough（2003/2013）では、比喩表現の使用や全体の構成、ジャンルなど、様々な切り口について、多くの実例を挙げて詳述している。ただし、それらを指導項目に落とし込んでいくことや、実際の教室場面での指導方法や学習者の評価については、今後の課題として残されていると言える。そこで本稿では、こうした様々な言語的特徴に対する切り口がどのようにテクスト分析に機能するのかについて、以下に一つの新聞記事を取り上げて例示する。

2. メディア英語を批判的に読むために
2.1 記事の概要

　本稿で取り上げるのは、2015年6月23日 *The Guardian* (Online) に掲載されたJustin McCurry 氏の署名記事 "Japan's PM Shinzo Abe heckled at Okinawa battle anniversary event" である。同日に沖縄で開催された戦後70年沖縄全戦没者追悼式の様子（安倍首相が聴衆から野次を浴びたこと）を伝える記事であり、安倍首相の憲法第九条の再解釈と集団的自衛権の行使容認、また普天間米軍基地の

辺野古移転に対し、反発する翁長沖縄県知事および沖縄県民の姿勢を対比させた内容である。記事は見出しとリード、キャプションを除き、26段落、973語で構成されている。

2.2 具体例の提示方法と留保

以下に、どのような言語的特徴に留意して読むことができるか、またその特徴からどのような批判的な読みが可能であるかについて、いくつかの例を挙げる。それらの例は、教室場面での応用を考慮し、発問とそれに対する回答という形式で示し、具体的な引用を示しながら、問いの狙いを詳述する。ただし、それらは網羅的なものではなく、また唯一の解釈ではないという点には留意が必要である。なお、記事の引用に付した数字は、当該部分が含まれる段落番号を示しており、引用中のすべての強調は筆者によるものである。

2.3 分析
2.3.1 行為主体の明示

Q1. "[…] criticism mounts over **his** attempts to allow Japanese troops to fight overseas for the first time in seven decades." (1) について、下線部 his は誰を指しているか。また同様の表現（his ＋ 名詞句）を抜き出し、誰がどのような行為の主体として明示されているか、またその効果は何か。

A1. 第一段落の his は安倍首相を指す。また同様の表現には以下の例があり、憲法第九条の再解釈と集団的自衛権の行使容認（3、21、22、23）と普天間米軍基地の辺野古移転（4）の内容について、安倍首相計画・考え・意見であることが明示されている。例えば「自民党の」「政府の」「安倍内閣の」といった書き方も可能である中で、「安倍首相の」という表現を多用しており、その責任の所在が安倍首相個人であることを読者に印象付けている。

　　(3) […] a poll revealed strong public opposition to **Abe's plans** to strengthen the role of the country's military.

　　(4) Criticism of Abe in Okinawa is running high over **his support** for the construction of a new US marine corps airbase on a pristine stretch of Okinawa's coastline to replace an existing base located in the middle of a densely populated city.

　　(21) **Abe's quest** to end that strictly defensive posture recently suffered a setback after three respected scholars said the changes were unconstitutional.

　　(22) Voters also appear to doubt **Abe's reassurances** that the change would not increase the likelihood of Japanese troops becoming embroiled in US-led conflicts.

(23) […] The newspaper attributed the slump to growing public opposition to **Abe's security bills**.

2.3.2 価値判断を含む形容詞

Q2. "Abe, **who appeared shaken** by the rare display of public anger […]" (6) について、下線部 who appeared shaken と認識しているのは誰か。

A2. 記事の筆者である Justin McCurry 氏。

Q3. 書き手の価値判断が含まれる形容詞が用いられている箇所を指摘し、その効果について述べよ。

A3. 安倍首相への反発の程度を否定的な価値判断を含む形容詞（3、4）によって描写する一方で、翁長沖縄県知事については肯定的な形容詞（15）を用いている。また、移転先である辺野古の海岸線について pristine という肯定的な形容詞（4）を用いることで、基地移転に対する反感を示唆している。

(3) […] a poll revealed **strong** public opposition to Abe's plans […]

(4) Criticism of Abe in Okinawa is running **high** over his support for the construction of a new US marine corps airbase on a **pristine** stretch of Okinawa's coastline to replace an existing base located in the middle of a densely populated city.

(15) Onaga received a **warmer** welcome when he referred to the unfair military burden […]

2.3.3 描写の精緻化

Q4. "The island, **located about 1,000 miles south of Tokyo**, hosts more than half the 47,000 US troops in Japan and three-quarters of US bases, despite accounting for just 0.6% of Japan's territory." (7) について、下線部の The island [Okinawa] を修飾する関係節が挿入されている意図は何か。

A4. 日本の地理に詳しくないと考えられる海外の読み手への配慮であるとともに、沖縄の基地問題が、安倍首相が暮らす東京から遠く離れていて、当事者意識が薄いのでは、という批判を含意している。

Q5. "**Abe was speaking near the spot** where Japanese troops who had been ordered never to surrender forced terrified local people to throw themselves off cliffs rather than risk being captured by the Americans who, they were told, would rape and kill them." (10) について、式典が行われている会場（糸満市摩文仁の平和祈念公園）を明示せず、関係詞を用いて描写する（near the spot where...）ことで読

者にどのような印象を与えているか。
A5. 安倍首相と旧日本軍が地元住民に自決を強いたという内容を接合し、安倍首相が戦時下の沖縄について理解したうえで憲法第九条の再解釈と集団的自衛権の行使容認、また米軍基地の辺野古移転といった政策をとっているのかを読者に問うている。また、積極的平和主義の立場と第二次世界大戦における沖縄戦のイメージを近づけている。

2.3.4 対立軸

Q6. "Onaga received **a warmer welcome** when he referred to the unfair military burden he and many islanders believe they have shouldered since Okinawa was handed back to Japanese control in 1972." (15) について、何と比較して「より暖かい歓迎」と述べているか、またその効果は何か。

A6. 安倍首相（が野次られたこと）と対比して、翁長沖縄県知事は聴衆からより暖かい歓迎を受けたと述べている。比較級を用いることで、安倍首相と翁長県知事の対立が明確化されている。

Q7. 同様に安倍首相と対立の構造で述べられているものは何か。
A7. 一つは沖縄県民（Some local people）と安倍首相の対立（19）、もう一つは歴代内閣と安倍首相（個人）の対立（20-21）がある。いずれも安倍首相を孤立化・異質化する効果を読者に与えている。

> (19) **Some local people** fear their island could once again be dragged into war **if Abe** pushes ahead with plans to reinterpret the US-authored pacifist constitution and allow Japanese troops to engage in collective self-defence – or coming to the aid of an ally under attack.
>
> (20-21) […] **Successive administrations in Tokyo** have interpreted that to mean that troops can only go into battle in defence of direct threats to Japanese territory. / **Abe's quest to end that strictly defensive posture** recently suffered a setback after three respected scholars said the changes were unconstitutional.

2.3.5 権威化と間接話法

Q8. 筆者が他の人の言葉を引用する形で意見を表明している箇所はどこか。またその効果は何か。
A8. 集団自衛権行使が違憲であるとの見解が名高い学者らの言葉として（21）、従軍慰安婦の人数についての見解が主流派の歴史学者の言葉として（27）、間接話法で述べられている。また、安倍首相の支持率低下の理由が九条の再

解釈にあるとの見方は別の新聞の見解という形で提示されている (23)。これらの箇所には権威化（three *respected* scholars、the *liberal* Asahi Shimbun、*Mainstream* historians）も見られる。こうした表現は、読者に、書き手の意見表明ではなく、客観的な事柄であるように感じさせる役割を果たしている。

> (21) Abe's quest to end that strictly defensive posture recently suffered a setback after **three respected scholars said** the changes were unconstitutional.
>
> (23) A poll by **the liberal Asahi Shimbun** released on Tuesday showed support for the Abe cabinet at 39%, the lowest since he took office in late 2012. **The newspaper attributed** the slump to growing public opposition to Abe's security bills. According to the poll, 53% of respondents oppose the new legislation, while 29% support it.
>
> (27) **Mainstream historians say** up to 200,000 women, mainly from Korea, were forced into sexual slavery during the war. […]

2.3.6 直接引用における恣意性

Q9. "'People in Okinawa have long been asked to carry a big burden for our security,' Abe said. 'We will continue to do our best to reduce it.'" (8) について、安倍首相の日本語での発言「沖縄の人々には、米軍基地の集中など、永きにわたり、安全保障上の大きな負担を担っていただいています。この三月末に西普天間住宅地区の返還が実現しましたが、今後も引き続き、沖縄の基地負担軽減に全力を尽くしてまいります。」（首相官邸内閣官房内閣広報室, 2015 June 23）と比較し、訳されていない部分の効果を指摘せよ。

A9. 当該箇所では、下線部の普天間住宅地区の返還実現という事実／実績が省略されており、続く「今後も引き続き」の箇所の具体性が曖昧になっている。

2.3.7 話題の展開と全体の結束性

Q10. 各段落の主語／主題の移り変わりを確認し、全体を大きく四つの部分に分けるとすると、どのようになるか。また話題の展開の中で全体の論旨の結束性に欠けるのはどの箇所か。

A10. 全体の構成は、(a) 安倍首相の行動・談話（1～10）、(b) 沖縄の歴史背景と翁長知事の談話（11～18）、(c) 安倍首相の考えと世論の反応（19～23）、(d) 元従軍慰安婦の談話（24～27）という四部に大別される。そのうち (d) の論点は、戦後70周年沖縄全戦没者追悼式の様子を伝えるという全体の論旨と関連の薄い話題である。なお、この最後の段落（27）において、*Mainstream historians* という表現で（異論があることを認めながらも）当該の言説を採用していること、insist(s)（= 強弁する）という動詞を用いることで暗に否定的

な評価を込めていること、また解決したという内容を因果関係（Causal）ではなく時間関係（Temporal）によるつながり（whenという接続詞）で説明していることにも、筆者の否定的な判断が感じられる。

> (27) **Mainstream historians** say up to 200,000 women, mainly from Korea, were forced into sexual slavery during the war. Japan **insists** all compensation claims were settled **when** the two countries normalised bilateral ties in 1965.

2.3.8 背景化

Q11. この記事で述べられていないことは何か。

A11. 述べられていないことの一つは、この式典が戦没者の追悼式であるということである。記事では終戦記念（anniversary event）という言葉で説明されているが、戦没者の慰霊・追悼式（例えば memorial ceremony など）という言葉が用いられていない。また、安倍首相の挨拶のうち、そうした追悼の意を述べた箇所は引用されていない。そのため、追悼式典という厳粛な場で野次るという行為を行ったことへの批判や翁長知事が追悼式典のスピーチの中で公然と政府批判／政治的主張を行ったことへの批判について、目が向きにくい。とりわけ聴衆については、受動態での描写（1）が端的に示すように、行為主体として明示されていない。同様に、記事に合わせて掲載されている4枚の写真にも、聴衆が写っているものがない。野次る聴衆が主体性を伴わず、背景化されることによって、被行為者である安倍首相（と、彼が批判されているという事実）が前景化されている。

> (1) Japan's prome minister, Shinzo Abe, **has been heckled** at an event marking the anniversary of the end of the bloodiest battle of the Pacific during the second world war […]

3. まとめ

本稿では、英語教育におけるメディア・リテラシーの概念のあり方とその必要性を指摘し、その具体的な展開について、*The Guardian* の記事を例に、どのような言語的特徴に留意して読むことができるか、またその特徴からどのような批判的読みが可能であるかについて論じた。

ただし、本稿が提案した発問の形式は、多分に誘導的であり、教師の価値観や解釈、評価の押しつけになりがちであることは、十分な注意を要する。また、本稿で提示した回答例が唯一の正解であるというわけではなく、むしろ実際の教室では、多角的に議論し合うことで、様々な読み方が可能であることを体験的に学ぶことが肝要であり、そうした体験を通して、生徒・学生に、メディア

英語を批判的に読むための方法に習熟させることが主眼となる。今後は、上記を踏まえた実践に取り組むとともに、その効果を計量的に検証するための方法についても検討していく必要があるだろう。

謝辞

　本稿は、日本メディア英語学会第10回メディア意識研究分科会（2015年8月8日）での発表に加筆したものである。その場で頂いた有益な示唆に謝意を表します。

References

Fairclough, N. (2003). *Analysing discourse: Textual analysis for social research.* London: Routledge.（日本メディア英語学会メディア英語談話分析研究分科会　訳　2012『ディスコースを分析する：社会研究のためのテクスト分析』東京: くろしお出版）

Griffin, P., McGaw, B., & Care, E. (2012, Eds.). *Assessment and teaching of 21st century skills.* Dordrecht: Springer.（三宅なほみ　監修，益川弘如・望月俊男　編訳　2014『21世紀型スキル: 学びと評価の新たなかたち』京都: 北大路書房）

Masterman, L. (1985). *Teaching the media.* London: Comedia Publishing Group.（宮崎寿子　訳　2010『メディアを教える―クリティカルなアプローチへ』京都: 世界思想社）

McCurry, J. (2015, June 23). "Japan's PM Shinzo Abe heckled at Okinawa battle anniversary event" *The Guardian.* Retrieved August 8, 2015, from http://www.theguardian.com/world/2015/jun/23/japan-pm-shinzo-abe-heckled-okinawa-battle-anniversary

柴田亜矢子・河原清志. (2013).「『メディア意識』論研究の可能性と展望」*Media, English, and Communication, 3,* 153–167.

首相官邸内閣官房内閣広報室. (2015, June 23).「戦後70年沖縄全戦没者追悼式における内閣総理大臣挨拶」Retrieved August 8, 2015, from http://www.kantei.go.jp/jp/97_abe/statement/2015/0623aisatsu.html

中橋雄. (2014).『メディア・リテラシー論: ソーシャルメディア時代のメディア教育』東京: 北樹出版

森本洋介. (2014).『メディア・リテラシー教育における「批判的」な思考力の育成』東京: 東信堂

文部科学省. (2014, Dec.).「高等学校学習指導要領解説　外国語編　英語編」Retrieved August 29, 2015, from http://www.mext.go.jp/component/a_menu/education/micro_detail/__icsFiles/afieldfile/2010/01/29/1282000_9.pdf

The Tale of Melibee の *ouen* について[*]

大野 英志

倉敷芸術科学大学

要約
Chaucer の *The Tale of Melibee* に見られる *ouen* には、初期 2 写本間で人称・非人称用法の揺れがある。本論は Ohno（2007）が指摘した義務への発話者の関与の度合いという概念と Brown and Levinson（1987）が提唱した politeness の理論を融合させ、*ouen* を用いる話者 Prudence の説得ぶりを考察し、初期 2 写本それぞれに独自の解釈が可能であることを示した。

1. はじめに

Chaucer において、義務や必然性を表す動詞 *ouen* には人称と非人称の両用法がある。非人称用法とは、その義務を有する人（Experiencer（以下 Ex））が主格ではなく斜格の場合を指す。*The Canterbury Tales*（以下 *CT*）の初期 2 写本を比較すると、*ouen* は Hengwrt（以下 Hg）では人称用法であるのに、Ellesmere（以下 El）では非人称用法となっている箇所が 2 つ（[1], [2]）ある。

[1]　*The Tale of Melibee*, 1248 行 [1]

Hg:　the whiche thre thynges / ye han nat anientissed / or destroyed hem / neither in your self ne in youre conseillours / as ye oghte /

El:　the whiche thre / ye han nat anientissed or destroyed hem / neither in your self ne in your conseillours as yow oghte

[2]　*The Tale of Melibee*, 1298 行

Hg:　⁊ seyden also / þt in this cas / ye oghten for to werke / ful auysely / ⁊ wt greet deliberacioū

El:　¶ And seyden also that in this caas / yow oghten for to werken ful auysely and wt greet deliberacioū

なお、1298 行については El で動詞が斜格の Ex と複数形語尾 -en を持つため、両用法が混交している。

CT には Chaucer 直筆の原稿は現存せず、Hg と El はおよそ 10 年の間隔で同一

写字生によって作成されたと考えられている。そして、両写本間の異文には手本や写字生の影響が想定される（Samuels, 1983; Windeatt, 1979）。Hg に見られる人称・非人称両用法を持つ主な 17 動詞[2]の 818 例について El と比較すると、用法の揺れが見られたのは表 1 のように 10 例で、Horobin（2003）による語形や時制などの調査と比べると少ない。またこの表から、この揺れが非人称用法から人称用法へという歴史的変遷に必ずしも沿っていないことがわかる。

表1　Hg と El での用法の揺れ

動詞	Tale と行	Ex は脚韻語？	Hg	El
listen	*Merchant's Tale*, 2173	No	*Ye*	*yow*
moten	*Tale of Melibee*, 1855	-	*Yow*	*ye*
ouen	*Tale of Melibee*, 1248	-	*Ye*	*yow*
ouen	*Tale of Melibee*, 1298	-	*Ye*	*yow*
smerten	*General Prologue*, 230	No	*He*	*hym*
smerten	*General Prologue*, 534	No	*Hym*	*he*
thinken	*Summoner's Tale*, 2204	No	*Yow*	*ye*
thinken	*Merchant's Tale*, 1964	No	-	*hire*
thinken	*Squire's Tale*, 537	No	*Thynketh*	*thenken*
thinken	*Tale of Sir Thopas*, 954	No	*Ye*	*yow*

この内 6 例で Ex は 2 人称で、揺れが発話者の聞き手への態度と関係する可能性がある。*The Tale of Melibee*（以下 *Mel*）は、妻子が暴漢に傷を負わされ復讐を考える夫 Melibee（以下 M）に対して、妻 Prudence（以下 P）が暴漢との和解を説得するという話で、発話者と聞き手の関係が明確である。この作品において、*ouen* の用法の揺れが 2 人のやり取りに与える影響を示すのが本論の趣旨である。

2. 先行研究

　ouen の非人称用法は 1250 年頃に現れ、14 世紀後半から 15 世紀の第 3 四半期頃まで栄え、そして 15 世紀後半に急速に減少した（Tajima, 2000: 210）。また、この動詞は中期英語初期からいわゆる法助動詞としての機能を発達させた（T. Nakao 1972: 177）。

　ouen に関する研究の中で、Tajima（2000: 211）は *ouen* の従える不定詞の種類を調査し、非人称用法が特に好まれる統語的環境の特定は困難であると述べている。また、Allen（1995: 250n）も Fischer & van der Leek（1983: 351）のように、非人称用法が Ex の "non-volitionality" を表すと述べているが、Chaucer で *as* 節にこの用法が多いことの説明には苦慮しているようだ。

Ohno（2007）による Benson 版での調査は、*ouen* が根源的意味を持つ場合には法助動詞用法を発達させた例にも非人称用法が見られることなどから、人称用法化と助動詞化[3]との密接な関連性は見られないことを示した。また、Chaucer で 1 人称単数 Ex と共起する場合、*ouen* は必ず人称用法になることなどから、Ex の義務に関する根拠や発話自体がより主観的な例では人称用法がより多く、一方 *as* 節の例に代表されるように、Ex の義務に対する発話者の関与がより浅い場合は非人称用法がより多いことを示した。

　写本間の比較研究、特に Hg と El についてのものは、多くが綴りや語形に関係し、それらによると El は入念に計画され全体的に言語と韻律を滑らかにしたと評されている。

3. *Mel* における *ouen*

　ouen は *Mel* に 18 例あり、人称・非人称の両用法で現れる。特に 2 人称 Ex と共起する例は 9 つあり、Chaucer の作品で最も出現率が高い。この 9 例は全て P から M への台詞の中にあり、統語的環境は表 2 の通りである。

表2　*Mel* における 2 人称 Ex を伴う *ouen*

行	人称／非人称用法	Ex の数	補文	*ouen* が現れる節
983	人称	複数	非定形節	主節
1172	人称	複数	非定形節	*techen* の被伝達節
1248	人称(Hg)；非人称(El)	複数	-	*as* 節
1275	人称	複数	非定形節	主節
1298	人称(Hg)；非人称(El)	複数	非定形節	*seyden* の被伝達節
1341	非人称	複数	非定形節	*seyden* の被伝達節
1342	非人称	複数	非定形節	*seyden* の被伝達節
1413	非人称	単数	-	*as* 節
1501	人称	複数	非定形節	主節

　用例は少ないが、*ouen* の統語的環境（特に動詞が現れる節の種類）を考えると、問題の 2 例を非人称用法とする El は全体の傾向に沿っているようだ。

　なお、*Mel* はフランス語原典 *Livre de Melibée et de Dame Prudence*（以下 *Livre*）を厳密に翻訳したもの[4]（Benson, 2008: 923）と言われ、*Mel* の *ouen* は *Livre* の *devoir* に対応する。*devoir* は主語をとるが、*ouen* は必ずしもそうではなく、1248 行のような *as* 節の例は非人称用法となる。また、1298 行が対応する箇所のように *devoir* が不定代名詞 *l'on* を主語とする場合、*Mel* では *men* だけでなく 2 人称複数斜格代名詞が対応する。このように、*ouen* の用法については原典に忠実と

いうわけではなく、このような傾向に照らし合わせても、問題の 2 例は、El のように非人称用法が妥当のようである。

4. Ex の義務への発話者の関与

問題の 1248 行（[3]）のように *ouen* が 2 人称 Ex を伴い *as* 節に現れる例は、*Mel* では他に[4]がある。

> [3] And eek also ye have erred, for ye han broght with yow to youre conseil ire, coveitise, and hastifnesse, / the whiche thre thinges been contrariouse to every conseil honest and profitable; / the whiche thre thinges ye han nat anientissed or destroyed hem, neither in yourself, ne in youre conseillours, as *yow oghte*.
> (*Mel* 1246-48)[5]

> [4] Thou ne hast nat doon to hym [= Jhesu Crist] swich honour and reverence as *thee oughte*,　(*Mel* 1413)

これらにおいて、2 人称代名詞が指す M に課せられたのは賢人や使徒、諺などが述べた義務である。そして発話者 P はその義務内容へあまり関与せず、したがって[3]の *ouen* が El のように非人称用法となるということが Ohno（2007）の観察結果である。

では 1298 行と同様な *seien* の被伝達部にある例はどうだろうか。3 人称 Ex を伴っているものの、興味深い例が[5]である。

> [5] … and [Prudence] seyde to hem *in a goodly manere* hou that *hem oughten* have greet repentaunce / of the injurie and wrong that they hadden doon to Melibee hir lord, and unto hire, and to hire doghter.
> 　And whan they herden the *goodliche wordes* of dame Prudence, / they weren so supprised and ravysshed and hadden so greet joye of hire that wonder was to telle.　(*Mel* 1731-34)

[5]で P は暴漢達に和解の提案をしている。Hg と El 共に *ouen* は斜格 *hem* を Ex としている。この台詞を P は "in a goodly manere" で述べており、この様子は彼女の台詞にも現れているはずである。義務を表す動詞群[6]から比較的弱い意味を持つ *ouen* を選択することに加え、斜格 Ex を選択して P が相手に強要しないようにするということも根拠として挙げられるのではないだろうか。

この Ex の義務に対する発話者の関与の度合いに注目するということは、相手

の体面を侵害しないという Brown & Levinson（1987）の提唱する negative politeness[7]にも通じる。

5. Ex の義務への発話者の関与と丁寧さ

Pakkala-Weckström（2001, 2004）は丁寧表現に注目して *Mel* における夫婦のやりとりを解説した。その解説に加筆すると、妻の助言によって決断を変えることであざけりの対象になるのではと恐れる夫を気遣い、当初 P は従順で思慮深く礼儀正しい妻を演じる。そこには (*deere*) *sire, my lord* などの呼びかけ語や *I yow biseche* などの丁寧表現が見られる。ただし、M に向けた親称形の 2 人称代名詞 *thou* や命令文の繰り返しも見られる。

1064 行で話す許可を得ると、P は長い説教的なスピーチを始める。そして 1115 行以降で、基本的に単刀直入な言い方（以下「直言」[8]）を使用する。そこでは、(*deere*) *sire* や *I biseke yow* といった丁寧表現はあるものの、*now wol I teche yow* といった高圧的な言い回しや、*ye shul* などや命令形の繰り返しがある。

1232 行で M が P に対して呼びかけ語 *dame* や敬称形の 2 人称代名詞を使い始め態度に変化が現れたことで、P は 1236 行で "I biseke yow in al humblesse" と物腰の低い口調をするが、すぐに *ye han erred* を繰り返す直言に戻る。そしてその後も *ye shul, thou shalt* や命令文を繰り返す。

そして 1648 行あたりから、P は (*deere*) *sire* を繰り返し、M に敵との和解を懇願するが、これが M を深く侮辱することになる。それに対応し、P は 1687 行で怒りの表情を見せ、1697 行以降に M は P の説得に屈する。

P が M に対して使用する *ouen* の内、人称用法である 1172, 1275, 1501[9] 行はこの直言に含まれる。983 行は呼びかけ語 *my lord* で始まるスピーチの中にあるが、"why make ye youreself for to be lyk a fool?" (*Mel* 980) という侮辱的な台詞もあり、politeness と直言が入り混じる例といえる。

1298 行は[6]のように M に対して賢人達が述べた助言（1022-34, 1038-42 行）を P が換言している中にある。*ouen* を含む *seyden* の被伝達部は *shulen* を含む直前の節と並列である。

> [6] But now wol I speke to yow of the conseil which that was yeven to yow by the men of lawe and the wise folk, / that seyden alle by oon accord, as ye han herd bifore, / that over alle thynges *ye shal* doon youre diligence to kepen youre persone and to warnestoore youre hous; / and seyden also that in this caas *yow oghten* for to werken ful avysely and with greet deliberacioun.　(*Mel* 1295-98)

この *shulen* と *ouen* の組み合わせについて、Hg では *ye shal* と *ye oghten*、El では

ye sholde と *yow oghten* となっていることが[7]からわかる。

> [7] *Mel* 1295-98
>
> Hg: ¶ But now wol I speke to yow / of the conseil / which þᵗ was yeuen to yow / by the men of lawe / ⁊ the wise folkͤ
>
> þᵗ seyden alle by oon acord / as ye han herd bifore ⁊
> That ouͬ alle thynges / <u>ye shal</u> do youre diligence to kepe youre psone / ⁊ to warnestore youre hous /
>
> ⁊ seyden also / þᵗ in this cas / <u>ye oghten</u> for to werke / ful auysely / ⁊ wᵗ greetͤ deliberaciou̅
>
> El: ¶ Butͤ now wol I speke to yow / of the conseil / which þᵗ was yeuen to yow / by the men of lawe / and the wise folkͤ
> that seyden alle by oon accordˢ / as ye han herd bifore
>
> ¶ That ouͬ alle thynges / <u>ye sholde</u> doon youre diligence to kepen yourͤ psone / and to warnestoore yourͤ hous
> ¶ And seyden also that in this caas / <u>yow oghten</u> for to werken ful auysely and wᵗ greetͤ deliberaciou̅

sholde が時制の一致ではなく仮定法で、*moste* 同様に modesty を表す[10]とすれば、Hg と El における *ouen* と *shulen* の組み合わせは、それぞれ M の義務に対する P の関与の度合いという点でつじつまが合う。後続する箇所[8]の非人称用法は[7]の El の読みと同様である。

> [8] Now, sire, as to the thridde point, where as youre olde and wise conseillours seyden that *yow* ne *oghte* nat sodeynly ne hastily proceden in this nede, / but that *yow oghte* purveyen and apparaillen yow in this caas with greet diligence and greet deliberacioun; (*Mel* 1341-42)

[6], [8]の基となる助言者達の実際の台詞（1012-15, 1026, 1029, 1034, 1038-42 行）には M に対する呼びかけ語や敬称形の 2 人称代名詞があり、それらが示す丁寧さを P が継承したと考えれば、[7]は El の読みとなるのが妥当のようだ。

これまで見てくると、El の方が統語的環境、原典との比較、Ex の義務への発話者の関与の度合い、および丁寧さという点でおおよそ首尾一貫しているようだ。

一方、Hg からの視点で読めば、P の関与がより強いことになる。1248 行は[3]で見たように *ye han erred* を 7 度も繰り返して M を責める台詞の中にあり、ここ

での ouen の人称用法は、助言を聞く場に M が「怒り」、「貪欲」、「軽率」を持ち込んだことへの非難から起因する P の強い感情を表すと考えられる。これには、1123-37 行で助言を受ける際に心から追い出さなければならないこととして、これら 3 つを挙げたことが伏線になっている。

また、[2]や[6]で示した 1298 行で人称用法が使われることは、直言の中で助言を引用する際に、その内容に同調し直言の語調を維持し、強い意味を持つ *shal* をも使うことによって、助言者達の意見を強調したいという P の意図を示すと解釈できよう。

さて、丁寧さには 2 人称代名詞の選択も関与する。P の台詞の中では親称形と敬称形が頻繁に交代し、この交代は Hg と El でほぼ一致している。この交代に関する様々な意見の中で Pakkala-Weckström（2001: 407）は、P が親称形を使うのは "clerkish instructor" を演じたからと説明する。親称・敬称両方の代名詞に人称・非人称用法が共起することから、用法の選択は代名詞選択の次の段階にあり、M の義務への P の関与の度合いを基にして、丁寧さに繋がりうると考えた方が良さそうだ。

6. おわりに

本論は ouen の用法の写本間での揺れ、特に 2 人称 Ex を伴う場合を考察し、Ex の義務に対する発話者の関与の小ささ、およびそれが繋がる丁寧さが El の読みになると指摘した。ただ、非人称用法という形式は必ずしも丁寧さという機能を持つとは限らず、1298 行の非人称用法が Prudence の関与の小ささを示すとすれば、それは彼女の慇懃無礼さに繋がるとも解釈可能である。一方で、Hg の読みは Prudence の中で沸々とする強い感情の噴き出しを示すと解釈することができる。このように、英語史と丁寧さの理論を融合させると、両写本それぞれに独自の読みが見出される。

注

* 本稿は日本中世英語英文学会第 29 回全国大会（2013 年 11 月 30 日、於 愛知学院大学）での発表を基にしている。その発表は中尾佳行先生に司会をして頂き、先生からは貴重な助言を頂いた。
1. [1], [2]および[7]は Stubbs（2000）より。行番号は便宜上 Benson 版に従う。下線は筆者による。
2. 調査した動詞は *liken, listen, longen, greven, recchen, repenten, reuen, smerten, bihoven, neden, moten, ouen, thurven, remembren, thinken/thenken, meten, dremen*。
3. 動詞が認識的意味を持つ場合は人称用法のみ。
4. Bornstein（1978）などによる比較研究では *ouen* は扱われていない。

5. 特別な断りがなければ引用は Benson 版から。強調は筆者による。
6. 他に *moste* や *shal* もある。中期英語における *shal* は強い義務を表す（Shimonomoto, 2000: 103; Pakkala-Weckström, 2001: 404）。
7. Strategy 7: Impersonalize S(peaker) and H(earer)（話者と聞き手を非個人的にすることによって、聞き手の体面を侵害しない）(1987: 190ff) に相当。
8. 滝浦（2008）の用語。Brown & Levinson（1987: 60）は "bald on record" と呼ぶ。
9. 1501 行はこの Tale で唯一の現在形の例だが、現在形選択の理由は特定不可能。
10. 1342 行の *oghte* について *Middle English Dictionary* (s.v. *ouen* v. 5.) は現在または未来の意味を持つと指摘している。また、主節で現在の意味を持つ *oghten* があることから、この例を時制の一致による過去形と解釈すべきとは一概には言えない。

References

Allen, C. L. (1995). *Case marking and reanalysis*. Oxford: Oxford University Press.

Benson, L. D., ed. (2008). *The Riverside Chaucer*. Oxford: Oxford University Press.

Bornstein, D. (1978). Chaucer's *Tale of Melibee* as an example of the *style clergial*. *The Chaucer Review, 12*, 236-54.

Brown, P. & S. C. Levinson. (1987). *Politeness: Some universals in language usage*. Reissued. Cambridge: Cambridge University Press.

Fischer, O. C. M. & F. C. van der Leek. (1983). The demise of the Old English impersonal construction. *Journal of Linguistics, 19*, 337-68.

Horobin, S. (2003). *The language of the Chaucer tradition*. Cambridge: D. S. Brewer.

Horobin, S. (2007). *Chaucer's language*. Basingstoke: Palgrave Macmillan.

Kurath, H., et al., eds. (1952-2001). *Middle English dictionary*. Ann Arbor: The University of Michigan Press.

Nakao, T. (1972). *Eigoshi II* [History of English II]. Tokyo: Taishukan.

Nakao, Y. (1996). What can the Hengwrt ms. of *The Canterbury Tales* tell us?: The case of modal auxiliaries. *Bulletin of the Faculty of Education, Yamaguchi University, 46*, 57-82.

Ohno, H. (2007). Impersonal and personal uses of *ouen* in Chaucer. In M. Sawada et al. (Eds.), *Language and beyond: A festschrift for Hiroshi Yonekura on the occasion of his 65th birthday* (pp. 353-66). Tokyo: Eichosha.

Pakkala-Weckström, M. (2001). Prudence and the power of persuasion: Language and *maistrie* in the *Tale of Melibee*. *The Chaucer Review, 35*, 399-412.

Pakkala-Weckström, M. (2004). Discourse strategies in the marriage dialogue of

Chaucer's *Canterbury Tales. Neuphilologische Mitteilungen, 105*, 153-75.

Samuels, M. L. (1983). The scribe of the Hengwrt and Ellesmere manuscripts of *The Canterbury Tales. Studies in the Age of Chaucer, 5*, 49-65.

Shimonomoto, K. (2000). *The language of politeness in Chaucer*. Tokyo: Waseda University Academic Publications.

Stubbs, E., ed. (2000). *The Hengwrt Chaucer digital facsimile*. CD-ROM. Birmingham: Scholarly Digital Editions.

Tajima, M. (2000). Chaucer and the development of the modal auxiliary *ought* in late Middle English. In R. Boenig & K. Davis (Eds.), *Manuscript, narrative, lexicon: Essays on literary and cultural transmission in honor of Whitney F. Bolton*. (pp. 195-217). Lewisburg, PA: Bucknell University Press.

滝浦真人 (2008). 『ポライトネス入門』研究社

Windeatt, B. A. (1979). The scribes as Chaucer's early critics. *Studies in the Age of Chaucer, 1*, 119-42.

O. Henry作"After Twenty Years"の語り手と焦点化
—英語教育における文学の可能性を求めて—

小野　章

中尾　佳行

広島大学

柿元麻理恵

広島大学大学院教育学研究科院生

要約

本論の目的は，O. Henry作"After Twenty Years"の原文をジェラール・ジュネットの物語言説をめぐる理論をもとに読み，同作品の語り手と焦点化を分析することを通して，文学を英語教育に活用する可能性を探ることである。中学校と高等学校の外国語の学習指導要領には共通して「物語」という文言が含まれている。その物語に不可欠な要素である語り手と焦点化を扱うことには大きな意義があると判断した。ややもすると字義理解に終始してしまいがちな文学読解も，語り手と焦点化という文学的工夫の分析によって，教師・学習者の双方にとって面白いものになることが期待される。また，文学的工夫を分析することは，同時に解釈にも踏み込むことを意味する。解釈は，文学プロパーの研究においては最重要事項とも言えるのに対し，英語教育の文脈ではほぼ無視されてきた。字義の理解，文学的工夫への気づき，そして解釈のそれぞれを互いに有機的に関連付けることは，英語教育に文学を活用する上で有効な手段となるであろう。

1. はじめに

　O. Henry作"After Twenty Years"（以下，ATY）を平易な英語に書き換えたものが，現行の中学校3年生用の英語教科書 *Sunshine English Course 3* に掲載されている。日本の英語教科書全体に占める文学の割合が相変わらず小さい中，ATYは貴重な存在と言える[1]。本論では，教科書中のATYの分析は行わないものの，ATYの原文を分析することで英語教育における文学の可能性を探りたい。なお，ATYの原文テキストには Penguin Twentieth-Century Classics 版 *O. Henry: Selected Stories* 中のものを使用した。本論の末尾に全文を引用しているが，テクスト本

文右側の行数は筆者が便宜的に付したものである。

　ATY の原文を分析するにあたって，特に「語り手」と「焦点化」に注目したい。というのも，例えば異化・比喩・意識の流れといった「文学的工夫」は，その使用頻度・程度が文学作品によって少なからず異なるのに対し，語り手と焦点化は少なくとも「物語」というジャンルに属する作品には必ず含まれる要素だからである。本論は，英語教育における文学の可能性を探ることを目的としている。「物語」という文言は，中学校と高等学校の外国語の学習指導要領に共通して使用されている。その物語に不可欠の要素である語り手と焦点化を扱うことは，英語教育に文学を活用する可能性を大いに拡げるものであると考えている。

2．ジュネットの語り手と焦点化

　物語言説を扱った著書の中でジェラール・ジュネット（1972）は，「誰が見ているのか，という問題と，誰が語っているのか，という問題とが，混同されている」（p. 217）と指摘した[2]。これら二つの問題を峻別しつつ，後者の語り手の問題をめぐり，ジュネット（1972）は，全ての語りは一人称で行われることから，従来の「一人称の語り手」・「三人称の語り手」という表現ではなく，「等質物語世界の物語言説」の語り手・「異質物語世界の物語言説」の語り手という表現を使うことを提唱している。

　　言表における言表行為のどんな主体もそうであるように，語り手は自己の物語言説においては「一人称」としてしか存在しえない・・・。（中略）小説家の選択とは・・・次に挙げる二つの語りの姿勢のうち，いずれを選ぶかという点にある。すなわち，物語内容を語らせるにあたって，「作中人物」の一人を選ぶか，それともその物語内容には登場しない語り手を選ぶか，という選択である。（中略）語り手はいつでも語り手として物語言説に介入できるのだから，どんな語りも，定義上，潜在的には一人称でおこなわれていることになる。（中略）それゆえ，ここで物語言説は，以下の二つのタイプに区別されよう。第一のタイプは，語り手が自分の語る物語内容の中に登場しない場合で，第二のタイプは，語り手が自分の語る物語内容の中に，作中人物として登場する場合である。・・・第一のタイプを異質物語世界の物語言説と呼び，第二のタイプを等質物語世界の物語言説と呼ぶことにする。(pp. 286–88)

この「誰が語っているのか」という語り手の問題に加えて，「誰が見ているのか」という問題についてもジュネット（1972）は，これまで使用されてきた「視点」

という表現は視覚性が強過ぎるとして,「焦点化」という表現を使うことを提唱した上で,その焦点化を,(1)焦点化ゼロ,(2)内的焦点化,(3)外的焦点化の 3 タイプに分けた。それぞれに関し,ジュネット(1983)の説明を引用する。

表 1:ジュネットの 3 タイプの焦点化

焦点化の種類	ジュネット自身による各焦点化の説明
焦点化ゼロ	古典的小説は往々にして,その「焦点」を,まことに非限定的な,あるいは非常に遠い地点に,言い換えれば,きわめて遠望的な視野の効く視点に設定するため(これがかの有名な「神の視点」・・・である——ただしこれが本当に視点と言いうるのかどうかは,周期的に問い直されている),「焦点」はどの作中人物とも一致しえず,したがってやはり,非焦点化あるいは焦点化ゼロといった術語の方が古典的小説にはふさわしい・・・。(p. 77)
内的焦点化	内的焦点化の場合,焦点は一人の作中人物に一致し,その作中人物はあらゆる知覚の虚構上の「主体」となる——もちろん彼が知覚主体になるとはいっても,この知覚には,彼自身を対象とする知覚も含まれる。したがって物語言説は,この人物が知覚するすべてのことがらと,彼が考えるすべてのことがらとをわれわれに伝えることが可能である(だがそれを実行することは決してない。物語言説は,関与的でない情報を斥けたり,しかじかの関与的な情報を故意に差し控えたり——黙殺法の場合——するからである。)(p. 78)
外的焦点化	外的焦点化の場合だと,焦点は語り手が選んだ,物語世界の中のある一点,ただしどの作中人物でもないある一点に設定される。したがって,いかなる作中人物の思考についても,情報が提供される可能性はまったくない・・・。(p. 79)

以上のように,ジュネットは「誰が語っているのか」という語り手の問題と,「誰が見ているのか」という従来は「視点」として扱われていた問題の両方について,説得力のある論を展開している。このジュネットの理論に則り,本論では ATY における語り手と焦点化を分析する。

3. "After Twenty Years"（原文）の語り手と焦点化
3.1 ATYの語り手
　ATYにおいて語り手は自らの語る物語内容に一貫して登場しない。よって，ATYの語り手は異質物語世界のそれである。

3.2 ATYの焦点化
　焦点化については詳細に分析する必要がある。というもの，ジュネット（1972）も「物語言説は必ずしも，終始一貫して同じ焦点化を選択し続けるわけではない」（pp. 223–24）と指摘する通り，ATYでも焦点化は変化するからである。以下，ATYにおける焦点化を論じて行く。本論末尾のATY原文に言及する際には，同原文の右側に付した行数にて言及箇所を特定する。

3.2.1 ATYの1〜15行目の焦点化
　1〜8行目（"peace"で終わる文まで），8〜11行目，12〜15行目の三箇所に分けて論じる。

1〜8行目の焦点化
　1行目には，初出にも関わらず"policeman"に定冠詞"The"が使用されている。これは何を意味するのか。この警官の描写に着目したい。1〜2行目には警官の動きの「印象深さ」（impressiveness）に言及がある。しかも，その様が単なる「お飾り的な」（for show）ものではなく，「板についた」（habitual）ものであるとされている。5〜8行目では，警官という職業の象徴ともとれる警棒（club）をいかにも慣れた風に扱いながら辺りを巡視する様が描かれている。"watchful eye" や "stalwart form" や "slight swagger" といった表現から，自らの職務に忠実な，信頼するに足る警官をわれわれはイメージする。まさに「平和の番人」（a guardian of the peach）といったところであろう。1〜8行目のこのような描写から，1行目の "The policeman" の定冠詞の用法は，*The Oxford English Dictionary* 第1版の次の用法に合致すると思われる。

> 11. *spec.* Used emphatically, in the sense of 'the pre-eminent', 'the typical', or 'the only..worth mentioning'; as 'Cæsar was *the* general of Rome', i.e. the general *par excellence*; *the* being often stressed in speech (∂ɪ), and printed in italics.

この用法における "the" は「理想的な」といった意味を持つ。この用法であれば，作品冒頭に定冠詞が使われても不自然ではない。実際にはこの "The policeman" は警官 Jimmy を指す。彼は，市民の生活を守る警官の代表として描

かれていると解釈出来る[3]。

先述の「平和の番人」には "made a fine picture of" という表現が付いている。Jimmy を絵のように捉える焦点は Jimmy の外に設定されていると考えるのが自然である。Jimmy の外に設定されているからこそ，その焦点は Jimmy の目つき（watchful eye）や姿勢（stalwart form）や歩きぶり（slight swagger）の詳細を捉えることが出来るのである。換言すると，Jimmy を理想的な警官として描く焦点は Jimmy の内には設定されていない。ということは，内的焦点化の可能性は消える。

実のところ，Jimmy が平和を守る理想的な警官かどうかは怪しい。Jimmy が Bob にあてたメモ（以下，メモ）の 101～102 行目の内容から，Jimmy が Bob を「おたずね者」だと見抜いたのは 22～24 行目で Bob がマッチを擦ってタバコに火をつけた時であったことがわかる。しかし，1 行目の時点から Jimmy はそのことを十分予測していたはずである。というのも，（1）メモの 102 行目から，おたずね者の人相に関する情報を Jimmy が既につかんでいたことがわかるし，（2）Bob を実際に逮捕する私服警官（以下，私服警官）が Bob を 'Silky' Bob（93 行目）と呼んでいることから，その呼び名に関する情報も Jimmy がつかんでいた可能性が極めて高いと考えられるからである。シカゴの警察が自分の友人に似た人相の人物を探していること，さらにはその人物が 'Silky' Bob と呼ばれていることを知りつつ巡視の仕事をしていた（1～8 行目）のであれば，その時の Jimmy の心境は穏やかざるものであったと思われる。自らの手で Bob を逮捕すべきだと考えていたかもしれないし，逆に，Bob をなんとか逃す方法を考えていたかもしれない。実際には，Jimmy は自らの手で Bob を逮捕することはなく，私服警官に逮捕の仕事を依頼する。Jimmy が Bob のもとを離れて私服警官が来るまでに 20 分が経過する。その間に，もし Bob が居なくなっていたら，警察としては大失態を犯したことになっただろう。となると，1～8 行目までの Jimmy の外見（理想的な警官像）と，彼の心境（Bob への友情・同情）との間には乖離があったことになる。焦点化ゼロの場合，「神の視点」から全てを見通すことが出来る。つまり，Jimmy の外見と心境との乖離も見通したはずである。実際には，Jimmy の複雑な心境は描かれることなく，彼の外見のみが 1～8 行目では描かれている。よって，ここでは外的焦点化が選択されているととれる。

8～11 行目の焦点化

外的焦点化が選択されている 1～8 行目では，Jimmy のすぐ外に焦点が設定され，その焦点から彼の外見が観察されていた。続く 8 行目（"The vicinity" で始まる文）～11 行目では，焦点は Jimmy の付近には留まりつつも，彼のすぐ外という位置からは離れたと考えられる。観察の対象は Jimmy ではなく，彼が巡視

している界隈全体へと変化する。9行目の"you"に注目したい。この"you"は"we"や"one"にも代替可能な「人一般」の意味であろう。その"you"がタバコ屋の明かり等を眺めているとすると，焦点は非限定的な地点に設定されている，つまり焦点化ゼロが選択されている，と判断される[4]。

12〜15行目の焦点化

　焦点はまたJimmyに近付く。つまり，彼のすぐ外に位置する焦点から，Jimmyと"a man"（後にBobと判明）が観察されている。2人の心情への言及は無く，Jimmyの歩きぶり（the policeman suddenly slowed his walk）やBobが火のついていないタバコを口にくわえている様子が描かれている。外的焦点化に戻ったと考えるべきであろう。

3.2.2 ATYの16〜52行目の焦点化

　次表が示すように，16〜52行目までセリフが大半を占める。

表2：16〜52行目までの総語数とその内訳

総語数	Bobのセリフ	Jimmyのセリフ	地の文	伝達節（例：said the man）
470	355	40	55	20

Bobのセリフは総語数の実に約76%を占めており，それはJimmyのセリフの約9倍にも及ぶ。Bobが饒舌であるのに対し，Jimmyは主に聞き役に回っている。しかし，Jimmyのセリフは短いながらもポイントを押さえたものであると言える。つまり，自分と別れた後のBobがどのような人生を送って来たかを聞き出すかのように，"Haven't you heard from your friend since you left?"（36–37行目）や"Did pretty well out West, didn't you?"（48行目）といったセリフをJimmyはBobに向けて疑問形で発している。その疑問に答えるように，Bobは饒舌に語るのである。また，総語数に占める割合は小さいものの二箇所ある地の文は，ともにBobの所作や外見のみを描いたものである。まずは，22〜24行目の地の文から，眼光鋭い，こわもての，いかにも金回りが良さそうな男をわれわれは想像する。最後の点（金回りの良さ）は，もう一箇所の地の文（44〜45行目）でも強調されている。これら二箇所の地の文においてJimmyへの言及は全く無い。以上のように，16〜52行目まで，ほぼ一方的にBobは聞かれ，見られている。逆に，Bobを見て，聞く役割をJimmyが担っている。つまり，焦点はJimmyの内部に入り込み，そこからわれわれ読者もBobを観察するのである。内的焦点化が選択されていると言える。

3.2.3 ATYの53～65行目の焦点化
　53～59行目と60～65行目の二箇所に分けて論じる。

53～59行目の焦点化
　53～59行目は作品冒頭（1～8行目）に戻ったかのようである。つまり，Jimmyが巡視する（ふりをしている）様が再び描かれているばかりか，その様が同じような語句で表現されている（"twirled his club"（53行目）と "twirling his club"（5行目），"his beat"（58行目）と"the beat"（1行目），"trying doors as he went"（58～59行目）と "Trying doors as he went"（5行目））。1～8行目では外的焦点化が選択されていた。53～69行目も同じであろうか。
　53～59行目と1～8行目に共通する点に上では触れたが，逆に，異なる点は何であろうか。1～8行目では，いかにも自信に充ち溢れた警官の姿が，"watchful eye" や "stalwart form" や "slight swagger" や "a fine picture of a guardian of the peach" といった語句とともに描かれていた。53～59行目にはこのような語句は全く見られない。これは焦点がJimmyの外ではなく，彼の内に「半ば」設定されているからだと考えられる。つまり，53～59行目では，16～52行目で選択されていた内的焦点化が保持されたまま，同時に1～8行目と同様の外的焦点化も選択されていると分析する。53～59行目で，Jimmyが自信に満ち溢れた風に描かれていないのは，彼の複雑な心境が反映されているからではあるまいか（内的焦点化）。と同時に，彼の「半ば」外に設定された焦点が，巡視に戻っていく彼自身とBobの所作を捉えているのである（外的焦点化）。

60～65行目の焦点化
　続く60～65行目は，一見したところ単なる情景描写である。街の様子を描いた焦点化ゼロの8～11行目に似ており，よって60～65行目でも焦点化ゼロが選択されていると思われる。しかし，60行目の "now" という単語に着目すると，焦点化ゼロ以外の可能性も浮かび上がってくる。"now" が過去時制を表わす "was" とともに使われている。これは，Jimmyが感知し，考えたことを描写する自由間接思考がここで取り入れられているからではあるまいか。とすれば，先ほどまでは降っていなかった"a fine, cold drizzle"や，"uncertain puffs"から"a steady blow"へと変化した風も，Jimmyの穏やかならぬ心境を象徴しているとも取れよう。また，61～63行目には歩行者が「陰気に」（dismally）に歩いている様への言及があるが，その様は他ならぬJimmy自身の歩き方，心境に対する言及とも取れる。さらには，63～65行目にかけて，Bobが「馬鹿げているほど不確かな約束を果たすために1000マイルの道のりをやって来た」と書かれている。この記述もJimmyの思いを表わしたものではなかろうか。つまり，逮捕されるとい

う危険を敢えて冒してまで,「馬鹿げているほど不確かな約束」のために長距離を旅して来たBob自身のことをJimmyは「馬鹿げている」と思っているのではあるまいか。もっとも,「馬鹿げている」度合いが強いほど, BobのJimmyに対する想いの度合いも強いということになるが。このように捉えると,60～65行目は,焦点化ゼロによって街の風景を描きながら,同時に内的焦点化によってJimmyの心の内を描いていると考えられる。

53～65行目の焦点化の解釈
　以上のように,53～59行目では内的焦点化と外的焦点化が同時に,60～65行目では内的焦点化と焦点化ゼロが同時に選択されていると分析する。そして,異なる焦点化の併存は,Jimmyの心境のあらわれそのものであると解釈する。Bobとの再会を果たしたJimmyはBobの変わらぬ友情を確認したはずである。再会直前(1～8行目)以上に,それを果たした53～65行目においてJimmyの心は千々に乱れていたことであろう。それはメモの"Somehow I couldn't do it myself"(103行目)という表現からもうかがえる。職務への忠誠心と友情との間で揺れるJimmyの心そのものが,53～65行目における焦点化の「分裂」へと結びついていると解釈する。

3.2.4 ATYの66～100行目の焦点化

　Bobと私服警官とのやり取りを描いた66～100行目は,BobとJimmyとのやり取りを描いた16～52行目と同様にセリフの占める割合が高い。しかし,66～100行目では,Bobもしくは私服警官のどちらかが一方的に喋ることはない。また, 地の文(66～68行目,83～88行目)においても,Bobもしくは私服警官のどちらか一方が相手をじっと観察している様は描かれていない。66～100行目では, 焦点はBobと私服警官のすぐ外に設定されており, 等しく二人に注意を向けている。よって,外的焦点化が選択されていると判断する。この外的焦点化において, 私服警官の表面的な様子や所作にはある思惑が隠されている。69行目で彼はBobに "Is that you, Bob?"と「疑わしそうに」(doubtfully)話しかけている。しかし, 同じ警官であるJimmyから既に情報を得ているわけであり, ゆえに実際にはBobだと確信しているはずである。つまり,私服警官は, Jimmyを装っている手前,20年前の約束をBobが本当に果たしに来たかどうかについて, 半信半疑のふりをしているのだ。また,71～72行目で私服警官はBobの両手をがっちりと握っている。同様に,83行目では私服警官はBobと腕を組んで(arm in arm)通りを歩いている。設定された外的焦点化からは, 旧交を温めるための握手・腕組みにしか見えない。しかし93行目の私服警官のセリフ(You've been under arrest for ten minutes, 'Silky' Bob.)から, この握手・腕組みは仲の良さ

を装ったものであり，実際には彼による Bob の身柄確保の暗示であったことがわかる[5]。

3.2.5 ATYの101～104行目の焦点化
　Bob に宛てた Jimmy からのメモが ATY の最後に載せられている。このメモを読んでいるのは Bob であり，よって，101～104 行目では彼の中に内的焦点化が設定されていると考えられる。その焦点から Bob 本人と一緒にわれわれ読者も Jimmy のメモを読むわけである。

　16～52 行目でも内的焦点化が選択されていた。この時，焦点は Jimmy の内部にあって，そこから一方的に Bob を見，彼の話を聞いていた。Bob の話を聞きながら，Jimmy は Bob の変わらぬ友情を確認したことであろう。というのも，Bob の話は自分への賛辞や自分を信頼する気持ちに溢れていたからである（例："my best chum, and the finest chap in the world"（26 行目），"I know that Jimmy will meet me here if he's alive, for he was always the truest, stanchest old chap in the world"（40～42 行目），"He'll never forget"（42 行目），"my old partner"（43 行目），"good fellow"（50 行目），"If Jimmy is alive on earth he'll be here"（56～57 行目））。自分に対する Bob の想いに Jimmy はこの場で応えることが出来ない。代わりに，Jimmy は Bob にメモを書く。

　メモには "Somehow I couldn't do it myself"（103 行目） という表現が含まれている。"it" という表現から，Jimmy には「逮捕」という言葉を使うのがはばかられたことがうかがえる。さらには，「自分でそれをすることが出来なかった」理由が "Somehow" という表現によってぼやかされてもいる。警官という立場から理由を直截に表現することを避けたのであろうが，"Somehow" に込められた理由は，「Bob が自分を想う気持ちに負けない気持ちを，自分も Bob に対して抱いているから」といったところであろうか。しかし，"it" や "Somehow" に込められていると思われる以上のような Jimmy の想いを，Bob が果たして汲み取ったのか，汲み取ったとしてどのように感じたのかはわからない。唯一の手掛かりはメモを読む Bob の様子を描写した表現（99～100 行目の "it trembled a little by the time he had finished"）であるが，この表現から Bob が動揺したことはわかるものの，その動揺が意味するところは結局不明なままである。

　101～104 行目では Bob の内に設定された焦点から Jimmy のメモが読まれる。その内的焦点化が明らかにするのはメモの内容のみであり，Bob の心情は伏せられたままである。メモを読んだ Bob がどのように感じ，考えたかの解釈は，われわれ読者に委ねられている。

4. おわりに

　本論では，ATY の原文における語り手と焦点化を，ジュネットの理論をもとに分析してきた。結果，語り手は異質物語世界のそれであり，焦点化は 1～15 行目の外的焦点化（部分的に焦点化ゼロ）→16～52 行目の内的焦点化→53～59 行目の内的焦点化と外的焦点化の併存→60～65 行目の内的焦点化と焦点化ゼロの併存→66～100 行目の外的焦点化→101～104 行目の内的焦点化，と変化することがわかった。

　本論の目的は英語教育における文学の可能性を探ることである。日本において文学が英語教材として使用されることは稀である。たとえ使用されることがあっても，テクストの字義理解に終始してしまっていることが予想される[6]。もちろん，字義理解は重要である。しかし，それのみでは不十分であろう。字義理解に加えて，文学的な工夫を理解することで，学習者は文学の読みをより堪能することが出来ると考えている。よって本論では，物語（言説）には不可欠の要素である語り手と焦点化を扱った。

　字義を理解し，文学的工夫に気づき，さらには学習者が解釈に積極的に関わることで，英語教育における文学の可能性はさらに高まるであろう[7]。本論では解釈にまで十分には踏み込んでいないかもしれない。しかし，語り手と焦点化を分析すること自体が解釈を伴うものであると考える。また，本論3.2.3では，55～67行目における焦点化の分裂がJimmyの揺れる心を反映しているのではないか，という「解釈」も施した。さらには，3.2.5 では，メモを読んだBobがどう感じたかは読者の解釈に委ねられていることにも触れ，少なくとも解釈の重要性は指摘したつもりである。文学プロパーの研究において，解釈は最重要事項とも言える。一方，解釈が英語教育の文脈で扱われることは皆無に等しい。解釈を英語教育に活かすことは，文学研究と英語教育を結びつけることにもなろう。

　本論では，ATYの原文を分析することで英語教育における文学の可能性を探った。本論冒頭で触れた通り，ATYの原文を平易な英語に書き換えたものが，現行の中学校3年生用の英語教科書*Sunshine English Course 3*に掲載されている。本来ならば，教科書中のATYも本論で扱うべきであったろう。紙幅の都合上，本格的な論議は別稿に譲ることにするが，教科書中では，原文冒頭の "The policeman" が定冠詞ではなく不定冠詞になっているなど，興味深い点も散見される。中高の英語教育における文学作品の扱い方（例：文学的工夫に気づかせたり，解釈させたりする際に，教科書と原文とを比較させるのか，あるいは，あくまでも教科書のみを読ませるのか）も含めて今後議論する必要がある。

　最後に，英語教育に文学を活用する上で必要と思われる研究に触れたい。文学を英語教育に活用した実践や，その提案はこれまでも存在してきた。その成

果は，Brumfit & Carter (1986) やCollie & Slater (1987) やCarter & McRae (1996) 等にまとめられている。実践例や実践の提案は存在してきた一方で，実践の教育効果を扱う実証研究は決して多くない。2015年8月に出版されたばかりのTeranishi, Saito & Wales (2015) のPart 2: Empirical and Case Studiesで，実証研究がある程度はまとまった形（計13編の論文）で紹介されてはいるものの，英語教育における文学の効果を実証しようとする研究はまだまだ不足している。文学の有用性を，経験則にもとづいて論じることに加えて，質的・量的に実証する研究が求められよう。

注

1. 江利川（1998）は，日本の英語教育界における文学の不人気と，その理由のひとつとしての難解さを指摘している。同指摘から約20年が経とうとしている現在も，英語教育における文学の扱いはほとんど変わっていないと認識している。
2. ジュネット（1972）は，「物語」という語を構成する「三つの異なった概念」のひとつに「物語言説」を位置付けている。ジュネット（1972）によると，物語言説は「語られたものであると書かれたものであるとを問わず，一つあるいは一連の出来事の報告を引き受ける言説（ディスクール）そのもの」を指す（p. 15）。つまり，物語言説とは，語られた（書かれた）物語のテクストそのもののことだと言える。
3. Leech (1969) は，短い詩では初出の名詞（句）に定冠詞が付き得ることを，イェイツの詩を例に取りながら指摘している。この指摘を踏まえるならば，ATYは散文であるが，その短さゆえに初出の "policeman" に定冠詞が付いているとも解釈出来よう。また，英詩における定冠詞を分析したSeth R. Katzの博士論文を紹介しながらEpstein (2002) は，詩の場合，初出の名詞（句）に付された定冠詞には「記述対象を焦点化する」（p. 351）という働きがあると指摘している。なお，Katzの博士論文は出版されていない。
4. 8〜11行目が焦点化ゼロだとすると，先の2行目（"for spectators" 以降）〜4行目でも，同じく焦点化ゼロが選択されていたと考えるべきであろう。
5. 暗示的意味は私服警官のセリフにも含まれている。81行目で彼が口にする "a place" と "a good long talk" はそれぞれ「警察署」と「取り調べ」のことであろう。
6. 深澤（2008）と武久・小野（2010）からも，高等学校用英語教科書中の発問は字義理解に関わるものが多いことがわかる。もっとも，両研究とも，文学を題材にしたレッスン等に特化して発問を分析しているわけではない。
7. Roland Barthes（1975）の文学理論に依拠しつつ，解釈を「書かれたものに基

づいて，読者がある程度の説得性を持って自由に展開する読み」と定義する。

References

Barthes, R. (1975). *The pleasure of the text*. (R. Miller, Trans.). New York: Hill & Wang. (Originally published in French in 1973)

Brumfit, C. J., & Carter, R. A. (Eds.). (1986). *Literature and language teaching*. Oxford: Oxford University Press.

Carter, R., & McRae, J. (Eds.). (1996). *Language, literature & the learner*. London: Longman.

Collie, J., & Slater, S. (1987). *Literature in the language classroom*. Cambridge: Cambridge University Press.

Epstein, R. (2002). The definite article, accessibility, and the construction of discourse referents. *Cognitive Linguistics, 12*(4), 333–78.

Henry, O. (1906). After twenty years. In G. Davenport (Ed.), *O. Henry: Selected stories* (pp. 24–27). New York: Penguin Books.

Leech, G. N. (1969). *A linguistic guide to English poetry*. London: Longman.

Teranishi, M., Saito, Y., & Wales, K. (Eds.) (2015). *Literature and language learning in the EFL classroom*. London: Palgrave Macmillan.

江利川春雄（1998）．「教科書にみる文学作品の変遷史」．『英語教育』，47(2)，8–10．

ジュネット，G．（1972）．『物語のディスクール―方法論の試み』（花輪光・和泉涼一（訳））．水声社．（訳の出版は1985年）

ジュネット，G．（1983）．『物語の詩学―続・物語のディスクール』（和泉涼一・青柳悦子（訳））．水声社．（訳の出版は1985年）

武久加奈・小野　章（2010）．「字義理解を超えたリーディングの在り方について―高等学校外国語科用英語リーディング教科書の発問の現状分析―」．『教育学研究紀要』（CD-ROM版），56，532–37．

深澤清治（2008）．「読解を促進する発問作りの重要性―高等学校英語リーディング教科書中の設問分析を通して―」．『広島大学大学院教育学研究科紀要』，57(2)，169–176．

"After Twenty Years" by O. Henry

The policeman on the beat moved up the avenue impressively. The impressiveness was habitual and not for show, for spectators were few. The time was barely 10 o'clock at night, but chilly gusts of wind with a taste of rain in them had well nigh de–peopled the streets.

Trying doors as he went, twirling his club with many intricate and artful movements, turning now and then to cast his watchful eye adown the pacific thoroughfare, the officer, with his stalwart form and slight swagger, made a fine picture of a guardian of the peace. The vicinity was one that kept early hours. Now and then you might see the lights of a cigar store or of an all–night lunch counter; but the majority of the doors belonged to business places that had long since been closed.

When about midway of a certain block the policeman suddenly slowed his walk. In the doorway of a darkened hardware store a man leaned, with an unlighted cigar in his mouth. As the policeman walked up to him the man spoke up quickly.

"It's all right, officer," he said, reassuringly. "I'm just waiting for a friend. It's an appointment made twenty years ago. Sounds a little funny to you, doesn't it? Well, I'll explain if you'd like to make certain it's all straight. About that long ago there used to be a restaurant where this store stands— 'Big Joe' Brady's restaurant."

"Until five years ago," said the policeman. "It was torn down then."

The man in the doorway struck a match and lit his cigar. The light showed a pale, square–jawed face with keen eyes, and a little white scar near his right eyebrow. His scarfpin was a large diamond, oddly set.

"Twenty years ago to–night," said the man, "I dined here at 'Big Joe' Brady's with Jimmy Wells, my best chum, and the finest chap in the world. He and I were raised here in New York, just like two brothers, together. I was eighteen and Jimmy was twenty. The next morning I was to start for the West to make my fortune. You couldn't have dragged Jimmy out of New York; he thought it was the only place on earth. Well, we agreed that night that we would meet here again exactly twenty years from that date and time, no matter what our conditions might be or from what distance we might have to come. We figured that in twenty years each of us ought to have our destiny worked out and our fortunes made, whatever they were going to be."

"It sounds pretty interesting," said the policeman. "Rather a long time between meets, though, it seems to me. Haven't you heard from your friend since you left?"

"Well, yes, for a time we corresponded," said the other. "But after a year or two we lost track of each other. You see, the West is a pretty big proposition, and I kept hustling around over it pretty lively. But I know Jimmy will meet me here if he's alive, for he always was the truest, stanchest old chap in the world. He'll never forget. I came a thousand miles to stand in this door to-night, and it's worth it if my old partner turns up."

The waiting man pulled out a handsome watch, the lids of it set with small diamonds.

"Three minutes to ten," he announced. "It was exactly ten o'clock when we parted here at the restaurant door."

"Did pretty well out West, didn't you?" asked the policeman.

"You bet! I hope Jimmy has done half as well. He was a kind of plodder, though, good fellow as he was. I've had to compete with some of the sharpest wits going to get my pile. A man gets in a groove in New York. It takes the West to put a razor–edge on him."

The policeman twirled his club and took a step or two.

"I'll be on my way. Hope your friend comes around all right. Going to call time on him sharp?"

"I should say not!" said the other. "I'll give him half an hour at least. If Jimmy is alive on earth he'll be here by that time. So long, officer."

"Good–night, sir," said the policeman, passing on along his beat, trying doors as he went.

There was now a fine, cold drizzle falling, and the wind had risen from its uncertain puffs into a steady blow. The few foot passengers astir in that quarter hurried dismally and silently along with coat collars turned high and pocketed hands. And in the door of the hardware store the man who had come a thousand miles to fill an appointment, uncertain almost to absurdity, with the friend of his youth, smoked his cigar and waited.

About twenty minutes he waited, and then a tall man in a long overcoat, with collar turned up to his ears, hurried across from the opposite side of the street. He went directly to the waiting man.

"Is that you, Bob?" he asked, doubtfully.

"Is that you, Jimmy Wells?" cried the man in the door.

"Bless my heart!" exclaimed the new arrival, grasping both the other's hands with his own. "It's Bob, sure as fate. I was certain I'd find you here if you were still in existence. Well, well, well!—twenty years is a long time. The old restaurant's gone, Bob; I wish it had lasted, so we could have had another dinner there. How has the West treated you, old man?"

"Bully; it has given me everything I asked it for. You've changed lots, Jimmy. I never thought you were so tall by two or three inches."

"Oh, I grew a bit after I was twenty."

"Doing well in New York, Jimmy?"

"Moderately. I have a position in one of the city departments. Come on, Bob; we'll go around to a place I know of, and have a good long talk about old times."

The two men started up the street, arm in arm. The man from the West, his egotism enlarged by success, was beginning to outline the history of his career. The other, submerged in his overcoat, listened with interest.

At the corner stood a drug store, brilliant with electric lights. When they came into this glare each of them turned simultaneously to gaze upon the other's face.

The man from the West stopped suddenly and released his arm.

"You're not Jimmy Wells," he snapped. "Twenty years is a long time, but not long enough to change a man's nose from a Roman to a pug."

"It sometimes changes a good man into a bad one," said the tall man. "You've been under arrest for ten minutes, 'Silky' Bob. Chicago thinks you may have dropped over our way and wires us she wants to have a chat with you. Going quietly, are you? That's sensible. Now, before we go on to the station here's a note I was asked to hand you. You may read it here at the window. It's from Patrolman Wells."

The man from the West unfolded the little piece of paper handed him. His hand was steady when he began to read, but it trembled a little by the time he had finished. The note was rather short.

Bob: I was at the appointed place on time. When you struck the match to light your cigar I saw it was the face of the man wanted in Chicago. Somehow I couldn't do it myself, so I went around and got a plain clothes man to do the job.

Jimmy

文学テクストを会話分析の観点から指導する

菊池 繁夫

関西外国語大学

要約
本論文では、文学を中心とする虚構テクストを大学レベルで学生に指導するに際して、どのような側面に気づきを行わせるかを文体論的な視点を交えながら論じている。文体の中でも normal non-fluency features（会話の非流暢性の特徴）の視点からは、いくつかの作品を横断的に見ることで、Charles Dickens は「家族を持つこと」に特に関心があることが見えて来る。現代の英語学に基づく文体論的な側面に、どのように学生の気づきを行わせるかということは、虚構テクストを英語教育で用いる際に学生の理解を深める上で重要と思われる。

1. はじめに

　英語教育において文学テクストを用いる際、学生の言語的気づきはどこに求められるべきであろうか。フランスの言語学者 Charles Bally が、その文体分析において手がりとした 'phonologie ... vocabulaire ... grammaire' (Bally 1952: 62) の各レベルにおいて求められるべきであろうが、本論文においては、conversational（会話的）な点に注意してみたい。

　まず、下の (1) のテクストは Charles Dickens からのものであるが、このシーンは「Yarmouth から帰宅した David に主人思いの Peggotty が母の再婚したことを告げる直前の場面である。いつになく家の様子がおかしいのをいぶかる David と、本当のことを言いよどむやさしい Peggotty」（山本 1974: 139-140）が「ためらい」を示す箇所である。では、この「ためらい」は何を示しているのであろうか。ここでは conversational analysis（会話分析）における normal non-fluency features（会話の非流暢性の特徴）から見えてくるものに注目することができる：

(1)　　"Why, Peggotty!" I said ruefully, "isn't she come home!"
　　　"Yes, yes, Master Davy," said Peggotty. "She's come home. Wait a little bit, Master Davy, and *I'll — I'll* tell you something."

　　　　　　　　　　　　　　　　　　(Charles Dickens *David Copperfield*, 40)
　　　　　　　　　　　　　　　　（以下、引用におけるイタリクスは筆者）[1]

以下において、学生達の注意が向けられるべき点を示しながら、文学という虚構テクストを読み解いて行く視点を提供したい。

2. 文学言語はどのように機能するか

　Labov & Waletzky (1967) の自然言語を対象とする、社会言語学的枠組み（図1参照）は、別のコミュニケーションの層が一つ上位にある文学テクスト（図2）に応用する場合には、若干の修正が必要である。図2は Austin (1962)、Benveniste (1966) そして Ross (1970) に従って、可能性として存在する reporting clause（I — TELL — YOU に当たる部分）を reported part（that [TEXT] の部分）に付加する形をとっている：

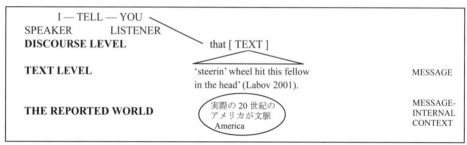

図 1　自然言語のコミュニケーションの枠組み

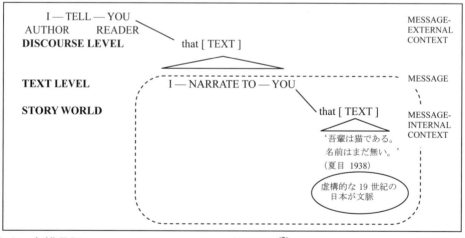

図 2　虚構言語のコミュニケーションの枠組み [2]

3. 虚構テクストにおける言語的諸特徴
3.1 会話文における **normal non-fluency features**（非流暢性の特徴）

　上に述べた Dickens の会話文の分析の前に、図1で表された自然言語の会話に

現れる特徴を見ておく。normal non-fluency features（非流暢性の特徴）と呼ばれるものが、そのひとつであるが、それは下のような形を取る：

自然言語におけるやりとり

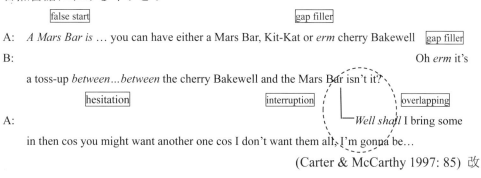

(Carter & McCarthy 1997: 85) 改

これらの features は自然言語には通常現れるが、逆に文学などの書かれた文章には現れないのが普通であり、Dickens の会話文でのように現われると下の Hughes の言うように heightened emotion（高ぶった感情）を表すことになる：

(2) 'heightened emotion … such as anger, fear or uncertainty … mental disturbance'

(Hughes 1996: 52)

また、これらが生じた場合には、これら normal non-fluency features は Short (1996: 177) がドラマの言語について述べているように作者が 'on purpose'（意図的）に挿入したものである：

(3) 'Normal non-fluency does not occur in drama dialogue, precisely because that dialogue is written (even though it is written to be spoken). Moreover, if features normally associated with normal non-fluency do occur, they are perceived by readers and audience as having a *meaningful* function precisely because we know that the dramatist must have included them *on purpose*'.

(Short 1996: 177)（オリジナルイタリクス）

その観点から、(1) の会話文に現われた hesitation（ためらい）、それと、同じ作品の他の部分に現われている normal non-fluency features の箇所を、(1) と合わせて三つだけ検討してみる：

(4) "The rooks — what has become of them?" asked Miss Betsey.

"There have not been any since we have lived here," said my mother. "*We thought—Mr Copperfield thought* — it was quite a large rookery; but the nests were very old ones, and the birds have deserted them a long while."

(*David Copperfield*, 6)

(5)　"You were speaking about its being a girl," said Miss Betsey. "I have no doubt it will be a girl. I have a presentiment that it might be a girl. Now child, from the moment of the birth of this girl — "

"*Perhaps boy*," my mother took the liberty of putting in.

(7)

(1) の hesitation が「本当のことを言いよどむやさしい Peggotty」(山本 1974: 140) を表しているのは局所的には正しい。では (4) と (5) ではどうであろうか。(4) の例は false start（フライング）で母親のためらいを表していて、次の (5) の例では interruption（割り込み）により、同じく母親の高ぶった気持ちを表現している。これら3例は Hughes が述べるように話者の高揚した感情を表している。では、これらの局所的な高ぶりの気持ちを横断的に見て、異なる話者の normal non-fluency features が共通に示しているもの、個々の人物を越えて共通に示しているものは何であろうか。それは「家族」という主題である。したがって、このことから Dickens は、少なくともこの *David Copperfield* を通して描きたかったことは「家族」であったということが見て取れる。

　以上は、同一作品内で人物横断的に見えてくるものを論じた。では、同一作者による他の作品を横断的に見るとどうであろうか。

3.2　Dickens の他の作品を横断的に見る

　Dickens の *Great Expectations* では、いくつかの「期待」が裏切られる：

(interruption)

(6)　…I took the indentures out of his hand and gave them to Miss Havisham.

"You expected," said Miss Havisham, as she looked them over, "no premium with the boy?"

"Joe!" I remonstrated; for he made no reply at all. "Why don't you answer — "

"*Pip*," returned Joe, cutting me short as if he were hurt, "which I meantersay that were not a question requiring an answer betwixt yourself and me, and which you know the answer to be full well No. You know it to be No, Pip, and wherefore should I say it?"

(*Great Expectations*, 99)

これは、Pip は Joe から自分の 'the indentures'（年季奉公契約書）を Miss Havisham に渡すが、そこで Miss Havisham が Joe に Pip から謝礼を「期待していないか」と訊く場面である。Joe は Pip を遮りながら、きっぱりと 'No' と答える。ここでは interruption が「期待しない Joe」を表す場面で用いられている。

この作品では様々な期待が描かれると述べたが、その中でも Estella への想い、Estella に振り向いてもらうために 'a gentleman' になるという希望、これら「期待」が込められているところで normal non-fluency features が用いられている。

(一種の false start)
(7)　"Yes, Joe; but what I wanted to say, was, that as we are rather slack just now, if you would give me a half-holiday to-morrow, I think I would go up-town and make a call on *Miss Est — Havisham*."

　　"Which her name," said Joe, gravely, "ain't Estavisham, Pip, unless she have been rechris'ened."
　　　　　　　　　　　　　　　　　　　　　　　　　　　　　　　(109)

景気も悪いから反日休みをくれたら Havisham 邸に挨拶をしに行きたいと Pip が Joe に打ち明ける場面だが、実際には Estella に会いたいために行くので、Pip はその名前を思わず言いかける。それに対して Joe からからかわれ、名前を変えたのでなければ "Estavisham" なんて人はいないと言われる。これは文末に生じる一種の false start だが、この特徴が表れる箇所では Pip の Estella への「期待」が描かれている。

　次の (8) では Pip は 'a gentleman' になりたいという「期待」を示す。初めて Estella に会った時に、彼女から 'With this boy? Why, he is a common laboring boy!'（この子とですって、この子はただの労働者の子じゃないの）と言われたのを気にかけていた Pip は Biddy に自分は 'a gentleman' になりたいと告げ、Biddy にたしなめられる：

(false start)
(8)　"Do you want to be a gentleman, to spite her or to gain her over?" Biddy quietly asked me, after a pause.

　　"I don't know," I moodily answered.

　　"Because, if it is to spite her," Biddy pursued, "*I should think—but you know best*—that might be better and more independently done by caring nothing for her words…"
　　　　　　　　　　　　　　　　　　　　　　　　　　　　　　　(126)

この *Great Expectations* の物語内では、様々な期待はずれが描かれていて、この

2つの場面も、それに関連している。Estella を得たいという期待 ── こちらは得ることができるかもしれないという期待のままで物語は終わる ── と、'a gentleman' になりたいという期待に関連したところで、この 2 つの normal non-fluency features が用いられている。これら、同一作品内で人物横断的に現れる特徴に共通していることから、Dickens はこの物語では「期待」を描こうとしたということが分かる。

　では、もう一段、上から眺めてみよう。先の *David Copperfield* とこの *Great Expectations* の 2 つの作品を横断的に見ることで言えることは何であろうか。それは、例えば共通項として「家族を持つということに込めた期待」とでも言うことができよう。

　次にもう一段、上に登ってみよう。異なる作者間での共通項である。次は James Joyce の *A Portrait of the Artist of a Young Man* からの一節で、ランプに油を注ぐ「じょうご」を何と呼ぶかという話の箇所である：

(hesitation)

(9) 　── To return to the lamp, he said, the feeding of it is also a nice problem. You must choose the pure oil and you must be careful when you pour it in not to overflow it, not to pour in more than the funnel can hold.

　　── What funnel? asked Stephen.

　　── The funnel through which you pour the oil into your lamp.

　　── That? said Stephen. Is that called a funnel? Is it not a tundish?

　　── What is a tundish?

　　── That. *The... funnel*.

　　── Is that called a tundish in Ireland? asked the dean. I never heard the word in my life. 　　　　(James Joyce, *A Portrait of the Artist of a Young Man*, 158)

ここでは Stephen がアイルランドの言語の用法に対して抱いている、少し引け目に感じる気持ちを表している箇所である。その箇所で hesitation が用いられている。

　もう一つ見てみよう。下は主人公 Raymond が、ロンドンにいる親友のもとに、その夫婦の危機を仲介するため訪れ、親友の妻 Emily と昔よく楽しんだジャズを部屋で聴いているシーンである。この種の曲はもう今では聴かないんだと言う Raymond に Emily が腹を立て、それに Raymond があわてて答える：

(hesitation)

(10) 　'No, no, Emily, please, it's lovely. *It...it* brings back memories. Please, let's just

get back to being quiet and relaxed, the way we were a minute ago.'
(Ishiguro 'Come Rain or Come Shine', *Nocturnes*, 83)

この hesitation は 'memories' と関係がありそうである。

では、Dickens の作品に見られる normal non-fluency features から共通に浮かび上がって来る「家族を持つことへの期待」という概念と、この James Joyce や Kazuo Ishiguro の作品の hesitation の箇所に共通する概念は何であろうか？実は、この段階まで来ると再び (2) (3) に戻り、一般論としての 'heightened emotion' を表すという段階に戻ることになる。

4. まとめ

以上見て来たように、英語教育に文学テクストを用いる際には、従来見逃されて来た虚構テクストの持つ独自の機能に学生の注意を向けさせるべきであると思われるが、その一つの着眼点として normal non-fluency features がある。

これら conversational features は自然言語では存在するのが normal（当然）なので、あっても何も問題とならないが、書かれたテクストでは無いのが普通で、あれば特別に、話者の高ぶった感情などを表す。ただ、その一人物の感情の分析に留まることなく、それら features を人物や作品横断的に見て行くと、虚構テクストの場合、その背後にいる作者の姿がおぼろげながら浮かび上がって来る。

この normal non-fluency features を横断的に見る段階としては複数の段階があると言えよう：

第 1 段階としては、その features が表れる局所的な場面、この場合は、それを用いた人物の感情を見ることができる。この場合は、書かれたテクストで normal non-fluency features が表れると、その話者の、例えば heightened emotion を表すというようなことが見えて来る。これは一般に全ての話者について言える。（ただし、ここでは上の Peggotty の例で言えば、彼女の他の特徴を探すことで、作者が付した、この人物の固有の特徴が見えて来る。）

第 2 段階は同一作品内において人物横断的に見えてくる共通項に目を向ける段階。ここでは、その features を用いた人物を越えて、少なくとも、その作品内で作者が持っている関心が見えて来る。

第 3 段階は、同一作者による異なる作品横断的にそれら features を見て行く段階。ここでは、作者が描く作品に共通して持っている問題意識が見えて来る。

第 4 段階として異なる作者間に共通して、書かれたテクスト内の features が

表わしているものということになると、再び第 1 段階の、一般論としての heightened emotion を表すという所に返って行く。

したがって、作者の人物像を見る時には第 2、第 3 段階あたりで normal non-fluency features を見て行くことになる。

　以上論じて来たような、文学テクストの会話的仕掛けに学生の注意を向けさせることで、新たな文学テクスト活用法が見えてくると思われる。

注

1. Quotation marks は原作のままとした。したがって double の箇所と single の箇所がある。
2. この、addresser（発信者、作者）を明確に位置付ける言語学的なコミュニケーションの枠組みには、addresser を曖昧なものとする Michael Foucault や Roland Barthes の観点とは異なるが、Derek Pearsall は彼らの発言自体が相対化されることは彼ら自身望んでいないだろうと述べる。MM というのは Fouchault と Barthes の両氏に対してのもので、Messieurs（＝Sirs）という意味である：

    '…I have to assert…that the experience of writers' lives, outer and inner, is the matter of their writings in a most significant manner. Knowledge of a writer's life does not "explain" his writings,…but it does provide an important context for understanding them. I do not imagine that MM. Foucault and Barthes,…would wish…to think of their own texts as detached from their own persons,…and they would acknowledge how what they write is the product of what they themselves are and have been and are desirous of being'. (Pearsall 1992: 4-5)

使用テクスト

Dickens, C. (1981 [1849-50]) *David Copperfield* (World's Classics). Oxford: Oxford University Press.

Ishiguro, K. (2009) *Nocturnes*. London: Faber & Faber.

Joyce, J. (2000 [1916]) *A portrait of the artist as a young man*. Oxford: Oxford University Press.

参考文献

Austin, J. L. (1962) *How to do things with words* (2nd ed.). Cambridge, MA: Harvard University Press.

Bally, C. (1952) *Le langage et la vie*. Genève: Droz.

Barthes, R. (1968 [1967]) La mort de l'auteur. *Manteia*, *5*, 12–17.

Benveniste, É. (1966) *Problèmes de linguistique générale*. Paris: Gallimard.

Carter, R. & McCarthy, M. (1997) *Exploring spoken English*. Cambridge: Cambridge University Press.

Hughes, R. (1996) *English in speech and writing: Investigating language and literature*. London: Routledge.

Kikuchi, S. (2007) When you look away: 'Reality' and Hemingway's verbal imagination'. *Journal of the Short Story in English: Les Cahiers de la Nouvelle* (Université d'Angers, France), *49*, 149–155.
　　（論文のデジタル版は次で入手可能：http://jsse.revues.org/index818.html'；英語版 Wikipedia にコメントが載っている：http://en.wikipedia.org/wiki/Cat_in_the_Rain.（アクセス日：15 January 2015））

Kikuchi, S. (2010) Unveiling the dramatic secret of 'Ghost' in *Hamlet*. *Journal of Literary Semantics* (Mouton de Gruyter, Germany), *39*(2), 103–117.

Kikuchi, S. (2013) Poe's name excavated: The mediating function and the transformation of discourse theme into discourse rheme. *Language and Literature* (Sage, UK), *22*(1), 3–18.

Kikuchi, S. (2014a) James Joyce's free indirect thought and the two candles in *Dubliners*.『近代英語協会創立30周年記念論文集』（編集委員会代表　中川憲）pp. 373–384）英宝社.

Kikuchi, S. (2014b) The walking two candles in James Joyce's *Ulysses*. Paper read at the International Association for Literary Semantics (IALS 2014), University of Kent at Canterbury, UK.

Labov, W. & Waletzky, J. (1967) Narrative analysis and oral versions of personal experience. In J. Helm (Ed.), *Essays on the verbal and visual arts* (pp. 12–44). Seattle, WA: University of Washington Press.

Leech, G. N. & Short, M. H. (2007) *Style in fiction: A linguistic introduction to English fictional prose* (2nd ed.). London: Longman.

夏目漱石 (1938)『吾輩は猫である』（岩波文庫　上）岩波書店.

Pearsall, D. (1992) *The life of Geoffrey Chaucer*. Oxford: Blackwell.

Ross, J. R. (1970) On declarative sentences. In R. A. Jacobs & P. S. Rosenbaum (Eds), *Readings in English transformational grammar* (pp. 222–272). Waltham, MA: Ginn.

Short, M. (1996) *Exploring the language of poems, plays and prose*. London: Routledge.

山本忠雄 (1974)「David Copperfield」『チャールズ・ディケンズの文体』(pp. 110–

152) 南雲堂.

空間表現に基づく身体を通した文学的な読み

熊田 岐子

奈良学園大学

要約

昨今、その潜在力にも関わらず、文学使用は英語授業において減少傾向にある。しかしながら、文学は現実世界にも通じる人間関係を探求できる教材である。本研究は、前置詞・副詞という空間表現の学習に焦点を当て、文学教材を使用し、その読みの向上と関連付けて、学習の変容を考察した。その際、空間を捉える認知言語学の成果を活用した。文学的な読みとは、文学の登場人物の動作・位置に着目して、登場人物の心情・社会的関係を考察する読みである。本稿では、調査協力者である大学生44名により、登場人物の動作・位置に関係する空間表現を身体的に理解する劇活動指導が読みの視点にどのような変容を及ぼすかを、質的に調査した。結果として、検証の回を重ねるごとに、劇活動による空間表現の身体的な理解が文学的な読みを促している可能性が示唆された。最終の検証回では、空間表現を基にしていた読みの視点が、物語全体のテーマへと拡張している様子が示された。

1. はじめに

　文化背景が複雑なものが多く、言語的に技巧が凝らされた文学を英語授業に取り入れるのは難しいという意見が一般的である。しかし、文学は、時間・場所を変えながら、登場人物の心理や社会関係が複層化されており、現実世界にも通じる人間社会を探求できる読み物である。Lakoff & Johnson（1980）では、文学で使用されるメタファーやメトニミーが現実世界を概念化する際に根源的な機能を果たしていることを指摘している。文学は、日常言語の延長線上にあるものとして指導法さえ工夫すれば、最適な英語教材と成り得る。本研究では、認知言語学を援用し、前置詞 at・副詞 up-down などという方向性や空間を表す表現（以下、空間表現）を読みの視点とし、文学の登場人物の動作・位置関係を見直し、登場人物の心情・社会的状況を読み深める文学読解指導（以下、読解指導）を検討した。文学的な読みには、登場人物の心情、登場人物間の社会的関係、文学の場面・全体のテーマが含まれる。

　文学的な読みに関するこれまでの研究成果として、熊田（2014）では、文学的な読みの深まりに対して、読解指導のどのような活動が影響しているかを検

証した。結果として、文学的な読みが深まっていくなかで、劇活動の後に用いた映画の記述が減っていく様子が示された。これは、学習者が映画に頼ることなく、学習者が空間表現に基づいた自分なりの読みをしているということである。しかし、熊田（2014）では、文学的な読みが、映画の他に何に影響されるのかを検討することができなかった。そこで、本稿では、これまでの研究結果を再検討し、読解指導の中心となる劇活動が文学的な読みにどのように影響するのかを、質的検証により明らかにする。

2. 研究背景
2.1 文学の談話空間と空間表現の関係性

ここでは、複数の人物が時空間を移動しながら物語が繰り広げられていく文学作品の側面を対象としている。この文学の談話空間においては、著者・読者、テクストの全体を統治している著者・その全体を読み解いていくことが期待される読者、語る登場人物・語られる登場人物など、語る者（addresser）・語られる者（addressee）がメッセージ（message）を媒介しながら複層的に配置されている（Leech & Short, 2007, p.121）。この談話空間において、登場人物がどこにいるのか、どのように動くのかという物理的状況のみならず、その動きとの関係で何を考えているのかという心理状況もテクストには描かれている。換言すれば、この物理的状況・心理状況を表す一つの手立てとなっているのが空間表現である。心理状況に関して例を挙げれば、台詞に in surprise がついているだけで、「驚いた状況の中で（驚いた空間の中で）」という空間的なイメージが湧いてくる。このように、文学には、空間表現が、名詞・形容詞・動詞・副詞などと相互協力的に配置され、物語を豊かに彩っている。空間表現に着眼することは、物語の登場人物の物理的・心理的状況を把握する一助となると同時に、英語学習者にとって英語母語話者がいかに空間関係を言語化していくか、そのプロセスを理解するという点からも有用である。

2.2 認知ネットワーク

空間表現の概念体系の本質は、上下（up-down）・内外（in-out）・前後（front-back）などの空間関係にある。Langacker（1987）を始めとする空間認知に関する先行研究によれば、空間認知は誰もが経験することであり、空間関係は日常言語を形成する重要な要素である。この空間関係を言語化した意味ネットワークは、人の認知プロセス（図1）で表せる。なお、図1の矢印の説明は、山梨（2000）の内容に従って、本稿の筆者が図に付記した。

山梨（2000）によると、スキーマが事例化した最も際立ちのあるものがプロトタイプであり、プロトタイプがメタファー的に拡張して拡張事例を産出し、

さらには拡張事例が繰り返し産出されることで、スキーマの抽象性を高め、一層多様性のある拡張事例が生みだされる。拡張事例は使用される文脈で多岐に渡り、場所から時間、さらには感情・心理へと適用され、多義的に拡張していくのが特徴である。

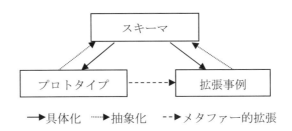

図1　認知プロセス
（山梨, 2000, p.181 による）

　Tyler & Evans（2003: 26）の例を引用し、空間表現の意味体系の1例として in を取り上げる。1）～3）はプロトタイプとなる字義通りの意味（literal meaning）である。この字義通りの意味が 4）～6）の in となり、比喩的な意味（metaphorical meaning）を作り出す。4）は文章という抽象物の中、5）は一時的な時間における状態、6）は感情に包まれた状態を表している。in のイメージスキーマは空間での〈内包〉である。

1) I awoke in my bedroom.
2) I went to the cupboard in the kitchen.
3) I found the box of cereal in the cupboard.
4) I read it in the newspaper.
5) Anne Frank lived in perilous times.
6) Will is in love.

　本研究では、以上のようにプロトタイプから拡張事例へと広がる空間表現を、文学の空間表現に着目して学習する。よって指導は登場人物の動作・位置に焦点を絞って行う。では、どのようにすれば空間表現の理解と併せて、空間表現を基にした文学的な読みが構築されるのだろうか。第2節3項では、文学的な読みの構築方法の一つとして、認知を通した読みについて考察する。

2.3 身体を通した文学的な読み

　事態認知を通した読みとは、その主体者が、いかに身体を通して概念化しているかを巡ることである。時空間に置かれた人間の経験基盤として、第一に、空間表現は身体性を伴っていることに着目したい。空間表現とは、上下（up-down）などの空間関係を言語化したものである。空間表現を理解するには、空間感覚や視覚などの五感や運動感覚など人の身体に備わる機能を通じて認知する必要がある（cf. Gibbs, 2006; Tyler & Evans, 2003; 山梨, 2012）。例えば、Lakoff & Johnson（1980）に記載された 'I'm feeling up.' と 'I'm feeling down.' という up と down の比喩的な意味拡張を理解しようとするとき、人は up と down の空間関係を思い起こすことになるが、その前提として、この空間関係は身体を通じて認知されていなければならない。Bergen（2012）は、神経科学分野の知見を用いて、人の認知と記憶について示している。その中で、言葉の意味とは、身体を通した経験と個々の文化背景によって生み出されるものだとも述べている。文学によって空間表現の個々の文化的な含意を豊かにしながら、空間表現に備わる身体性をつかむために実際に体を動かして理解する方法は、まさしく身体を通した読みの再確認でありその発展であると筆者は考える。

　身体を通した読みとして、第二に、ダイクシス（deixis=直示）の利用がある。登場人物の立場になって、物語に入り込み、物語を経験するダイクシスについては、Duchan, Bruder & Hewitt（1995）や認知詩学を主張する Stockwell（2002）でも取り上げられている。Stockwell（2002）では 6 種類のダイクシスが挙げられているが、本稿では、そのうち空間ダイクシス（spatial deixis）に焦点を当てた。例えば、*Alice's Adventures in Wonderland* で、大きなマッシュルームを小さなアリスが覗き込むシーンにおける 'She stretched herself <u>up</u> <u>on</u> tiptoe, and peeped <u>over</u> the edge of the mushroom' において、下線部の動きを伴う空間表現やそれを含む副詞句をダイクシスの基点とした場合には、アリスがつま先立ちで小さい体を上に持ち上げて、視線を弧を描くよう動かしてマッシュルームの縁を覗いた様子が自分の感覚のように伝わってくる。この動きに、アリスの好奇心が現れているようにも感じられる。これを一つの身体的な経験として味わうのが、ここで述べる空間ダイクシスである。いわば、身体の動きや位置を重視して物語の中に入り込んでいく読みを拡張する方法である。

　本研究では、空間表現を英語学習者が身体的に理解するために、実際に身体を動かして登場人物の動きや位置を演じる文学の劇活動を読解指導に取り入れる。さらに、身体を通した文学的な読みとして、空間表現を視点として登場人物の動きや位置、およびその心理的な陰影に着眼する読みを指導する。それに関連し、先に挙げた空間ダイクシスの要素への気づきの向上も目指す。

3. 研究課題

空間表現に基づいた文学的な読みの深まりを再検討するために、読解指導を受けた英語学習者の文学的な読みが、劇活動を通してどのように変容するのかを調査する。

4. 読解指導

A 大学の「英米文学」を受講した 45 名を対象に読解指導を実施した（熊田 2013a; 2013b; 2014）。読解指導 1 回を検証 1 回とする。検証 1 回分の授業内容は、1) 教師によるスキーマ提示を含んだ空間表現を中心とする文法指導・日本語訳の口頭説明、2) グループ単位での劇発表、3) 映画視聴（Harris & Zindel 1985, 2010）、4) 学習ポートフォリオの記載を基本とした。読解指導の中心となる 2) 劇活動は、グループで登場人物の動きを話し合い、朗読しながら実際に登場人物の身体動作を行う。劇活動の際に、登場人物がどのような背景のもとで、どのように動くのか、どのような位置関係にあるのかを考えるように指導した。1 回の授業は約 90 分間で、約 3 カ月に渡って、合計 13 回実施した。読解指導の教材は、Lewis Carroll の *Alice's Adventures in Wonderland*（1865）であり、1 回 200 words 程度抜粋して使用した（付録 1）。また、授業外学習として、①授業回の英文のノートへの転写、②空間表現の意味を自由に調べてくるノート作成を課した。②のノート作成に関しては、定期的に提出とし、授業内容をそのまま記載してくる協力者、授業外の空間表現も調べてくる協力者などがいた。

5. 文学的な読みへの劇活動の影響
5.1 分析材料・方法

分析材料は、最終日に提出された学習ポートフォリオ 44 名分（データ欠損 1 名）である（各調査協力者を S1〜S44 として、以下で記述）。全 13 回の記述中、劇活動が中間となる 7 回目（チェシャ猫とアリスの会話の場面）、最終の 13 回目（アリスが現実世界へ戻る場面）を分析対象とし、文学的な読みに対して、空間表現の身体的な理解を目指した劇活動がどのように影響するのかを検討する。必要に応じて映像を参照しながら、学習ポートフォリオ記述を分析する。また、調査協力者の明らかな誤字脱字は訂正して掲載する。

5.2 結果

検証 7 回目で協力者 6 名が記述していたのは、round であった。S5 は、「round は waving its right paw round で使われていたが、どのように回しているのか気になっている。」とし、S41 は「今回劇（を）しようとしたときに、猫が waving its right paw round しているという文があって、どうみんなに伝えようかと考えまし

た。その時に前足をぐるぐる回しながら、その方向を指そうということになりました。」と記述している。劇発表の映像を見ると、各グループごとに round を手をぐるぐると何回転もさせたり、下から外側にくるっと回したり、猫のように手首を曲げて方向を指し示したりなど様々な表現をしている。文章の前後関係と動詞 waving から推測すると、方向を指し示すためにくるっと前足を回す動作が適当であろうが、round という空間表現を読みの視点とし、前後関係から各グループで推測している様子が垣間見られる。文学的な読みに関しても、7 回目以降から空間表現から登場人物の動きや位置をつかみ、その意味を考察する記述が増えてきていた（熊田 2014）。劇活動において、動きを検証した様子が S19「waving its right paw round には右手を回しながら振ったという意味がある。それぞれの人物に手で指し発言する。これで登場人物の発言が明確にわかることができる。」からも見えてくるのである。

　検証 13 回目では、第一に、協力者 13 名が書いていたのは、in についてである。S11 は「文中で "in the lap of her sister" とあるがお茶会のシーンにも "in a large armchair" という表現があった。 ここの表現と同じで『姉のももに包まれるように頭を置いている』という表現ではないだろうか。」と 8 回目の指導における in の使い方から、13 回目の in のイメージを深め、S21 は「姉の膝の上に Alice は寝ているのだが（in the lap of her sister）、ここで膝の上という意味を出すために on ではなく、中という意味である in を使うことで姉の優しさ、Alice を包み込んであげている感じが出て、後の brushing away をより柔らかい表現にしている。」と記述している。in により、後の 'brushing away' の決して力強くはない、優しさを込めて、落ち葉を手で払いのけてあげるニュアンスを感じ取っている。これらの協力者全員が劇活動において in を演じることはなかったが、劇発表に向けての話し合いや他グループの劇活動を見ながら、in について考察を深めたとも言えよう。直接演じなくても前置詞へのこだわりは、転移性を生み出すものと言えよう。

　第二に、協力者 9 名が記述していたのは、down と up の関係性であった。姉がアリスに 'Wake up, Alice.' と呼びかける場面から、S3 は「最初の down, down〜のところは、じつは、穴に落ちるという意味と、もう一つ眠りに落ちるという意味もあるのだと思う。だから今回 her sister が "wake up" で意識が上がってくる意味で up が使われていた。」と、3 回目の指導での、'Down, down, down.' と穴に落ちていくアリスの様子を思い出しながら、up との関係性について述べている。さらに、S36 は、トランプが「up into できつめに竜巻のようにあがって、落ちるというイメージが新鮮でおもしろかった。また、wake up での up は、最初の冒険のはじまりである down と反対で始まりと終わりがはっきりしているようだった。」とし、トランプが巻き上がって、落ちる場面と、この物語全体のテーマ

であるAliceのdownとupを重ねて考察している。Downに関しては、3回目の指導において、グループによりだんだん落ちる様子を表現したり、一気にすとんと落ちる動作を見せていた。

　以上のような空間表現へのこだわりと劇活動の関係性が見られる記述がある一方で、7回目からは空間表現を根拠にして登場人物の心情を汲み取ろうとする記述が増えている。13回目では、物語の様々な解釈が見られ、それらは一様ではない。例えば、S3はアリスと女王の大きさの違い（目線の違い）から「the Caterpillarのときは目線で優劣がついていたが、今回はthe Queenと言い合いになっている時、Aliceの体が元に戻っても、自分の思いに自信を持っていたので、Aliceは自分自身を見つけ出し、それは目線や体格が変わっても、変わらない自信になった。」と述べている。アリスが正常の大きさに戻っても自信を持っていたことから、アリスの成長を感じ取っている。また、S14は「AliceはQueenの言葉に怒っている（loudly）。クイーンもAliceの口ごたえに怒っている（turning purple, shouted at the top of her voice）。今までは、ただのcardsに対して、敬意をはらったり、子供のようなAliceだった。精神面が幼い。しかし、今回の場面では、"You're nothing but a pack of cards!"と言っている。私たちが考えても、トランプはただのトランプであると考えることと同じように、考えたことによって精神面が成長しているのと同時にトランプもただのトランプに戻ったのではないかと考える。最初の場面でAliceは『私は子どもじゃないわ』と言っていた。その時点では、精神的にまだ子ども。時計を持ったウサギを信じていたから。しかし、不思議の国から戻った時は、トランプの兵士をただのトランプと見るようになっていた。これはAliceが非現実的なことを信じなくなったからだ。」と述べ、アリスが具体的にどのように成長したのかを考察する記述も見られた。読みの視点が、空間表現を基にしていたものが、物語全体のテーマへと拡張していた。なお、全13回の検証内で、空間表現を視点として登場人物の心理への読みへ進んだ者は44名中35名程度、文学のテーマに至った者は14名程度であった。

　指導開始当初では、文学の描写や登場人物の台詞など文章の復唱に留まっていたものが、だんだんと空間表現にこだわりを見せるようになり、最終的には、場面や文学全体のテーマにまで結びつけて考えるまでになっていた。換言すると、空間表現を意識した劇活動の身体を通した文章理解により、空間表現を読みの視点としていたものが、当該表現をローカルな部分から物語全体へと拡げて見直していく学習者独自の読みの深まりの様子を示すようになった。

6. 考察

　本稿の研究課題は、劇活動という空間表現の身体を通した学習により、文学

的な読みが質的にどのように移り変わっていくのかを明らかにすることであった。第 5 節で述べたように、空間表現を自ら探し出し、登場人物の動き・位置を手立てとしてその心情や社会的関係を掘り下げる読みをするようになっていた。さらに言えば、空間表現を手掛かりに文学全体のテーマまで考察する様子まで垣間見られた。協力者全員とは言えないが、空間表現を視点とした読みは、学習者によっては多様な広がりを見せた。

多様な読みの広がりを見せた要因は、第一に、身体的な動作は、空間表現の身体的な理解を促し、それにより空間関係を学習者がまずイメージ化したことにあると考えられる。どのように体を動かすべきか、自分たちの解釈をどう伝えたらいいのか話し合い、練習する様子が見られた。実際に、登場人物の動きを発表までもっていけなくても、話し合いによって、作品の持つ意味合いを深めたと考えられる。劇活動において、他グループの発表を実際に目で見たことによる、自分たちのグループの劇発表の振り返りが空間表現の理解を促している。Bergen（2012）において、視覚による認知が検討されているが、見ることもいわば一つの身体的な経験と成り得る。学習ポートフォリオにも、他グループと自分たちのグループの発表においての動きや位置の違いに関するコメントが見られた。このようにして空間表現の理解が進んでいたようである。空間表現の理解が文学的な読みの基礎となった点が、第 5 節の結果にも示されたと言える。第二に、毎回同じ工程で作業を進めていったために、文学的な読みに必要な情報を収集できるようになっていたのではないかと考えられる。検証 7 回目あたりから、文学的な読みの深まりが見られ、各々の学習者が空間表現の理解により、登場人物の動作・位置をイメージしやすくなり、それを心理面へと発展させられるようになっている。検証の最中では他学習者の学習ポートフォリオを見せていない点を考えると、学習者自身が文学への親しみを持てるようになり、もっと発展させて考えてみようという意欲が感じられる。実際に、検証半ばには、授業理解に通じる学習ポートフォリオ記述が全体的に多くなっていた。

最終的に、文学的な読みが空間表現のローカルな領域から場面全体へと移っていったことからは、前置詞のスキーマが重層的なコンテクストのある文学テクストへと柔軟に拡張していったとも言える。第 2 節で示した認知ネットワークにおいての「プロトタイプ」から「拡張事例」へとその拡張度を高め、テクストの一部と全体を統合する程までに、「スキーマ」が高次的に機能し始めた可能性がうかがえる。

しかしながら、学習者全体に注意を向けた場合、実際には文学的な読みがあまり拡張しなかった協力者がいたのも事実である。今後は、なぜ文学的な読みが拡張しなかったのかの調査が必要である。

7. おわりに

　本稿は、文学を英語教材として使用する可能性を空間表現に絞って考察したものである。文学の読みを深めるだけではなく、同時に、空間表現の学習という点においても、説明文では容易に成せない空間表現の意味の広がり、あるいはそのスキーマの柔軟性ある拡張を示せたと考える。今後は、文学の教材が空間表現の理解を促した点、および英語学習に対する意欲を促した点の検討をさらに推し進め、文学が成し得る潜在力をさらに明確にしたい。

謝辞

　博士課程後期の指導教員である中尾佳行先生には、励ましていただき、また多くのご助言をいただいてきました。この場を借りまして、深く感謝申し上げます。

References

Bergen, B. K. (2012). *Louder than words: The new science of how the mind makes meaning*. New York: Basic Books.

Carroll, L. (1865). *Alice's adventures in wonderland*. Retrieved from Project Gutenberg, http://www.gutenberg.org/

Duchan. J. F., Bruder, G. A., & Hewitt, L. E. (1995). *Deixis in narrative: A cognitive science perspective*. New York & London: Routledge.

Gibbs, R. W. Jr. (2005). *Embodiment and cognitive science*. Cambridge: Cambridge University Press.

Harris, H. (Director), & Zindel, P. (Writer). (1985, 2010). *Alice in wonderland* [Motion Picture]. New York: CPT Holdings, Inc. （『不思議の国のアリス』．東京：ソニー・ピクチャーズ エンタテインメント.)

Lakoff, G., & Johnson, M. (1980). *Metaphors we live by*. Chicago: The University of Chicago Press. （渡部昇一、他訳.『レトリックと人生』．東京：大修館書店. 1986 年.)

Langacker, R. W. (1987). *Foundations of cognitive grammar*: *Theoretical prerequisites, Vol.1*. Stanford: Stanford University Press.

Leech, G., & Short, M. (2007). *Style in fiction: A linguistic introduction to English fictional prose (2nd ed.)*. London: Longman. （筧壽雄監修.『小説の文体：英米小説への言語学的アプローチ』．東京：研究社. 2003 年. 初版原著翻訳.)

Stockwell, P. (2002). *Cognitive poetics: An introduction*. New York & London: Routledge.

Tyler, A., & Evans, V. (2003). *The semantics of English prepositions*: *Spatial scenes, embodied meaning and cognition*. Cambridge: Cambridge University Press. （国広

哲弥監訳 『英語前置詞の意味論』. 東京：研究社. 2005 年.)
熊田岐子. (2013a). 「空間表現の身体的理解による英語文学読解指導」.『第 39 回全国英語教育学会北海道研究大会発表予稿集』、全国英語教育学会、468–469.
熊田岐子. (2013b). 「空間表現の身体化による文学的な読みの深まり」.『日本教科教育学会全国大会発表予稿集 39』、 日本教科教育学会、130–131.
熊田岐子. (2014). 「文学の描写を明示・暗示する映画の教育的応用」.『映画英語教育研究』. 第 19 号. 映画英語教育学会. 137–151.
山梨正明. (2000). 『認知言語学原理』. 東京：くろしお出版.
山梨正明. (2012). 『認知意味論研究』. 東京：研究社.

付録1
文学読解指導での教材概要・特化して指導した空間表現・劇発表の実施状況

回	1	2	3	4	5	6	7
教材	Ch.1 Down the Rabbit-Hole（Aliceが姉の本を覗き込む）	Ch.1 Down the Rabbit-Hole（Aliceが白ウサギを見つける）	Ch.1 Down the Rabbit-Hole（Aliceがウサギ穴に落ちる）	Ch.4 最後~Ch.5 Advice from a Caterpillar（Aliceとイモムシが出会う）	Ch.5 Advice from a Caterpillar（Aliceとイモムシのやりとり）	Ch.6 Pig and Pepper（Aliceとチェシャ猫が出会う）	Ch.6 Pig and Pepper（Aliceとチェシャ猫のやりとり）
空間表現	on, in, by, into	of, at, out of, with, across	on, in, down, to	in, on, at, round, under, over	at, in, into, away	of, off, down, away	in, of
劇	練習のみ	全員発表	全員発表	全員発表	一部G発表	全員発表	全員発表

回	8	9	10	11	12	13
教材	Ch.7 A Mad Tea-Party（Aliceがお茶会に参加する）	Ch.7 A Mad Tea-Party（お茶会でのやりとり）	Ch.8 The Queen's Croquet-Ground（Aliceがトランプと出会う）	Ch.8 The Queen's Croquet-Ground（ハートの女王の登場）	Ch.12 Alice's Evidence（Aliceが裁判の証言台に立つ）	Ch.12 Alice's Evidence（Aliceが姉の膝で目覚める）
空間表現	at, of, on	on, at, of	in, on, of	at, on, in, of	in, of, at	なし
劇	全員発表	全員発表	全員発表	全員発表	全員発表	全員発表

（熊田2014を改編）

A Computer-Assisted Textual Comparison among the Manuscripts and the Editions of *The Canterbury Tales*: With Special Reference to Caxton's Editions[*]

Akiyuki JIMURA
Yoshiyuki NAKAO
Noriyuki KAWANO
Kenichi SATOH
Hiroshima University

Abstract

Our project has been to make a computer-assisted comprehensive textual comparison among the Hengwrt (Hg) and Ellesmere (El) Manuscripts of *The Canterbury Tales* by Geoffrey Chaucer and the two edited texts based on them: Blake (BL: 1980) which is faithfully reconstructed from Hg, and Benson (BN: 1987) which is mainly based on El. Caxton's editions (X1 [1476] and X2 [c1482]) are this time added in this textual comparison. This is expected to contribute a great deal to the textual criticism of Chaucer. We would like to investigate the ways in which the linguistic features of these two manuscripts have been transmitted through the printed texts of Chaucer's works. In this paper we will explore some of the systematic differences between the two manuscripts and the edited/printed texts by means of statistical methods. Our comparative concordance, we hope, will be able to offer data of first class importance in this international scholarly field.

1. Introduction
1.1 Our previous studies

In 1993 we undertook a computer-assisted textual comparison of Blake's and Robinson's editions of *The Canterbury Tales*, based on the most important manuscripts: the Hengwrt MS and the Ellesmere MS, in part by a Grant-in-Aid (No. 05801064) for Scientific Research from the Ministry of Education, Science and Culture. We published *A Comprehensive List of Textual Comparison between Blake's and Robinson's*

A Computer-Assisted Textual Comparison among the Manuscripts and the Editions of *The Canterbury Tales*: With Special Reference to Caxton's Editions

Editions of The Canterbury Tales, edited by A. Jimura, Y. Nakao and M. Matsuo (Okayama: University Education Press, 1995) iv + 520 pp., with the partial assistance of a Grant-in-Aid (No. 71111) for Publication of Scientific Research Result from the Japanese Ministry of Education, Science and Culture.

From 2002 to 2004 we undertook a computer-assisted comprehensive textual comparison between the Hengwrt and Ellesmere Manuscripts of *The Canterbury Tales*. There are eighty-four extant manuscripts containing (part of) *The Canterbury Tales*. This comparison was made in part by a Grant-in-Aid (No. 14510524). Of these manuscripts, the Hengwrt MS is the oldest and therefore regarded as closest to Chaucer's original, and the Ellesmere MS is the edited and most probably revised version of the Hengwrt, which was completed about a decade after by the same scribe. Our collation concordance is expected to offer a complementary information of the non-edited text and the edited and to enable us to grasp and describe the state of Chaucer's language. Our study accords with the international scholarly tendency of making an electronic data-base of Chaucer's language and the Middle English texts. The Hengwrt Chaucer Digital Facsimile (ed. Estelle Stubbs, 2000) is one of the marvelous contributions of *The Canterbury Tales* Project (general director, Norman Blake) to the text criticism of Chaucer. The textual collation between the Hengwrt and Ellesmere MSs is available on the CDROM. However, a comparative concordance of the two manuscripts was not made, with few lexical studies based on this database. We made a collation concordance in collaboration with N. Blake and E. Stubbs. In 2002 we published part of our research, *A Comprehensive Collation of the Hengwrt and Ellesmere Manuscripts of The Canterbury Tales: General Prologue*, and in 2004 as a sequel to this we made the collation concordance with regard to "The Knight's Tale". The retrieved data from this collation is expected to contribute to making clearer the textual status of Chaucer's language.

From 2004 to 2006 we undertook a computer-assisted comprehensive textual comparison among the Hengwrt (Hg) and Ellesmere (El) Manuscripts of *The Canterbury Tales* and their two edited texts, Blake (1980) and Benson (1987), in part by a Grant-in-Aid (No. 16520158). With the two editions added, this is expected to contribute a great more to the text criticism of Chaucer. Since Mooney (2006) pointed out the candidate scribe of the Hg and El, Adam Pynkhurst, the objective description of the linguistic features of these two manuscripts has caught much attention of Chaucerian and medieval scholars. We made the comparative concordance of the four texts, Hg, El, Blake and Benson as regards 'The Miller's Tale' and 'The Reeve's Tale'. We discovered, for instance, interesting instances relating to northern dialects, 'The

Reeve's Tale' 4029 (Blake): Hg, El, Blake 'how'; Benson 'howgates', though El used 'how that'. This concordance is compiled on the basis of Stubbs (2000) and the relating data she offered to us. It is a sequel to the concordances-Jimura, Nakao, Matsuo, Blake, and Stubbs (2002), and Nakao, et al. (2004).

From 2006 to 2008 we also undertook a computer-assisted comprehensive textual comparison among the Hengwrt (Hg) and Ellesmere (El) Manuscripts of *The Canterbury Tales* and their two edited texts, Blake (1980) and Benson (1987), in part by a Grant-in-Aid (No. 18520208). We made the comparative concordance of the four texts, Hg, El, Blake and Benson as regards 'The Cook's Tale', 'The Wife of Bath's Prologue and Tale', 'The Friar's Tale' and 'The Summoner's Tale'. This is a sequel to the concordances-Jimura, Nakao, Matsuo, Blake, and Stubbs (2002), Nakao, et. al. (2004) and (2006).

From 2008 to 2010 we continued a computer-assisted linguistic comparison between the Two Manuscripts (Hengwrt and Ellesmere) and the two editions (Blake and Benson) of *The Canterbury Tales*, in part by a Grant-in-Aid (No. 20520229). As part of this computer-assisted textual concordance, we completed the concordance between the two MSs with regard to all the verse lines. And we also completed the machine readable texts of the two editions. In the 16th and 17th conferences of the New Chaucer Society (Swansea, 2008/7/19, Siena, 2010/7/19), we read a paper regarding some of the morphological similarities and dissimilarities between the four texts. We were able to statistically discover some new aspects of the relationships between the MS and the editions. We dealt with the scribe's and editors' *y*-prefix of past participles or the positional difference of virgules between the two MSs.

From 2009 to 2012 we undertook a computer-assisted quantitative comparison of Chaucer's *Canterbury Tales* (MS Gg, Other MSs and several editions) (No. 21520254). This project was an interim report of a comprehensive textual comparison of Chaucer's *The Canterbury Tales* (MS Gg, MS Hg, MS El, Blake's Edition, Benson's Edition). It is an important fact that the scribe of Ms Gg took the trouble to add the prefix *y*- to the past participles, though it is generally said that the scribe of the Hengwrt MS might have ignored the prefix *y*- (Jimura 2011). It is noticeable that the scribe intentionally used the marked prefix "I-" in MS Gg. In the 18th congress of the New Chaucer Society we read as regards choice and psychology of negation in the Hengwrt and Ellesmere MSs and the Two Editions of *The Canterbury Tales*, which was published in Nakao, Jimura and Kawano (2015).

And finally we started and have continued a computer-assisted comprehensive textual comparison among the Hengwrt (Hg) and Ellesmere (El) Manuscripts of *The*

Canterbury Tales by Geoffrey Chaucer and the two edited texts based on them, Blake (BL: 1980) and Benson (BN: 1987), and Caxton's editions (X1 [1476] and X2 [c1482]). This paper is part of this textual comparison.

1.2 Some problems

It is difficult to deal with the problems of textual transmission of Chaucer's manuscripts and printed texts, as Simon Horobin indicates in his book: *The Language of the Chaucer Tradition* (2003). *The Text of The Canterbury Tales* (1940) edited by Manly and Rickert investigates the similarities and differences of the eighty-four manuscripts of *The Canterbury Tales* (including the printed editions of Caxton's first edition and his second edition), where sufficient explanation was not given to discuss the differences of the dialects (Horobin 2003: 60-61).

1.3 Our present original approach

It is generally said that the Hengwrt MS, on which Blake's edition (BL) is based, was commenced while Chaucer was alive. As is well known, this manuscript gives a different impression from the Ellesmere MS, which has beautifully coloured ornate initials, and is carefully written and decorated. The Hengwrt MS scribe seemingly wrote Chaucer's works in a great hurry. Benson's edition (BN) is treated as a standard text of Chaucer's works, ascribable mainly to the Ellesmere MS, which is thought to have been written about ten years later by the same scribe as the Hengwrt MS. BN has also been said to be an eclectic text, since it has been scrupulously edited, consulting the Ellesmere MS and checking the other manuscripts and texts. Both BL and BN are thought to be the printed texts revealing historically the final stages of the textual transmission, while Caxton's first (X1) and second (X2) editions are the firstly edited texts printed soon after the introduction of the printing in England. Our present project of comprehensive textual comparison would be a unique and meaningful investigation, because our six parallel texts include the earliest scribed manuscript (HG), the first and second printed editions (X1 and X2), the faithful transcription of the Hengwrt MS (BL) and the scrupulously edited text (BN) showing probably the last stage of our printed editions.

First, we would like to ascertain what kind of manuscripts Caxton was based on in editing his favourite Chaucer's *Canterbury Tales*. Second, we would like to investigate what kind of linguistic features Caxton's editions reflect in the history of English. Third we would like to recognize the textual transmission from Caxton's editions to the later printed editions such as Richard Pynson's (1492), Wynkyn de

Worde's (1498) and William Thynne's (1532). Fourth and finally, we would like to survey the long history of textual criticism of *The Canterbury Tales* from the sixteenth century up to the present.

It would be amazing that a computer-assisted approach to Chaucer's textual criticism should provide us with plentiful and abundant data as quickly as possible, but we should be careful enough to read the data closely and discriminatingly, depending on our intuitive judgement and intelligent understanding. Thus our computer enables us to make a quantitative research, while we should have to be flexible enough to make a qualitative research in order to achieve a comprehensive textual comparison. This will lead to our scrupulous and sensitive text reading of *The Canterbury Tales*. We would like to see some examples in 1.1 to 1.4.

In F. J. Furnivall's *A Parallel Text of The Canterbury Tales* (1868-77) the following six manuscripts are listed in parallel columns: (1) The Ellesmere MS, (2) The Hengwrt MS, (3) Cambridge Univ.MS. Gg. 4. 27., (4) Corpus MS. (Oxford), (5) Petworth MS, and (6) Lansdowne MS. 851. In this study, we have consulted (1) The Ellesmere MS, (2) The Hengwrt MS, (3) Caxton's 1st Edition (X1) and (4) Caxton's 2nd Edition (X2) (X1 [1476] and X2 [c1482]).

2. Some of the examples in "General Prologue" to *The Canterbury Tales*

The line numbers are based on our data. We are able to print the complete line in the Hengwrt MS, but only the differing word forms and other elements from this as regards the Ellesmere MS, Blake's text, Benson's text, Caxton 1st Edition (X1), and Caxton 2nd Edition (X2). However, in the following 2.1., 2.2 and 2.3. we have listed every complete line of the six texts, in order to capture the differences clearly and distinctly. The under-bars show that the letter, word, or other element is missing in the manuscript or text.

2.1 A textual comparison in "General Prologue" to *The Canterbury Tales* (1)

```
18    HG: That hem  hath holpen    whan þt    they weere seeke
      EL: That hem  hath holpen /  whan þt    they we_re seeke
      BL: That hem  hath holpen __whan that   they weere seeke.
      BN: That hem  hath holpen __whan that   they we_re seeke.
      X1: That them hath holpyn __when        __they we_re se_ke
      X2: That them hath holpyn __when        __they we_re se_ke
```

2.2 A textual comparison in "General Prologue" to *The Canterbury Tales* (2)

```
127   HG: At mete / wel ytaught7 was she with alle
      EL: At mete / wel ytaught7 was she with alle
      BL: At mete __wel ytaught_ was she with alle.
      BN: At mete __wel ytaught_ was she with alle;
      X1: At mete __wel _taught_ was she with al__
      X2: At mete __wel _taught_ was she wyth al__
```

2.3 A textual comparison in "General Prologue" to *The Canterbury Tales* (3)

```
270   HG: Somwhat he lypsed / for his wantownesse
      EL: Somwhat he lipsed / for his wantownesse
      BL: Somwhat he lypsed __for his wantownesse
      BN: Somwhat he lipsed_, for his wantownesse,
      X1: Somwhat he lispyd __for his wantownesse
      X2: Somwhat he lispyd __for hys wantownesse
```

2.4 Analyses of these extracts

In 2.1, while HG, EL, BL and BN use the third person plural objective *hem*, X1 and X2 use Present-day pronoun *them*. We can notice that X1 and X2 do not use the pleonastic *that* after the conjunction *whan*. The frequencies of *whan that*, *when that*, *whan*, and *when* and other forms are as follows:

Table 1
The frequencies of **whan that, when that, whan,** *and* **when** *and other form*s

	whan that	when that	whanne	whenne	whan $þ^t$	when $þ^t$	whan	when
HG	26	0	8	0	83	0	289	0
EL	37	0	5	0	83	0	282	0
BL	135	0	9	0	0	0	272	0
BN	140	0	4	0	0	0	267	1
X1	53	30	11	23	0	0	165	114
X2	56	37	1	6	0	0	187	114

However, we should pay attention to the disappearance of the pleonastic *that* in the extract of 2.1., although the pleonastic *that* is used in every six text (including X1 and X2) in the beginning of "General Prologue" to *The Canterbury Tales*, as shown in

"Whan that April with his shoures soote," to be more precise, the very beginning of the *Tales*, which might have been necessary to make the audience have a strong impression on the commencement of *The Canterbury Tales*.

In 2.2., while the prefix *y-* such as *ytaught*[7] is used in HG, EL, BL and BN, we cannot find the prefix *y-* in X1 and X2. Present-day English has a few fossilized forms such as *yclept* or *yclad*, although the prefix *y-* was supposed to be revived in the sixteenth century by William Thynne on occasions.

In 2.3., we have found metathesis of /p/ and /s/ in the verb *lipsen*: HG, EL, BL and BN have the forms *lypsed* and *lipsed*, while X1 and X2 have the metathesized form *lispyd*, which leads to Present-day English.

3. Fragments and groups in *The Canterbury Tales* with regard to the verse texts

In discussing the poem line, references are usually given to the edition by Larry D. Benson (BN) (3rd ed. Boston, 1987), in which the lineation is based on the traditional Group/Fragment divisions. Fragments I to X depend on Manly and Rickert's classification and Groups A to I are dealt with by W. W. Skeat's classification. Fragments and Groups correspond to the following tales of *The Canterbury Tales*:

Fragment I (Group A): GP, KT, MilT, RV, Ck
Fragment II (Group B^1): ML
Fragment III (Group D): WB, FrT, SumT
Fragment IV (Group E): CL, MerT
Fragment V (Group F): SQ, FranT
Fragment VI (Group C): PH, PD
Fragment VII (Group B^2): SH, PR, TH, MO, NP
Fragment VIII (Group G): NUN
Fragment IX (Group H): MAN
Fragment X (Group I): PsP

4. Six text files

The six files are compared as objectively as possible. In this data, not a half width characters or cases, i.e. not a single byte, are included, e.g. see the lines of GP 163-65 (HG) and the line GP 163 (EL). The line 163-1 of X1 cannot be found among the other 5 text files (HG, EL, BL, BN, and X2). We would like to show the original three lines of six text files in the "General Prologue."

Hengwrt (HG)

    4r GP 0163   ¶ Another Nonne / with hire hadde she

    4r GP 0164   That was hire Chapeleyne / and preestes thre

    4r GP 0165   ¶ A Monk ther was / a fair for the maystrye

Ellesmere (EL)

    2v GP 0163   # {1A}nother Nonne / w^t hir$^?$ hadde she

    2v GP 0164   That was hir Chapeleyne # and preestes thre

    2v GP 0165   # {3A} Monk ther was / a fair for the maistrie

Blake (BL)

    GP 163   Another nonne with hire hadde she,

    GP 164   That was hire chapeleyne, and preestes thre.

    GP 165   A monk ther was, a fair for the maystrye,

Benson (BN)

    A.GP 163   Another NONNE with hire hadde she,

    A.GP 164   That was hir chapeleyne, and preestes thre.

    A.GP 165   A MONK ther was, a fair for the maistrie,

Caxton 1 (X1)

    163   ANother Nonne with hir ther was

    163-1   Ful fair of hewe and bright of faas

    164   That was her chapeleyn and prestis thre

    165   A monk ther was fair for the maistre

Caxton 2 (X2)

    163   Another Nonne wyth her hath she

    163-1

    164   That was her chapelayn and prestis thre

    165   A Monk ther was fayr for the maystrye

5. Arrangement of two lines of X1 and X2

    We have tried to arrange the two sentences and found that the above-mentioned line 163-1 was missing in the other text and we have put the sign "!NULL" as in this figure. Then we have tried to arrange each letter in the two sentences, checking replacements, insertions, and deletions as objectively as possible.

163   ANother Nonne with hir ther was
        Another   wyth her hath she
        ~   ~   ~   ~~~ ~~

163-1   Ful fair of hewe and bright of faas
        !NULL

164   That was her chapeleyn and prestis thre
                     chapelayn
                     ~

165   A monk ther was fair for the maistr_e
        Monk   fayr   maystrye
        ~   ~   ~   ^

6. Correspondence of six lines

We have tried to arrange the six sentences. Please see the second column of this figure and we have found the missing lines: HG: !NULL, EL: !NULL, BL: !NULL, BN: !NULL, and X2: !NULL. Missing lines information is collected as binary data, i.e., 1,1,1,1,0,1. Underscores can be removed, but those are necessary for arrangements of letters. The last column shows that the corresponding same words are possibly removed so that the differences can be highlighted.

```
163     HG: ¶ __Another Nonne / with hire hadde she
        EL: # {1A}nother Nonne / w__ᵗ hir_ Ehadde she
        BL: __Another nonne __with hire hadde she.
        BN: __Another NONNE __with hire hadde she.
        X1: __ANother Nonne __with hir_ _ther was
        X2: __Another Nonne __wyth her_ ha_th she

163-1   HG: !NULL
        EL: !NULL
        BL: !NULL
        BN: !NULL
        X1: Ful fair of hewe and bright of faas
        X2: !NULL

164     HG: That was hire Chapeleyne / and preestes thre
        EL: That was hir_ Chapeleyne # and preestes thre
        BL: That was hire chapeleyne_ and preestes thre.
        BN: That was hir_ chapeleyne_ and preestes thre.
        X1: That was her_ chapeleyn_ __and pre_stis thre
        X2: That was her_ chapelayn_ __and pre_stis thre
```

7. Distances among the six works based on *Levenshtein distance*

We have counted the frequencies of replacements, insertions and deletions among two works, as is shown in Table 2. For example, the distances between BL and other works were listed in the row of "BL" and its minimum value is 7491, that is the distance between BL and BN.

In Figures 1 and 2, we have tried to visualize the distances between six works. Figure 1 is shown by Dendrogram based on hierarchical clustering method. Figure 2 is shown by Scatter plot based on classical multi-dimensional scaling method. Both figures show that BL and BN are close and that the cluster composed by HG and EL is near. Furthermore, the cluster by X1 and X2 is far from the other two clusters.

Table 2

The distances between works

	HG	EL	BL	BN	X1	X2
HG	0	9683	11634	17418	32575	32787
EL	9683	0	16857	15927	33447	33849
BL	11634	16857	0	7491	25465	25502
BN	17418	15927	7491	0	27757	28014
X1	32575	33447	25465	27757	0	10364
X2	32787	33849	25502	28014	10364	0

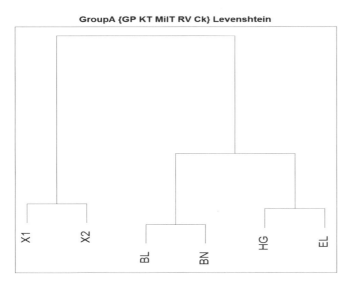

Figure 1. Dendrogram based on hierarchical clustering method

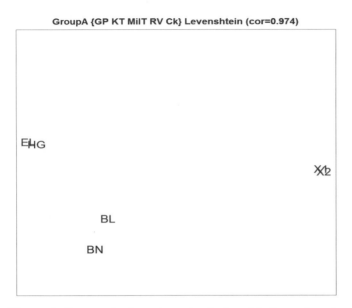

Figure 2. Scatter plot based on classical multi-dimensional scaling method

8. Distances among the six works based on *missing lines information*

In Table 3, number 1 shows Missing line. See Line 163-1 We should assume that if two works often take 1 at the same line, it implies that those are similar works or "near", with the exception of X1. The distance between two works can be derived, using *Jaccard index* in Table 4. For example, the distance between HG and BL is nothing at all. It means that the missing lines of those two works are completely consistent.

Table 3

Missing lines information

CHAP	LINE	HG	EL	BL	BN	X1	X2
GP	163-1	1	1	1	1	0	1
GP	167	1	1	1	1	0	1
GP	199	0	0	0	0	1	0
GP	200	0	0	0	0	1	0
GP	221	1	1	1	1	0	1
GP	222	1	1	1	1	0	1
GP	225	0	0	0	0	1	0
GP	226	0	0	0	0	1	0
GP	257	0	1	0	0	1	0

GP	258	0	1	0	0	1	0
GP	311	0	0	0	0	1	0
GP	315	1	1	1	1	0	1
GP	406	1	1	1	1	0	1
GP	408	0	0	0	0	1	0
GP	411	0	0	0	0	1	0
GP	413	1	1	1	1	0	1

Table 4

The distance between two works derived from Jaccard index

	HG	EL	BL	BN	X1	X2
HG	0	0.345	0	0.37	0.964	0.5
EL	0.345	0	0.345	0.19	0.962	0.5
BL	0	0.345	0	0.37	0.964	0.5
BN	0.37	0.19	0.37	0	0.981	0.538
X1	0.964	0.962	0.964	0.981	0	0.952
X2	0.5	0.5	0.5	0.538	0.952	0

9. Visualizations of the six works based on *missing lines information*

We have tried to visualize the six works. Table 4 is shown by Dendrogram based on hierarchical clustering method. The data in Figures 4 are shown by Scatter plot based on classical multi-dimensional scaling method. Both figures show that the cluster of HG and BL is very close to that of EL and BN. X2 is far from those two clusters and X1 is quite different from the others.

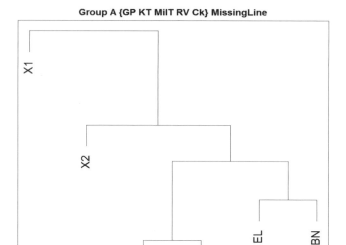

Figure 3. Dendrogram based on hierarchical clustering method

Figure 4. Scatter plot based on classical multi-dimensional scaling method

10. Summary

We made an interim report on what we were able to do by using the six texts (Hg, El, BL, BN, X1 and X2) parallel concordance to *The Canterbury Tales*. We discovered the textual differences between the six texts focusing on such as pleonastic *that*, *y* prefix of the participle, a metathesis of *lypsed/lisped*, and statistical analyses based on replacements, insertions, and deletions among the texts. Our investigation remains much to be done. Since X1 and X2 are found here distanced a great deal from each other, we would like to continue investigating why and how they are so separated from each other, and which or what manuscripts of *The Canterbury Tales* Caxton's two editions are primarily based upon. It is our sincere hope that our present report will lead to the development of the digitally based Chaucerian and medieval textual and linguistic studies.

Acknowledgements

* This paper is based on our project, read in the Seminar: Digital Chaucer (Organizer: Simon Horobin) in The 19th Congress of the New Chaucer Society held at the University of Iceland, Reykjavik, Iceland on 18 July, 2014. We would like to appreciate Professor Horobin, the University of Oxford, for his insightful comments and suggestions on our talk.

Electronic Editions

Bordalejo, B. (2003) *Caxton's Canterbury Tales: The British Library Copies*, London: British Library.

Edmonds, D. (1992) *Electronic Edition of Benson's The Riverside Chaucer (1987)*, Oxford: Oxford University Press.

Robinson, P. M. W. ed. (1996). *The Wife of Bath's Prologue on CD-ROM. The Canterbury Tales Project*. Cambridge: Cambridge University Press.

Stubbs, Estelle, ed. (2000) *The Hengwrt Chaucer Digital Facsimile*. Leiceter, UK: Scholarly Digital Editions.

Select Bibliograpy

Benson, Larry D., ed. (1987) *The Riverside Chaucer.* 3rd ed. Boston: Houghton Mifflin.

Blake, Norman. (1980) *The Canterbury Tales Edited from the Hengwrt Manuscript*. York Medieval Texts, second serie. London: Edward Arnold.

Blake, Norman and Peter Robinson, eds., (1993) The *Canterbury Tales* Project: *Occasional Papers* Volume I. Office for Humanities Communication Publications

Number 5.

Blake, Norman, David Burnley, Masatsugu Matsuo and Yoshiyuki Nakao, eds. (1994) *A New Concordance to 'The Canterbury Tales' Based on Blake's Text Edited from the Hengwrt Manuscript*, Okayama: University Education Press (vii + 1008 pp.).

Blake, Norman, David Burnley, Masatsugu Matsuo and Yoshiyuki Nakao, eds. (1994) *A New Rime Concordance to 'The Canterbury Tales' Based on Blake's Text Edited from the Hengwrt Manuscript*, Okayama: University Education Press, 1995 (ix + 535 pp.).

Burnley, David. (1983) *A Guide to Chaucer's Language*. Wessex: Macmillan.

Burrow, J. A., ed. (1999) *Thomas Hoccleve's Complaint and Dialogue*. EETS. O. S. 313.

Connoly, Margaret and Linne R. Mooney. (2008) *Design and Distribution of Late Medieval Manuscripts in England*. York: York Medieval Press.

Furnivall, F. J. A., ed. (1967) *A Six-Text Print of Chaucer's Canterbury Tales in Parallel Columns from the Following MSS.: 1. The Ellesmere. 2. The Hengwrt 154. 3. The Cambridge Univ. Libr. Gg. 427. 4. The Corpus Christi Coll., Oxford. 5. The Petworth. 6. The Lansdowne 851*. London: Chaucer Society, 1868. Rpt., New York: Johnson Reprint.

Gaylord, Alan T. (1977) "Scanning the Prosodists: An Essay in Metacriticism." *The Chaucer Review*, Vol 11, No. 1, 22-81.

Hanna III, Ralph, intro. (1989) *The Ellesmere Manuscript of Chaucer's Canterbury Tales: A Working Facsimile*. D.S. Brewer.

Horobin, Simon. (2003) *The Language of the Chaucer Tradition*. Cambridge: D. S. Brewer.

Horobin, Simon. (2007) *Chaucer's Language*. New York: Palgrave/Macmillan.

Jimura, A., Y. Nakao, and M. Matsuo, eds. (1995) *A Comprehensive List of Textual Comparison between Blake's and Robinson's Editions of The Canterbury Tales*. Okayama: University Education Press (v + 520 pp.).

Jimura, Akiyuki, Yoshiyuki Nakao and Masatsugu Matsuo, eds. (1999) *A Comprehensive Textual Comparison of Troilus and Criseyde: Benson's, Robinson's, Root's, and Windeatt's Editions*. Okayama: University Education Press (v + 298 pp.).

Jimura, Akiyuki, Yoshiyuki Nakao and Masatsugu Matsuo, eds. (2002a) *A Comprehensive Textual Collation of Chaucer's Dream Poetry*. Okayama: University Education Press (v + 173 pp.).

Jimura, Akiyuki, Yoshiyuki Nakao, Masatsugu Matsuo, Norman F. Blake and Estelle

Stubbs, eds. (2002b) *A Comprehensive Collation of the Hengwrt and Ellesmere Manuscripts of The Canterbury Tales: General Prologue. The Hiroshima University Studies,* Graduate School of Letters, vol. 62, Special Issue, No. 3 (iv + 100 pp.).

Jimura, A., Y. Nakao, and M. Matsuo, eds. (2008) "General Prologue" to *The Canterbury Tales: A Project for a Comprehensive Collation of the Two Manuscripts (Hengwrt and Ellesmere) and the Two Editions (Blake[1980] and Benson[1987], The Hiroshima University Studies*, Graduate School of Letters Vol. 68, Special Issue (vi + 62 pp.).

Jimura, Akiyuki. (2011) "On the Decline of the Prefix y- of Past Participles." Tomonori Matsushita et al. ed. *From Beowulf to Caxton: Studies in Medieval English Languages and Literature, Texts and Manuscripts.* Frankfurt: Peter Lang, 215-28.

Manly, J. M. and Rickert, Edith, eds. (1940) *The Text of The Canterbury Tales*, 8 vols. Chicago: Chicago University Press.

Mooney, Linne. (2006) "Chaucer's Scribe." *Speculum*, Vol. 81, No.1, 97-138.

Nakao, Y., A. Jimura, and M. Matsuo, eds. (2004) "A Project for a Comprehensive Collation of the Hengwrt and Ellesmere Manuscripts of *The Canterbury Tales*: *General Prologue*, in *English Corpora under Japanese Eyes*, edited by J. Nakamura, N. Inoue and T. Tabata. Amsterdam/New York: Rodopi, 139-50.

Nakao, Y., A. Jimura, and M. Matsuo, eds. (2009 "A Project for a Comprehensive Collation of the Two Manuscripts (Hengwrt and Ellesmere) and the Two Editions (Blake[1980] and Benson[1987] of *The Canterbury Tales, Hiroshima Studies in English Language and Literature*, Vol. 53, 1-22.

Nakao, Yoshiyuki, Akiyuki Jimura and Masatsugu Matsuo, eds. (2002) *A Computer-Assisted Comprehensive Textual Comparison between the Hengwrt Manuscript and the Ellesmere Manuscript of The Canterbury Tales by Geoffrey Chaucer.* [A Report of a Grant-in-Aid (No. 12610494) for Scientific Research from the Ministry of Education, Science and Culture.]

Nakao, Yoshiyuki, Akiyuki Jimura and Masatsugu Matsuo, eds. (2004) *A Project for a Comprehensive Collation of the Hengwrt and the Ellesmere Manuscripts of The Canterbury Tales: General Prologue.* Junsaku Nakamura, et al., ed., *English Corpora under Japanese Eyes: JAECS Anthology Commemorating Its Tenth Anniversary.* Amsterdam-New York: Rodopi, 139-50.

Nakao, Yoshiyuki. (2006) "Towards a Parallel Text Edition of Chaucer's *Troilus and Criseyde*: A Study of Book 1.1-28." *The Development of the Anglo-Saxon Language and Linguistic Universals Series 1*. The Center for Research on

Language and Culture, Institute for Development of Social Intelligence, Graduate Schools of Senshu University, 89-114.

Nakao, Yoshiyuki, Akiyuki Jimura and Masatsugu Matsuo, eds. (2008) *A Comprehensive Textual Comparison between the Hengwrt and the Ellesmere Manuscripts and the Edited Texts of The Canterbury Tales: The Cook's Tale, The Wife of Bath's Prologue and Tale, The Friar's Tale and The Summoner's Tale.* [A Report of a Grant-in-Aid (No. 18520208) for Scientific Research from the Ministry of Education, Science and Culture.]

Nakao, Yoshiyuki, Akiyuki Jimura, and Masatsugu Matsuo (2009a), "A Project for a Comprehensive Collation of the Two Manuscripts (Hengwrt and Ellesmere) and the Two Editions (Blake (1980) and Benson (1987)) of *The Canterbury Tales.*" *Hiroshima Studies in English Language and Literature* (The English Literary Association of Hiroshima University), No.53, 1-22.

Nakao. Yoshiyuki, Akiyuki Jimura, and Masatsugu Matsuo (2009b), "Positions of Ornamental Letters within a Word in the Hengwrt and Ellesmere Manuscripts of Geoffrey Chaucer's *The Canterbury Tales.*" 広島大学平和科学研究センター（編）『松尾雅嗣教授退職記念論文集　平和学を拓く』(IPSHU 研究報告シリーズ４２、広島大学平和科学研究センター), 384-399.

Nakao, Yoshiyuki, Masastugu, Matsuo and Akiyuki Jimura, eds. (2009c) *A Comprehensive Textual Collation of Troilus and Criseyde: Corpus Christi College, Cambridge, MS 61 and Windeatt (1990).* Tokyo: Senshu University Press, xvi + 398 pp.

Nakao, Yoshiyuki, Akiyuki Jimura, and Noriyuki Kawano. (2015) "Choice and Psychology of Negation in Chaucer's Language: Syntactic, Lexical, Semantic Negative Choice with Evidence from the Hengwrt and Ellesmere MSs and the Two Editions of *The Canterbury Tales.*" *Hiroshima Studies in English Language and Literature* (The English Literary Association of Hiroshima University), No.59, 1-34.

Parkes,M. B. & E. Salter. Intr. (1978) *Troilus and Criseyde Geoffrey Chaucer: A Facsimile of Corpus Christi College Cambridge MS 61.* Cambridge: D. S. Brewer.

Parkes, M. B. (1993) *Pause and Effect: An Introduction to the History of Punctuation in the West.* Berkeley, Los Angeles: University of California Press.

Peters, Robert A. (1980) *Chaucer's Language.* Journal of English Linguistics. Occasional Monographs I. Washington; Western Washington

Robinson, F. N., ed. (1957) *The Works of Geoffrey Chaucer.* 2nd edn. Boston: Houghton Mifflin.

Ruggiers, Paul G., ed. (1979) *The Canterbury Tales: A Facsimile and Transcription of the Hengwrt Manuscript with Variants from the Ellesmere Manuscript* (A variorum edition of the works of Geoffrey Chaucer, 1). Norman: University of Oklahoma Press.

Samuels, M. L. (1963) "Some Applications of Middle English Dialectorlogy." *English Studies* 44, 81-94.

Skeat, Walter W. ed. (1894; rpt 1972) *The Complete Works of Geoffrey Chaucer*. 6 vols. Oxford: Clarendon Press.

Smith, Jeremy. ed. *The English of Chaucer and his Contemporaries*. Aberdeen: Aberdeen University Press, 1988.

Watt, Ian. (1960) "The First Paragraph of The Ambassadors: An Explication." *Essays in Criticism* Vol. 3, No.3, 250-74.

Windeatt, B. A. ed. (paperback edn. 1984) (1990) *Geoffrey Chaucer Troilus and Criseyde: A New Edition of 'The Book of Troilus'*. London: Longman.

Determination of the Countability of English Nouns According to Generality of Concept

Toshiaki TAKAHASHI
Yamaguchi University

Abstract

Japanese learners have great difficulty in judging the countability of abstract nouns, resulting in a less accurate use of English articles. Since abstract nouns refer to intangible things, it is considered very difficult to apply the concept of boundedness/unboundedness to them to decide their countability. The only possible criterion readily available to decide the countability of abstract nouns is whether or not they refer to a general concept. The present study used a control group, pretest–post-test design to determine whether the criterion of a general concept was effective for Japanese high school students when trying to decide the countability of abstract English nouns. The present study found a significant effect of instruction on the accuracy in the countability judgment of abstract nouns. The implications of the study findings are discussed in the closing section.

1. Introduction

Previous research has shown that the appropriate selection of English articles is one of the most difficult tasks for Japanese learners of English. Although previous research seems to indicate a positive effect of a short-term instruction on the use of English articles, the effect seems to be limited to the area of countable nouns (Takahashi, 2008). These results seem to be related to the difficulty Japanese learners face in deciding the countability of English nouns, especially abstract nouns (Butler, 2002; Takahashi, 2008). By analysing the data obtained in Takahashi (2008), the present study examines the effect of teaching the criterion of a general concept on the accuracy in the judgment of noun countability.

The present study looks at a possible method of teaching the countability of abstract English nouns and examines the effect of instruction on the accuracy in the judgment of noun countability.

2. Background
2.1 Difficulty in noun countability in cases of abstract nouns

The countability of an English noun is easier to determine when the noun refers to an individuated entity than when this is not the case. In addition, individuated or bounded objects are likely to be regarded as countable. Based on the results of previous research (Butler, 2002; Takahashi, 1995; Takahashi, 1996a, 1996b), it seems that the judgment of English noun countability is relatively easier in cases of concrete nouns and more difficult in cases of non-concrete nouns.

Unlike native speakers, many Japanese learners of English are often unable to make accurate distinctions between countable and uncountable nouns in cases of abstract nouns (Butler, 2002; Hiki, 1990).

Using an editing task, Hiki (1990) reported that L2 English learners made the greatest number of errors in the countability judgment on abstract nouns (e.g. *education, height*—both countable nouns). Similarly, Butler (2002, p. 466, p. 471) found that Japanese learners had great difficulty in making countability judgment regarding abstract nouns, which refer to 'indivisible entities' (i.e. neither 'bounded' nor 'individuated').

2.2 How is it possible to judge the countability of abstract nouns?

Unlike concrete nouns, which typically represent individuated objects, abstract nouns refer to entities having no clear boundaries. Therefore, it would seem difficult to make the countable/uncountable distinction based on the bounded/unbounded distinction (Langacker, 2008; also see Takahashi, 2012 for a list of references on the concept of boundedness/unboundedness) in cases of abstract nouns, which refer to things that are intangible.

For example, Kishimoto (2007, p. 55) proposes a method in which students draw a visual image of a word's referent and compare it with the ones drawn by other students. If students form a similar visual image from a word, the entity the word refers to is considered to be bounded. Although such a method may be valid for concrete nouns, it would seem to have less applicability to abstract nouns, because it is very difficult to visualize an abstract concept.

What, then, would be a suitable criterion to decide whether an abstract noun is countable or uncountable? Master (1994) suggests that it may be useful to teach the criterion of whether the noun refers to a general concept (Master, 1994). Since there are no other methods available (at least a simple one, which can be easily used in a classroom setting), the present study uses the criterion of whether or not a noun refers to a general concept (Hereafter called 'The General Concept Criterion' and abbreviated as GCC).

Using a control group, pretest–post-test design, the present study examined whether the general concept criterion was effective for Japanese high school students in determining the countability of abstract English nouns, which is considered to be one of the greatest obstacles for the accurate use of English articles.

2.3 Two ways to teach GCC

There are two methods developed to teach GCC. One way centres on words and the other on pictures. If the concept of boundedness/unboundedness is applicable to the countability judgment of abstract nouns, the method using pictures (visualization technique) may have a greater advantage than that using words.

3. Method
3.1 Purpose

The present study analyzed the data obtained in Takahashi (2008) to determine whether the general concept criterion was effective for Japanese high school students when attempting to decide the countability of English abstract nouns, which is considered to be difficult even for advanced learners. The data used in this study is the same as that used in Takahashi (2008). However, Takahashi (2008) did not analyse the effect of teaching GCC on the accuracy in the countability judgment of abstract nouns.

3.2 Participants

As reported in Takahashi (2008), four classes of high school students (a total of 117 students) were randomly assigned to two experimental groups (Groups B and D) and two control groups (Groups A and C).

3.3 Test Materials and Procedure
3.3.1 Pretest

As reported in Takahashi (2008), the four groups did not significantly differ from each other in terms of the knowledge of English articles. The article insertion test comprised 63 questions and covered a wide range of article usage (Egawa, 1991; Quirk, et al, 1985). The test included 29 questions on the eight types of definite article use (i.e. immediate situation, larger situation, anaphoric reference— direct (second mention), anaphoric reference— indirect (associative anaphora), cataphoric reference, sporadic reference (institutional reference), logical use and relevance to body parts) (Quirk, et al,

1985). The remaining 34 questions comprised two parts; 20 questions on the use of the indefinite article and 14 questions on the use of the zero article (Egawa, 1991). With regard to the questions on the use of the definite article, the number of countable/uncountable nouns was balanced, and with regard to the use of the indefinite and zero articles, the number of abstract/concrete nouns was balanced. In addition, data was also gathered on the general English language abilities of the students.

3.3.2 Experimental Treatment

As described in Takahashi (2008), the participants were given instructions on the countable/uncountable distinction in general. Although Takahashi (2008) did not focus on the effect of GCC on the accuracy in the countability judgment of abstract nouns, the treatment on the countable/uncountble distinciton included the instruction of GCC.

Using PowerPoint (a presentation software), the GCC was presented to Group B using pictures and to Group D using words.

In the visual condition, the students were shown pairs of English sentences together with a pictorial image. Then the students were instructed to choose one sentence which best matched the visual image. Every time a choice was made, corrective feedback was given on each trial, together with an explicit grammar explanation of the GCC.

In the verbal condition, the students were shown pairs of English sentences together with a Japanese translation. Then the students were instructed to choose one sentence best matching the translation. For each time a choice was made, corrective feedback was given, together with an explicit grammar explanation of the GCC.

While the GCC was presented to the experimental groups (i.e. Groups B and D), different treatment was given to the control groups (i.e. Groups A and C). Instead of receiving instruction on GCC, the control groups (Groups A and C) received instruction on the definite/indefinite distinction for the same amount of time.

3.3.2 Post-test

The same data obtained in Takahashi (2008) was used in this study. The post-test was the same for all four groups and took 15 minutes to complete (the students were given just enough time to answer the questions for a true assessment of their knowledge). Just as with the pretest, the post-test comprised of 63 questions covering a wide range of article usage (Egawa, 1991; Quirk, et al, 1985). The post-test included 29 questions on eight types of definite article use (Quirk, et al, 1985). The remaining 34 questions comprised of three parts: 21 questions on the use of the indefinite article and

13 questions on the use of the zero article (Egawa, 1991) (see Appendix for a list of the 34 questions. The order of the questions in the test was randomized). Just as in the pretest, the number of countable/uncountable nouns and that of abstract/concrete nouns were balanced.

Since the purpose of the present study was to examine the effect of teaching GCC, the study only analysed the results on the two subsections of the post-test (i.e. the questions on the indefinite and zero articles necessary to determine the effect of the experimental treatment on the accuracy in the judgment of English noun countability (especially, on the accuracy in deciding the countability of abstract nouns).

3.4 Results

An analysis of variance (ANOVA) of the results of the pretest showed that there was no significant difference between the four groups ($F(3, 113) = 0.901$, n.s.). The results also showed no significant difference between the four groups in every subsection of the pretest (i.e. the questions on the use of the indefinite, definite and zero article) ($F(3, 113) = 1.929$, n.s., $F(3, 113) = 1.586$, n.s., $F(3, 113) = 0.192$, n.s., respectively). Furthermore, ANOVA of the results of the Global Test of English Communication (GTEC) for STUDENTS revealed no significant difference between the four groups in terms of their general English language proficiency ($F(3, 113) = 0.400$, n.s.).

Table 1

Descriptive statistics of the pretest

	Overall		Indefinite Article		Definite Article		Zero Article	
	n	M	SD	M	SD	M	SD	M	SD
Group A	48	41.375	3.683	11.125	2.403	21.500	2.887	8.750	2.314
Group B	32	41.844	4.445	11.906	2.185	20.938	3.010	9.000	2.031
Group C	19	41.105	3.837	12.368	2.620	20.158	2.159	8.579	1.600
Group D	18	43.111	5.010	12.444	2.713	22.000	2.789	8.667	1.972

Using an experimental/control design, the effect of teaching GCC on the accuracy in the judgment of English noun countability was determined. The study used a two-way ANOVA with treatment (experimental vs. control groups) and method (a method using pictures and one using words) as factors. The analysis found a significant main effect of instruction on the accuracy in the use of the zero article ($F(1, 113) = 31.212, p < .001$). A post-hoc multiple comparison analysis using the Ryan method found a significant difference in the use of the zero article between every pair of the four groups except between Group A and Group C and between Group B and Group D ($p < .01$).

Table 2
Descriptive statistics of the posttest

		Indefinite Article		Zero Article	
	n	M	SD	M	SD
Group A	48	13.792	2.708	5.521	3.055
Group B	32	13.438	2.597	8.875	2.955
Group C	19	14.263	2.953	6.053	2.910
Group D	18	14.944	2.460	9.333	2.427

Unlike the case of GCC instruction, there was no significant effect of the method of the instruction (i.e. pictures vs. words) on accuracy of the use of the zero article ($F(1, 113) = 0.695$, *n.s.*).

Although instruction had a significant effect on the accuracy in the use of the zero article, it is not certain whether the treatment had the same effect in the use of abstract nouns. To examine this effect, a two-way ANOVA with treatment (experimental vs. control groups) and method (methods using pictures and those using words) as factors was carried out for the three sub-components of the questions on the zero article use (i.e. five abstract nouns questions, five concrete noun questions and two plural noun questions).

As the following table and figure show, the experimental groups (i.e. Groups B and D) were significantly more accurate than the control groups (i.e. Groups A and C) in their use of the zero article in cases of abstract nouns ($F(1, 113) = 22.361, p < .001$) and concrete nouns ($F(1, 113) = 28.155, p < .001$), as well as in cases of plural nouns ($F(1, 113) = 4.018, p < .05$).

Table 3
Descriptive statistics of the posttest (Questions on the zero article)

		Abstract Nouns		Concrete Nouns		Plural Nouns	
	n	M	SD	M	SD	M	SD
Group A	48	2.146	1.338	1.625	1.522	1.521	0.736
Group B	32	3.531	1.369	3.000	1.369	1.812	0.527
Group C	19	2.211	1.472	1.895	1.483	1.474	0.752
Group D	18	3.500	1.462	3.611	1.208	1.722	0.558

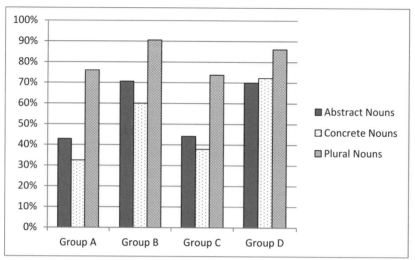

Figure 3. Accuracy in the use of the zero article according to the three types of nouns

4. Discussion

The present study found a significant effect of teaching GCC on accuracy in the use of the zero article. The effect of experimental treatment was observed not only for abstract nouns but also for concrete and plural nouns. Thus, it would appear that teaching GCC helped Japanese high school students to make more accurate judgments in deciding the countability of English abstract nouns (with respect to the questions on the use of the zero article).

The obtained effect of the treatment for concrete and plural concrete nouns was not expected. A possible reason for the unexpected result is that the concrete and plural nouns (used in the zero article questions) referred to a general (non-specific) idea or general (non-specific) type of object/item and that the GCC, which associates something general (or abstract or non-specific) with the use of the zero article, led the students to a more accurate use in the zero article.

On the other hand, GCC had no significant effect on the accurate use of the indefinite article. In addition, there was no significant difference between the experimental and control groups in the use of the indefinite article at the time of the post-test. Thus, the results showed that the criterion was not useful when the students tried to decide the countability of English nouns (both abstract and concrete nouns) with respect to the questions on the use of the indefinite article.

Just as a student who reportedly judged noun countability based on whether a noun 'refers to something as a whole' (Butler, 2002, p. 470), it is likely that some learners tend to regard something general (or abstract or non-specific) as uncountable and use the zero article. Since GCC is consistent with this natural tendency, the general concept criterion may have been readily acquired by the participants in the present study. On the other hand, however, it should be noted that with respect to questions on the use of the indefinite article, the same students still had difficulty in perceiving abstract nouns as countable even when they referred to a more 'concrete' type of concept. Therefore, further study is needed to investigate a possible criterion for determining the countability of abstract nouns referring to a 'concrete' type of concept (e.g. concrete instances or special aspects of the expressed notion).

Finally, there was no significant effect of the method of instruction (i.e. pictures vs. words) on the accuracy in the use of the zero article nor in the judgment of countability of abstract nouns. This result seems to indicate that the effect of visualization (or the concept of boundedness/unboundedness) is not easily applicable to abstract entities and its use may be limited to the area of concrete entities.

Acknowledgments

The author would like to thank anonymous referees for their valuable comments and suggestions. The author would also like to thank Enago (www.enago.jp) for the English language review.

References

Butler, Y. G. (2002). Second language learners' theories on the use of English articles: An analysis of the metalinguistics knowledge used by Japanese students in acquiring the English article system. *SSLA, 24*, 451–480.

Egawa, T. (1991). *A new guide to English grammar*[Eibunpo Kaisetsu]. Tokyo: Kaneko Shobo.

Hiki, M. (1990). The judgment of noun countability by Japanese college students: Where is the difficulty? *JACET Bulletin, 21*, 19–39.

Kishimoto, E. (2007). A simple way to teach a grammatical number and English articles. *The English Teachers' Magazine, 55(12)–56(2)*, Tokyo: Taishukan (in Japanese).

Langacker, R. W. (2008). *Cognitive grammar: A basic introduction*. Oxford: Oxford University Press.

Master, P. (1994). The effect of systematic instruction on learning the English article system. In T. Odlin (Ed.), *Perspectives on pedagogical grammar* (pp. 229–252). Cambridge: Cambridge University Press.

Quirk, R., Greenbaum, S., Leech, G., & Svartvik, J. (1985). *A comprehensive grammar of the English language*. London: Longman.

Swan, M., & Smith, B. (2001). *Learner English: A teacher's guide to interference and other problems*. Cambridge: Cambridge University Press.

Takahashi, T. (1995). Important distinctions for the acquisition of English determiners by EFL learners. *Studies in English language education* [Eigo kyouikugaku kenkyuu] (pp. 134–144). Hiroshima: Keisuisha.

Takahashi, T. (1996a). Analysis of factors affecting the acquisition of English articles. *Journal of the Hiroshima University Curriculum Research and Development Association, 11*, 1–10.

Takahashi, T. (1996b). Causes of inaccurate article use by less proficient learners. *ARELE (Annual Review of English Language Education in Japan), 7*, 91–100.

Takahashi, T. (2008). On the effect of teaching the English article system to Japanese learners of English from the perspective of pedagogical grammar. *ARELE (Annual Review of English Language Education in Japan), 19*, 101–110.

Takahashi, T. (2012). Review of studies concerning noun countability and implications for teaching countability to Japanese learners of English. *JACET Chugoku-Shikoku Chapter Research Bulletin, 9*, 53–64.

Appendix: Questions used in the two subsections of the post-test

Ans.	Category	Questions	Translation
a	concrete	A: Could you bring me (a / the / ×) beer? B: Of course, sir.	A：ビールを持って来てください。 B：承知しました。
a	concrete	London is (a / the / ×) nice place to visit.	ロンドンは訪れるのにいい場所です。
a	abstract	Suddenly I heard (a / the / ×) sound like that of something breaking.	突然、私は何かが壊れる時のような音を聞きました。
a	concrete	This is (a / the / ×) good wine for everyday drinking.	これは毎日飲むのに良いワインです。
a	abstract	It is natural to have (a / the / ×) fear of heights since they can indeed be dangerous.	高いところを恐れるのは自然なことです。なぜなら、それらは本当に危険になりうるからです。
a	concrete	There is (a / the / ×) short hair on your shoulder.	あなたの肩の上に短い髪の毛があります。

a	concrete	Have a good time, and don't forget to send me (a / the / ×) postcard.	楽しんで来てください。忘れずにはがきを送ってね。
a	concrete	I bought a hat today, (a / the / ×) very unusual one.	今日帽子を買いました。とても変わった帽子です。
a	abstract	Tradition is not (a / the / ×) good excuse for killing whales.	伝統は鯨を殺す正当な理由にはなりません。
a	abstract	Don't do that Father, you gave me (a / the / ×) shock.	よしてよ。父さん。びっくりしたじゃない。
a	others	A: I think you have (a / the / ×) cold. B: I'll give you some medicine.	A：風邪だと思います。 B：いくらか薬を出しましょう。
a	abstract	Skiing in Utah is (a / the / ×) totally different experience to skiing in the Alps.	ユタ州でスキーするのはアルプスでスキーするのとはまったく別の経験です。
a	concrete	Recently I talked to (a / the / ×) girl who graduated from college two years ago.	私は最近２年前に大学を卒業した女の子と話しました。
a	abstract	There was (a / the / ×) long silence before he spoke again.	彼が再び話すまで長い沈黙があった。
a	abstract	Have you ever broken (a / the/ ×) promise?	あなたはこれまでに約束を破ったことがありますか？
a	abstract	Life is often compared to (a / the / ×) journey.	人生はしばしば、旅にたとえられる。
a	abstract	She has (a / the / ×) good knowledge of the French language.	彼女はフランス語に精通している。
a	concrete	A 48-year-old woman died in (a / the / ×) fire caused by careless smoking.	４８歳の女性が不注意な喫煙によって引き起こされた火災で亡くなりました。
a	concrete	I read this because I wanted to read (a / the / ×) book I hadn't read before.	私はこれまでにまだ読んでない本を読みたかったのでこれを読みました。
a	abstract	Andre Agassi won (a / the / ×) victory over Argentinean tennis player Guillermo Koria.	アンドレ・アガシはアルゼンチンのテニス選手　ギラモ・コリアに勝利しました。

a	concrete	When I was a baby (a / the / ×) fox bit me.	赤ちゃんの頃、きつねにかまれました。
×	abstract	I like (a / the / ×) history because I like learning about the past.	私は過去のことについて学ぶのが好きなので、歴史が好きです。
×	plurals	I am not afraid of (a / the / ×) dogs, but this one scared me.	私は犬が怖いわけではありませんが、この犬にはひやひやしました。
×	abstract	Knowledge is critical to (a / the / ×) success in business.	知識はビジネスでの成功に極めて重要です。
×	concrete	Has McDonald's in the USA ever used (a / the / ×) beef imported from Brazil?	アメリカのマクドナルドがブラジルから輸入された牛肉を使ったことがこれまでにありますか。
×	others	Emi, Judy and Bill are watching (a / the / ×) TV.	絵美とジュディーとビルはテレビを見ています。
×	abstract	Do you come to (a / the / ×) work every day?	あなたは毎日仕事に来ますか。
×	concrete	What do you have for (a / the / ×) breakfast?	朝食にはなにを食べますか？
×	abstract	What you really need is (a / the / ×) concentration. Nothing else.	あなたに本当に必要なものは集中です。他の何物でもありません。
×	concrete	I like (a / the / ×) strong tea with just a little milk.	私はミルクが少しだけの、濃いお茶が好きだ。
×	abstract	I think (an / the / ×) attention to detail is important.	細かいことに対する注意は重要だと思います。
×	concrete	You still have no right to spend (a / the / ×) money that isn't yours.	しかし、あなたには自分のものではないお金を使う権利はありません。
×	concrete	(A / The / ×) beer is often drunk at the beginning of a meal.	ビールは食事の最初によく飲まれます。
×	plurals	Of course there are (a / the / ×) computers in every classroom.	もちろん、すべての教室にはコンピューターがあります。

Note: 'concrete' or 'abstract' in the category indicates whether each noun belongs to a more concrete side or a more abstract side within the two subsections of the post-test

教師の実践共同体における
言語教師認知変容プロセス記述の試み
―ある教職大学院生の事例―

中川　篤

広島大学大学院教育学研究科院生

要約

近年、教師の成長の実態を紐解くべく、言語教師認知の研究が盛んに行われている。しかし、個々の新任教員や教員志望者が、どのように教師の実践共同体のなかで成長を遂げていくかに関しては、未だに明らかになっていない。そこで本研究は、教職大学院の教育実習で教師の実践共同体に参加することを通じて、実習生が自らの言語教師認知を変容させるプロセスの記述を試みた。某地方国立大学の教職大学院に所属する男性一名を研究協力者とし、収集したデータは複線径路・等至性モデルを用いて質的に分析し、通時的な変化を図示した。分析の結果、指導教員から指導を受けることで言語教師認知の変容が促進され、指導を受けないことによって、既有の言語教師認知の維持・強化が促進されることがわかった。また、研究協力者が受けた指導と異なる指導観を抱いている場合、指導教員が単独の場合では研究協力者の言語教師認知に変容は観察されず、複数の教員が同様の指導を行うことで変容が観察された。したがって、言語教師認知の変容を促すには、授業計画や授業実践について指導観を共有する複数の同僚や指導者を持つことが重要であると言えるだろう。

1. はじめに

　教師の力量はいかにして形成されるのだろうか。近年、海外ではこの「教師の成長」に関する研究が盛んに行われている。教師の成長を研究するにあたっては様々な視点が考えられるが、その一つに教師認知 (teacher cognition) がある。教師認知は「教えるという行為の観察できない認知的次元――教師が考え、知り、信じていること(Borg, 2003; 拙訳)」と定義され、1990年代からアメリカ・中国・イギリスなどを中心に研究が行われてきた。特に第二言語・外国語を教えている教師の認知は「言語教師認知 (Language Teacher Cognition) 」と呼ばれ、日本でもこの名称で研究会などが開かれている。

これまでの言語教師認知研究で、言語教師認知の形成に影響する要因や、言語教師認知が教師行動に与える影響などについては明らかになりつつある (e.g., Barnard & Burns, 2012; Borg, 2015)。しかし幾つかの課題点も残っており、そのひとつに「個々の教師志望者、あるいは個々の初任教師が、教師の実践共同体という組織の中で成長するプロセスの解明 (笹島他, 2014, p. 175) 」が挙げられる。
　そこで本研究では、教師志望者である某地方国立大学の教職大学院生にデータ提供を依頼し、研究課題を以下のように定めた。

i.　教職大学院での教育実習で教師の実践共同体に参加することを通じて、教職大学院生の言語教師認知に変容は観察できるか
ii.　変容 (あるいは不変容) はどのようなプロセスを経るか

　本研究では現役教員ではなく、教職大学院生の実践を分析するが、その理由は以下の3点に集約できる。
　1点目は、教職大学院で行う実習の性質である。教職大学院では教育実習の一環として、県内の公立中・高等学校へと赴き、それぞれの実習校に合わせた課題を設定し、解決することを目指すアクションリサーチを行う。したがって、実習生は事前に明確な課題意識を持ち、それに対するなんらかの具体的な策を講じることとなる。
　こうした営みは現職教員によっても日々行われているものと推測されるが、その明文化を要求することは困難である。それに対して教職大学院生は、教育実習の一環としてアクションリサーチや実習の報告書等を大学に提出する必要から明文しており、過剰な追加負担を強いることなくデータ提供を依頼できる。学習者への課題意識やその理由、それに対する教員の働きかけの心算の証拠は、分析の視点として有用だろう。
　2点目は、実習ポートフォリオの存在である。実習ポートフォリオは教職大学院での2年間に行った教育実習の指導案や授業日誌、アクションリサーチの資料などをまとめたものである。これらのデータは言語教師認知の変容プロセスを辿る上で重要な資料であるが、1点目と同様に、その提供を現職教員に依頼するのは困難である。それに対して教職大学院生は、指導教員らへ示す必要から既に作成しており、データ提供を依頼しやすい。
　3点目は、授業者へのインタビューの行いやすさである。協力を依頼した学生とはすでにラポールが形成されており、研究協力を依頼する人材として適していると言える。
　以上から、本研究では教職大学院生を対象にデータを収集した。

2. 調査方法
2.1 研究協力者
　調査協力者は当時24歳の男性である。某地方国立大学の教育学部を卒業する際、塾講師のアルバイトの経験から自身の指導力不足を感じ、教職大学院へと進学した (詳しくは3.1で後述)。筆者とは教育学部の同期で友人であり、今回の調査協力依頼にも快く応じてくれた。

2.2 収集したデータ
　分析対象となるデータは教育実習に同行、あるいは研究協力者に提出を依頼して収集した。収集したデータは以下のとおりである。
① 　単元計画/指導案・授業で用いたワークシート等の配布物
　授業者の工夫やその変遷を知ることで、言語教師認知の変遷の客観的証拠として採用する。
② 　指導教員との反省会の音声記録
　大学院の指導教員2名と実習校の指導教員1名による授業後の反省会の音声データ。反省会参加者の許可を得て録音した。後述のCIRやインタビューの情報の裏付けに使用する
③ 　半構造化インタビュー
　実習期間中、週一回ある程度決められた質問項目に沿って、その週に行った授業の感想等を収集したインタビューの音声及びそのスクリプト。実習終了後にフォローアップインタビューを2回実施した。
④ 　実習ポートフォリオ
　教育実習での授業記録や日誌、アクションリサーチの資料や自己評価など。
⑤ 　実習生による私的ジャーナル
　授業者の私的メモ。授業のみならず、部活指導や同僚からのアドバイス等が書かれている。以前に行った実習のことも書かれているため、研究協力者の言語教師認知の変遷を追う資料として用いる。
⑥ 　Critical Incident Report (CIR)
　自身に大きな影響を与えた出来事について、規定のフォーマットに沿って書いたエッセイ。フォーマットは付録参照のこと。
⑦ 　その他 (録音外の会話など)

2.3 データ分析法
　データは、複線径路・等至性モデル(Arakawa, Yasuda, & Sato, 2012; Sato, Yasuda, Kanzaki, & Valsiner, 2014; Valsiner, 2001; Valsiner & Sato, 2006)に従って分析・図示した。複線径路・等至性モデル (Trajectory Equifinality Model: 以下TEM) とは、

個々人がそれぞれ異なる出発点を持ち、それぞれに固有な径路で発達を遂げたとしても、等しく到達する「等至点 (Equifinality Point)」があるという一般システム理論(Von Bertalanffy, 1968)の考え方に基づき、人間の発達などの時間的変容を捉える分析・思考の枠組である。TEMに基づく分析は、以下の手順で行われる。

i. 研究の焦点である等至点を設定する。本研究では、「言語教師認知の変容」を等至点と設定した。
ii. 歴史的構造化サンプリング(過去に「同じような」経験 [=等至点] をした人を集める; Arakawa et al., 2012; Valsiner & Sato, 2006; 安田他, 2012)を行い、インタビューを行う。
iii. インタビューを文字に起こし、スクリプトを作成する。
iv. KJ法 (川喜田, 1967) に基づき、スクリプトからエピソードを抽出する。
v. エピソードを切片化し、等至点を終点とする (研究協力者の主観的な) 時系列順に並べる。
vi. 研究協力者間に共通する (同じような) 経験・イベントをまとめ、ラベル付けを行う。
vii. ラベルの付いた経験・イベント間を実線で結び、TEM図を作成する。
viii. 実際には経験されなかったが、論理的・制度的には存在しうる経験・イベントを図に書き込み、それらの間を点線で結ぶ。
ix. 研究協力者間でその後の径路選択に分岐が生じた (あるいは分岐が生じ得た) 経験・イベントを分岐点とする。
x. 分岐点からの径路選択に関わった社会的な力を書き出す。
xi. 図がインタビューの内容と合致するか確認し、しなければ図を破棄して i. からやり直す。

3. データ分析

以降はKJ法に基づくエピソード記述を行うが、本研究では、インタビューやポートフォリオ等から抜粋したデータにその他のデータ (録音外の会話等) を必要に応じて加え、再構成して文章化している。なお、データの直接引用には「カギカッコ」を施した。

3.1 EP1:「生徒理解が一番大事」

研究協力者が学部時代に行った実習は、附属校の「よく躾けられ」た生徒のみを相手にするものだった。彼は塾での指導経験から、学部の実習で出会った生徒たちは、実際に彼が向き合うであろう現実とは程遠いものだと感じていた。

このまま学部を卒業して現実という「熱湯」に浸かってしまっては、火傷してしまう。大学院という「ぬるま湯」で慣らしておくことで、現実という「熱湯」への準備ができるだろう。大学院進学を決めた当時、彼はそう思っていた。

だが、研究協力者にとって教職大学院での生活は「ぬるま湯」ではなかった。彼の最大の誤算は、教職大学院は実習だけを行う場所ではなかったことだった。大学院で実習を行う際には、必ずアクションリサーチを行うこと——そして可能な限り結果を出すこと——を求められたのだ。

彼の目には、アクションリサーチは必ずしも魅力的なものとして映らなかった。というのも、彼は自身の授業力や経験不足に不安を感じており、それを補うために教職大学院に入学したにも拘らず、アクションリサーチでは実力を要する「普段と異なる働きかけ」を行わねばならなかったからだ。

しかし、研究協力者は学生であり、大学からの要請を突っ撥ねることなどできなかった。その影響が最も顕著に表れたのが、教職大学院1年次に行った実習だった。前後期それぞれ2週間という短期間で結果を出すために、研究協力者は実習先の生徒の普段の取り組みとは全く異なる、「アクションリサーチで結果を出すための授業」を行うことを余儀なくされていた。

1年次の実習も最終盤に差し掛かった17日目、実習校の指導教員は、アクションリサーチで結果を出さねばならない研究協力者の立場に理解を示した上で、「生徒がその単元を学ぶのは一回しかない」ので「生徒の実態にあわせて授業しなければいけない」と指導を行った。

この指導は、協力者自身が感じていた、目の前の生徒の現状に沿わず、自身の研究を優先することに対する違和感に合致した。結果、授業を行う際に最も重要なことは生徒理解である、という強固な信念を獲得することとなった。この「生徒理解が一番大事」という信念は、以降の実習における通奏低音を為すこととなる。また、実習校側からの要請である「目の前の生徒を大事にすること」は、大学側からの要請、つまり「アクションリサーチで結果を出すこと」と相殺・昇華され、以降のアクションリサーチにおいて「生徒の実態に即した課題を設定」し、「生徒に無理のない範囲で実験をして結果を出せる」研究を行わなければならない、という信念を獲得することとなった。

このエピソードをTEM図化したものが以下に示す図1である。

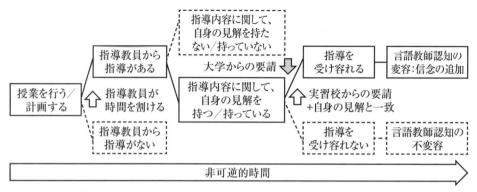

図 1 EP1:「生徒理解が一番大事」

　まず、最初の分岐点は、授業を行ったあとに、実習校の指導教員から指導を受けるか否かである。出張や会議などのやむを得ない事情で、授業後に指導を受けられないことも十分に考えられる。したがって、この分岐点からの経路選択には「指導教員が指導に時間を割ける」という社会的な状況・力が存在する必要がある。

　その後に分岐が生じるのは、「指導内容に対して自身の見解を持つ・持っている」か否かである。「自身の見解を持つ」とは、授業後の指導を通じ、それまで自身の中になかった視点を提供された場合、指導を受けた際に自身が見解を持つことを指し、「自身の見解を持っている」とは、指導を受ける前から持っていたが、前景化されていなかった視点を提供された場合を指す。

　指導を通じて視点を提供、あるいは前景化されたからといって、無条件に指導を受け容れるとは限らない。指導を受け容れるか否かにも、社会的な力が働いている。このエピソードの場合、働いている力は二種に大別できる。

　一つは、「アクションリサーチで結果を出さなければならない」という大学からの要請である。研究協力者は当時、生徒の実態を無視した課題を設定したがために、アクションリサーチで結果を出すためには(不本意ではあるが)生徒の実態を無視した授業を行わなければならない、という状況に陥っていた。したがって、「大学からの要請」を重視する場合には、指導を受け容れず、そのまま目の前の生徒を無視した授業を行っていた可能性も十分に考えられる。

　しかし現実には、そうはならなかった。なぜなら、大学からの要請と同時に、このエピソードの場合には、大学からの要請であるアクションリサーチよりも目の前の生徒を優先してほしいという実習校からの要請があったからである。

　これら二つ(大学と実習校)の要請は半ば対立的であり、最終的にどちらの要請を重視するかは個人によって異なることが考えられる。このエピソードの場合は、実習校からの要請に同調する、研究協力者自身の見解が最後の一押しと

なり、研究協力者はアクションリサーチよりも目の前の生徒を優先することを決定した。そしてこれ以降、研究協力者は「生徒理解が一番大事」という強固な信念を得ることとなった。

しかしながら、大学からの要請も蔑ろにされたわけではなく、その後の実習では、アクションリサーチの研究課題の立て方を弁証法的に変える (つまり、「生徒の実態に即し、無理のない範囲の介入で解決できる課題」を立てる) ことによって大学・実習校双方の要請を満たす成長を見せた。

3.2 EP2: 複数の指導教員を持つこと

EP1での経験を経て「生徒理解が一番大事」という信念を得た研究協力者は、教職大学院2年次のアクションリサーチの研究課題を設定する際、実習校の現状に沿うことを最重要視した。研究課題に目の前の生徒を合わせるのではなく、目の前の生徒に研究課題を見出すことにしたのである。

しかし、教育実習の開始時期が6月であり、その上指導する学年が中学一年生ということで、実習校すらも生徒の具体的な課題を把握しきれておらず、研究協力者は研究課題の設定にかなり苦しむこととなる。最終的に彼は、おそらく困らない生徒はいないであろう無難な課題として「語彙の習得」を設定した。

研究課題へのアプローチを決定する際には、既に実習校で行われている取り組みに着目した。実習校では研究課題として「思考力・判断力・表現力を育成する」ことを掲げており、その下位項目として「ICTの活用」が挙げられていた。これまでに受けた教師教育で、パワーポイントを利用したフラッシュカードによる語彙指導の存在を知っていた研究協力者は、最終的に「ICTを活用した語彙の指導」をアクションリサーチの研究課題とした。

そういった背景もあって、研究協力者の授業はPCを主軸とするものとなった。中学一年生にとって、PCを使った授業は目新しかったようで、初回の授業は大好評のうちに幕を閉じた。

ところが、初回の授業ということで見学に来ていた大学の指導教員2名にとっては、手放しで喜べる成果とは言えないようだった。実習校からの帰路、指導教員の一人は研究協力者の授業を「目新しいだけ」と評し、もう一人は「今回は見学者 [筆者注: 筆者・大学の指導教員2名・実習校の指導教員1名の計4名] が多かったから生徒がおとなしくしていた」が、このままではどうなることか、と心配している様子だった。

実習のサポートを主に行うのは前者の指導教員で、研究協力者は上記の指導を受けたようだった。しかし、彼には彼の言い分があり、研究課題を「ICTを活用した語彙の指導」とした以上、生徒にとって目新しいPCの使用は避けられないし、前述の通り授業は大いに盛り上がっていたため、指導教員の指導に理が

あることは認めつつも、彼の考えは特段変わらなかった。

しかし、一週間後、研究協力者の考えは変わることとなる。実習校の指導教員にも同様の指導を受けたからだ。彼はこう述懐する：

> 協力者: ああいう活動は、結構生徒、パワーポイント使って発音させるのとかは、頑張って、目新しいから、積極的にやってくれとったと思います。けど、やっぱ目新しいだけじゃ、その、興味惹かれるのは最初の方だけだから、（中略）ちょっとずつ変化を、とか。レベル、負荷を、増やすとかさ。そういう、配慮が必要だなぁと感じましたね。
>
> 筆者: そう感じたのは自分で考えて？K先生 [注: 実習校の指導教員] に言われて？
>
> 協力者: K先生に言われて。まぁ、元から思っとるところもあるけどね。（中略）いろんな先生がそう言いよったらやっぱ信じるよね。ある一人の人だけが言っとったらさ、そいつの考えを押しつけられとるんじゃないかと思ったりするけど、なんかいろんな先生がそういう、共通のこと言っとったら、あぁこれはちゃんと、気をつけとった方が良いんだなって納得、出来ますね。

このインタビューから、研究協力者自身が受けた指導内容に反駁するだけの理由・見解を有している場合、指導を受けた場合でも必ずしも言語教師認知に変容は見られないこと、その場合、最初に指導を行った教員以外が同様の指導を行うことで、言語教師認知に変容が見られることがわかった。

上記のエピソードをTEM図化したものが、以下に示す図2である。

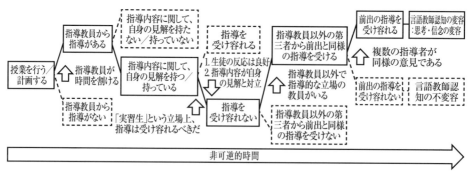

図 2 EP2: 複数の指導教員を持つこと

授業後に指導を受け、指導内容に関して自身の見解を持つまでは先ほどのEP1

と同じである。EP1と違いが生じるのは、研究協力者は指導を (1度目は) 受け容れなかったという点である。

　指導を受け容れなかった背景には、実習の一環としてアクションリサーチを行わなければならず、研究課題としてICTの活用をあげた以上、ICTを用いて (生徒にとって目新しい) 授業を行うのは避けられなかったという見解と、授業中の生徒の反応がある。授業観察を行っていた筆者の目にも生徒の反応はよかったため、研究協力者には授業がうまくいっているという確信があっただろう。また、インタビューで彼は指導案の時間配分と実際の授業進行との差から授業を評価しており、件の授業は概ね指導案通りに進んだため、生徒の反応と併せて自身の授業評価はかなり高いものだったことが予想される。したがって、インタビューで「実習生として、指導は受け容れるべき」という考えを再三口にする研究協力者を以てしても、授業に対する自身の実感と指導教員の評価との大きすぎる食い違いから、指導を受け容れ (られ) なかったのかもしれない。

　しかし一週間後、別の指導教員から同様の指導を受けることによって、彼の考えに変化が生じる。何年もの指導経験がある、別の指導教員からも同じ指導を受けるということは、指導経験の少ない自分の考えは間違っているのかもしれない——自身の指導力に自信が持てず教職大学院に入った研究協力者からすれば、そう考えるのは無理からぬことであり、彼の謙虚さを象徴するエピソードであるとも言える。

　このエピソードでは、成功実感に裏打ちされた研究協力者の考えを変化させるには、一人の指導教員では足りず、複数の指導教員が同様の指導を行う必要があったことが示されている。したがって、言語教師認知の変容を促すには、新任教員・あるいは教員志望者にとって指導的な立場にあり、一致した指導を行える指導教員が複数人存在することが重要であるといえよう。

3.3 EP3: 授業後、指導を受けなかった場合

　これまで、研究協力者が授業後に指導教員から指導を受けた場合のエピソードを見てきた。では、指導を受けなかった場合はどうなるのだろうか。

　授業後の反省会や指導案の段階で指導教員から指導を受けなかった点に関してインタビューで質問しても、「そこは特に指導はなかった」とそれ以上話題が深まることはなかった。このことから、指導を受けなかった場合は (本研究のデータでは) 言語教師認知の変容は観察されなかったと言える。

　上記のエピソードをTEM図化すると、下記図3のようになる。

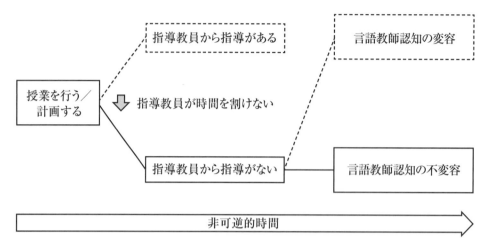

図 3 EP3：授業後、指導を受けなかった場合

　この結果には、研究協力者の実習生という立場が影響を与えている可能性を筆者は指摘したい。実習生が授業を行う際には常に指導教員が授業を観察し、その後の反省会で自身よりも指導経験を積んだ指導教員から反省材料の提供を受ける。つまり「指摘を受けた点ならば、それは反省材料である」の裏である「指摘を受けなかった点ならば、それは反省材料ではない」という思考に陥り、言語教師認知に変容をもたらさずにいるのではないだろうか。

4. 教育的示唆

　分析の結果、実際の授業者 (本研究の場合は研究協力者自身) 以外が授業計画や授業実践について指導を行うことで、言語教師認知の変容が促進されることがわかった。対照的に、授業後に行われる反省会等で指導されなかった場合には「何も言われなかった (指導はなかった)」として研究協力者の言語教師認知の変容は観察されなかった。

　また、授業者が受けた指導とは異なる見解を抱いている場合、その指導を行った教員が単独の場合は言語教師認知の変容は観察されず、複数の指導教員から同様の指導を受けることで言語教師認知の変容が促される様子が観察された。

　本研究の結果から、教育実習生の言語教師認知の変容には、授業計画や授業実践について指導を行う存在が重要となると言える。また、より効果的に言語教師認知の変容を促すためには、授業者–指導者間の見解の相違に備え、指導観を共有した複数の指導者を持つことが望ましいと言えるだろう。

References

Arakawa, A., Yasuda, Y., & Sato, T. (2012). 『複線径路・等至性モデルの TEM 図の描き方の一例』. *立命館人間科学研究, 25*, 95–107.

Barnard, R., & Burns, A. (2012). *Researching language teacher cognition and practice: International case studies*. Bristol: Multilingual Matters.

Borg, S. (2003). Teacher cognition in language teaching: A review of research on what language teachers think, know, believe, and do. *Language Teaching, 36*(2), 81–109. doi:10.1017/S0261444803001903

Borg, S. (2015). *Teacher cognition and language education: Research and practice*. Bloomsbury: Bloomsbury Publishing.

Sato, T., Yasuda, Y., Kanzaki, M., & Valsiner, J. (2014). From Describing to Reconstructing Life Trajectories: How the TEA (Trajectory Equifinality Approach) explicates. In B. Wagoner, N. Chaudhary, & P. Hviid (Eds.), *Culture psychology and its future: Complementarity in a new key* (pp. 93–104). Charlotte: Information Age Publishing.

Valsiner, J. (2001). *Comparative study of human cultural development*. Madrid: Fundación Infancia y Aprendizaje.

Valsiner, J., & Sato, T. (2006). Historically Structured Sampling (HSS): How can psychology's methodology become tuned in to the reality of the historical nature of cultural psychology? In j. Straub, C. Kölbl, D. Weidemann, & B. Zielke (Eds.), *Pursuit of meaning: Advances in cultural and cross—cultural psychology* (pp. 215–251). Bielefeld: Transcript Verlag.

Von Bertalanffy, L. (1968). *General systems theory*. New York: Braziller.

川喜田二郎 (1967). 『発想法──創造性開発のために』中央公論社

笹島茂・西野孝子・江原美明・長嶺寿宣 (編) (2014). 『言語教師認知の動向』開拓社

安田裕子・サトウタツヤ (編) (2012). 『TEMでわかる人生の径路──質的研究の新展開』誠信書房

付録　CIRフォーマット

　あなたの授業での教え方に最も影響を与えた出来事 (最も思い出に残っていること) について、できるだけ詳しく教えてください。

i. その出来事が起こった状況について教えてください。
ii. 具体的に、何が起こったのかを教えてください。
iii. なぜその出来事があなた自身にとって重要かを教えてください。
iv. その当時、あなたが抱いていた悩みがあれば教えてください。
v. その出来事が起こった時の心情 (驚嘆・反発など) について教えてください。
vi. 現在から当時を振り返って、当時のあなた自身の心情についてどう思いますか。
vii. 当時のあなた自身を取り巻く状況を理解する上で、必要だと思うことを教えてください。
viii. その出来事が、現在のあなた自身に与えている影響について教えてください。
ix. その出来事が、教職を志すあなたに与えている影響について教えてください。
x. その当時のあなたが目の前にいるとしたら、現在のあなたはどうやって声をかけますか。

Monash University
(http://www.monash.edu.au/lls/llonline/writing/medicine/reflective/4.xml) を参考に、筆者が作成

ワーズワスの "The Solitary Reaper" の精読[*]

中川 憲

安田女子大学

要約

H. G. Widdowson (1992: 177) は Wordsworth の "The Solitary Reaper" を3行の英文俳句 (She cuts and binds the grain,/ all alone, and sings—/ a melancholy strain.)「麦の穂や　束ねてさびし　独り唄（斎藤兆史（2007: 145）訳）」に縮小してみせた。本論では4連32行から成る『独り麦刈る乙女』を10ページにわたって拡大説明・精読する。この詩の「主題」は「麦刈る乙女について」であり、「題述」は「彼女の歌の与える感動」である。4連で構成された「聴覚の詩」とでも言うべき本詩のそれぞれの連を順番に読みほぐしていく。その際、韻律の観点を始め、音韻、語彙、ダイクシス、動詞の相、統語法、書記法、情報構造、そしてイメジャリー等の観点から、多面的に『独り麦刈る乙女』に接近する。特筆すべきは、この詩にはある具体的なというよりも抽象的なイメージが見られることである。それは、何かある制限を越えてしまうというか、拘束を打ち破るというか、＜制限・拘束打破＞のイメージである。同種のイメージの爆発的な拡大は、姉妹編「視覚の詩」とでも言うべき "I wandered lonely as a cloud" にも見られる。

1. はじめに

　われわれ語学教師が詩作品を教室で読む時腐心するのは、いかに面白く読むか、いかにすれば学生が興味深く感じてくれるかということである。特に語学の面から詩を解明して行くのは難しい。そこで、本稿では、興味深い分析例を提示している Quirk 他共著 (1985: 1421-1514) の第19章 From sentence to text、特に19.69-84 の The scrutiny of an example を参考にして、ワーズワスの "The Solitary Reaper" を読んでみようと思う。上記文法書では散文が吟味の対象となっているのだが、詩にも同様の迫り方が可能だと思われる。以下、連の流れに沿ってこの詩を語学的に読み解いて行こう。

2. 第1連

　詩の冒頭で詩人は読者に命令文で「野に1人でいる彼女を見よ」と、呼びかける。その 'her' は次行で同格語句を用いて言い換えられて「かなたの孤独な

ハイランドの娘 (Yon solitary Highland Lass!)」となる。1行目の 'single' は2行目の 'solitary' へ、続いて3行目の 'by herself' に連続している。1行目 'Behold' の目的補語として3行目に 'Reaping and singing by herself' が出て来て、Reaper は刈り入れをするだけでなく同時に歌っていることが分かる。4行目に今一度命令文が出て、「ここで立ち止まるか、さもなければ静かに通り過ぎよ」と詩人は言う。'here' は2行前の 'Yon' に対するもの。この命令の含意 (implicature) は「音を立てるな、静かにせよ、聞き耳を立てるに値する何かが起きているではないか」ということであろう。5・6行目の1文に至って、1行目 'Behold' の目的語 'her'、その目的補語であった 'Reaping and singing by herself' はそれぞれ格上げされてとでも言おうか、卓立性を与えられて目立つ主語とそれを受けて立つ述部の位置を占めている。具体的には 'Reaping' は 'cuts and binds the grain' へ、また 'singing' も 'sings a melancholy strain' へとそれぞれ目的語が明確に呈示されて分析的に拡大されている。すなわち3行目に1行だけで表現されていた内容が、5・6行目で2行にわたってきめ細かな意味が付与されて表現されているのだ。その際、3行目末尾の 'by herself' が5行目行頭で 'Alone' に変容されて、「孤独」を強調していることが観察される。

　先程、4行目の命令文の含意について触れたが、今一度そのことについて触れよう。第1連を意味のあるまとまりに分けてみると次のようになろう。

A { BEHOLD her, <u>single</u> in the field,　　1
　　Yon <u>solitary</u> Highland Lass!
　　Reaping and singing <u>by herself</u>;

B { Stop here, or gently pass!

C { <u>Alone</u> she cuts and binds the grain,　　5
　　And sings a melancholy strain;

D { O listen! for the Vale profound
　　Is overflowing with the sound.

Aは視覚に訴える命令、Dは聴覚に訴える命令、CはAの目的語・目的補語のネクサス関係を文として敷衍したもの。前述したように 'Reaping' が 'cuts and binds the grain' に、'singing' が 'sings a melancholy strain' に分析的に言い換えられている。しかし注目すべきは後者には、前者には見られない、情緒に働きかける、感情を表す形容詞 'melancholy' が添加されているという事実である。詩人は、上に下線で示した通り、4重（題名も数に入れれば5重）にもわたって強調された「孤独なる」娘の歌う歌に「物悲しさの感情」を惹き起こされたのである。Aに続く交錯語法 (chiasmus) の構造をもつ命令文Bは「視覚」を表す表

現 A 側に傾くのではなくて、様態の副詞 'gently'（静かに、音を立てずに）が示唆するように、D 側の聴覚表現への橋渡しをするものであろう。

別の角度から今一度そのことを確認しよう。等位接続詞の 'and' で結ばれた並列表現 'Reaping and[1] singing'、'cuts and[2] binds the grain, And[3] sings a melancholy strain' の and[1] と And[3] は同時進行を表す and と解してよかろう。(and[2] については、生起順を表すと解すべきか。) 従って「刈り取る」行為と「歌う」行為のどちらが先かはあまり問題にならず、両者の意味の軽重は均衡が保たれていると言えよう。

しかし、ひとたびこの連の冠詞の用法に着目してみると、そうではないことが分かる。1 行目 'the field'、5 行目 'the grain'、7 行目 'the Vale'、これらの 'the' は詩の表題の the solitary reaper なる人物が「存在する場所」および「刈り取るもの」に付随しており、テクスト外から要請されるものである。それに対して、8 行目の 'the sound' の 'the' は 6 行目の 'a melancholy strain' を、もっと遡れば 3 行目の 'singing' に関連するもので、テクスト内照応であり、かつ前方照応（逆行照応[1] と言うべきか）の 'the' である。

問題は 6 行目の 'a' の用法である。不定冠詞はこの詩において 2 回だけ現れる。その内の 1 つ、ここの 'a' は文末焦点を受けるべき文の後半部に出る 'melancholy strain' に付いており、新情報 (new information) を表す。それは読者にとっては情報価値の高い、新鮮な情報なのである。続いて前述の D の聴覚に訴える命令文を用いて、詩人は「聴いてごらん」と読者に呼びかける。それも 'O' という詩人の感動を表す間投詞を使用し、'listen' には感嘆符まで付けている。なにゆえに読者に聴覚を働かすように願うのであろうか。それは彼女の歌の調べが「物悲しい」からだけではない。むしろ、遡及的に理由を示す 'for'（と言うのは……）を使って述べるその理由は「深い谷がその（物悲しい）音で横溢しているから」だ。谷全体に彼女の歌声が響き渡り、容器に喩えられるべき谷からあふれ出ている様子が驚きに値するからである。詩人は彼女の歌声が谷間全体に鳴り響き、彼女が位置している谷間の上方にその声が発散、溢れ行く様に感動しているのだ。結局、「刈り取る姿」よりも「歌声」の方が重要なのだ。

'gently' の含意を沢村（1999: 92）は「歌っている彼女の注意をそらせないように」と解釈しているが、筆者はもっと積極的に「聴いているあなたの注意を集中させるように」と解したい。

このように B の命令文は 1 連 7・8 行の D あたりから優位を占めてくる「音」に関係する聴覚表現への布石と言える。

統語法の点から見ると、この D の部分は、A、B、C が 'and' と 'or' で結ばれる等位構造をもつのに対し、従位構造に傾斜する 'for'[2] をもつ点で、A、B、

Cの部分と異なっている。このように統語法を変えて表現することで、詩人は読者に軽いショックを与え、歌声が谷間という容器から溢れ出る様を読み手に彷彿させたいかのようである。

　その上、動詞のアスペクトの面から観察して、8行目だけがこの詩において 'is overflowing' という具合に「有標の」現在進行形となっているのも注目に値する。乙女の歌声は溢れ行くのである。

　また7行目には、この詩における唯一の形容詞の後置が見られる。そしてその形容詞 'profound' は次行の 'sound' と押韻し、統語的に 'Vale' を修飾するのみならず、音響的に 'sound' と共鳴し合うことで、'sound' をもいわば統語的に修飾しているかのような印象を受ける。すなわち「深遠なる音」という解釈が可能であるように思われる。

　今1つ、8行目の 'overflowing' の音節数について考えてみよう。それは4音節である。総語数183語から成るこの詩の中で、ただ3つしかない4音節語がすべてこの第1連に現れている。それらは2行目の 'sol-i-tar-y' と6行目の 'mel-an-chol-y'、そしてここの 'o-ver-flow-ing' である。音節の数が4であるという点で等価性をもつこれら3語は意味的にも強い関連をもっているように思われる。すなわち、同一連内で4度も繰り返される <solitariness> の意味特徴から連想、惹起される <melancholiness> の意味を、いわば過充電された 'sound' が谷間に 'overflow' して、その <melancholiness> を一杯に帯電した 'sound' が、いわば放電、あたり一面に発散して行くのである。'Vale' の /ei/、'profound' の /au/、'overflowing' の /ou/、/ou/ そして 'sound' の /au/ の2重母音の5重にもわたる使用とあいまって、歌声が谷間から溢れ出る様を描写するのにまことに適切な多音節語の使用と言えよう。

　句読法の点で目立つことは、1連のみに感嘆符が3度も出ているということである。詩人が深く感動したことを読者にぜひ共有して欲しいという切なる願いがその底に読み取れる。

3. 第2連

　2連は内容の面から前半と後半に分けられる。前半部では「麦刈る娘」が 'Nightingale' に、詩人が「疲れた旅人の群れの一人」に喩えられ、後半部では「娘」は「カッコー鳥」に喩えられている。なにゆえに 'Reaper' が「夜鳴きうぐいす」、「カッコー鳥」に比較されるかは容易に頷けよう。歌を歌っている「娘」と歌う「鳥」、両者の共通項が「音」であるからだ。

　ところで、あるものの素晴らしさを際立たせるために別のものと比較するのはワーズワスがよく用いる手段である。例えば、"I wandered lonely as a cloud" における 'daffodils' の踊りと 'waves' の踊りの比較を想起せよ。ここでは「どん

なナイチンゲールさえも、これほどに心地よい調べを歌ったことはなかった」と、娘の歌のほうが「うれしい、喜ばしい (welcome)」という。比較表現に出くわすとき忘れてはならないことは、前提とされた比較の対象を認識することである。ここでは、'more welcome notes' の後に 'than hers (=her notes)' を補うことができよう。ナイチンゲールの歌う場所はアラビアの砂漠、歌いかける対象はオアシスに憩う旅人の群れである。この詩の基となったスコットランド徒歩旅行は、ドロシーの日記によると、必ずしも楽なものではなかったらしい。「群れ (bands)」にかかる「疲れた (weary)」はワーズワスの実感であったことだろう。そうした疲労した旅人の耳に響くからこそ「心地よい (welcome)」のである。

　前半部が能動態で描かれたのに対し、叙述の単調さを破るためであろうか、後半部では受動態が選ばれている。同様に、前半のナイチンゲールの歌声を形容する 'welcome' は前置修飾の構造、後半のカッコー鳥の声を限定する 'thrilling' は後置修飾の構造が選ばれている。1827-32 年の版では 'Such thrilling voice was never heard' となっており、前置修飾も可能だったはずだ。そして「春時のカッコー鳥からもこれほどまでに身に沁みる声は聞かれなかった」という。場所は「最果ての、ヘブリディーズの島々」、そしてその声は「海の寂寞を破る」という。ここでも 'A voice so thrilling' の次に 'as hers (= her voice)' を補って読む必要がある。孤独なる麦刈る娘の歌声も、カッコー鳥の鳴き声同様、深い谷間に響き渡り、そこの静寂を破るのであろう。

　リズムの面から見ると、15 行目の 'Breaking' はこの詩の基本リズムの弱強格 (iambus) を破って、強弱格 (trochee) に変わっている。文字通り海の静寂を「破る」のである。平田（1982: 38）は見事な説明をしている。「杜鵑（とけん）一声突如として海上千里の寂寞を破るように思われる。詩の意と形とがよく合致しているので、いよいよ面白い。」けだし至言である。

　2 連の前半から後半への描写の展開の仕方は「場所」の移行に従っている。すなわち、前半部、後半部それぞれの最終行 4 行目の行頭に均整よく配置された 'Among' に導かれる場所を表す句に見られる「アラビアの砂漠」から「最果てのヘブリディーズ諸島」への移行である。地球上の南の熱い砂漠から極寒の北の地までの空間的広がりをもたせて表現されるのは、確かに、ロマン主義の詩の一大特徴である「遠い物、遥けきものに対するおぼろげなる憧れ」のなせる業であろう。しかし、ここでは憧憬のみならずもっと積極的に乙女の歌の見事さを強調するためであろう。2 連の比較表現は意味的には最上級表現に等しい。最上級表現というからには、その基底に、ある集合体を規定しなければならない。そこで詩人は 'Highland' の中で最高のとは言わずに、いわば地球上で、世界中で一番だと言おうとするのである。このように 2 連が表現していることは、一に娘の歌の卓越性である。

文法の「数（すう）」の点から一言述べよう。ナイチンゲールとカッコー鳥が単数形であるのは1連の 'Highland Lass' が単数であることと整合性を持ち、4度にわたって執拗に繰り返されている「孤独」（'[1]single'、'[2]solitary'、'[3]by herself'、'[5]alone'）[3] の表す意味とも整合する。そしてこの＜単数性＞が 'Among' に導かれる 'Arabian sands' と 'the farthest Hebrides' とが表す＜複数性＞と拮抗する。そしてこの＜複数性＞は、'the silence of the seas' の 'seas' と共に、この詩の背景に空間的広がりを与えるのに貢献している。

　統語法の面から見ると、この連は他の3つの連と違って 'and' と 'or' がまったく見られない4行からなる比較的長い2つの単文で構成されている。両文とも4つずつの前置詞を含んでいる。具体的には、属格の 'of' を別にして、'[10]to weary bands Of travellers'、'[11]in some shady haunt'、'[12]Among Arabian sands'、'[14]In Spring-time'、'[14]from the Cuckoo-bird'、'[16]Among the farthest Hebrides' という具合に、それぞれこの順序で「到達点」、「場所」、「場所」、「時」、「始発点」、「場所」を表す句を形成し、文が朗々と流れるように展開している。その文の長さは朗々と響く鳥の鳴き声のなめらかに伸び行く様を暗示するかのようである。

4. 第3連

　前連で乙女の歌声のすばらしさを鳥の鳴き声と比較して歌った詩人は、第3連でその歌の内容は何であろうかという疑問を発する。2連の流れるような調子は、3連第1行目で突然阻止されて、何かつかえるような調子に変わる。

A ｛ Will no one tell me what she sings?—

B ｛ Perhaps the plaintive numbers flow
　　 For old, unhappy, far-off things,　　19
　　 And battles long ago:

C ｛ Or is it some more humble lay,
　　 Familiar matter of to-day?
　　 Some natural sorrow, loss or pain,　　23
　　 That has been, and may be again?

Aは全部で32行から成るこの詩における唯一の単音節語だけで構成される詩行である。つかえる感じはこの音構成によるところもあろう。詩人は「誰か彼女が何を歌っているのか教えてくれる者はいないか」と問うてみる。しかし、答えてくれる者はいない。そこでBで 'Perhaps' という法副詞の次に、詩人の推測の内容が続く。1連6行目の 'a melancholy strain' を言い換えた 'the plaintive numbers' が流れる。「流れる」には 1 連最終行 'over*flow*' の後半部 'flow' が使われている。「古の遠い国の不幸な出来事」、あるいは「遠い昔の戦いのこと」を歌うためなのか。続いて C で「いや、それとも何かもっと卑近な（比較の対象は上の堂々たる高尚な事件）今日よくあることなのか。何か今までもよくあった、また、これからもまたあるかも知れない普通の悲しみ、死別、苦しみか」と問う。B の推量を表す 'Perhaps' に相当する語は C では 2 度出てくる 'some' である。

　ああでもない、こうでもないと想像が多岐にわたる様子が、次の文法事象の中に読み取れる。すなわち、B の 'for' 以下の並列構造、C の 3 重にもわたる同格構造、そして他の連には皆無の 3 重構造（具体的には B の 19 行 'old'、'unhappy'、'far-off' の形容詞の 3 重の使用、そして B と均整を取るためなのか C の 23 行における 'sorrow'、'loss'、'pain' の名詞の 3 重の使用）の中に見て取れる。

　第 2 連が場所の移動を中心に展開した連であったのに対し、この第 3 連は時の移動を軸に進展する連である。B の部分の「昔」を表す表現 '¹⁹old'、'²⁰long ago' に対して、C の部分には「今」あるいは「未来」を表す '²²of to-day'、'²⁴That has been, and may be again' が見られる。このように時間的に遠いものと近いもの、言い換えると「過去」と「現在・未来」を同時に表現することで、この詩に、ちょうど前連が空間的・地理的な深みを付与したように、時間的な深みを与えることに成功していると言ってよかろう。

　語の表す＜意味＞の連続性に着目すると、次のことが指摘できる。1 連の '¹single'、'²solitary'、'³by herself'、'⁵Alone' の表す＜singleness＞に触発された '⁶melancholy' のもつ ＜melancholiness＞ は 3 連の '¹⁸plaintive'、'¹⁹unhappy'、'²³sorrow'、'²³loss'、'²³pain' の表す ＜melancholiness＞ に連続している。この種の意味の揺曳が詩の内的統一を達成するのである。

　この 3 連にも前連同様ロマン主義の特徴である遠いものに対するあこがれが表現されている。歌の内容が「古の (old)」、「遠い国の (far-off)」また「昔の (long ago)」ものではなかろうかというところがそれである。

5．第 4 連

　麦刈る娘は物悲しく古の歴史的事件のことを歌っているのか、それとも身近な日常の事件のことを歌っているのか、という疑問を提出した詩人は、4 連冒頭で「その歌の主題が何であれ、娘はあたかも終りがないかのごとく歌った」と続ける。歌の意味が理解できないのは、実は、麦刈る乙女が 'Erse' 語、すなわち「スコットランド高地のゲール語」で歌っているからだという。ここの 25・26 行は、統語法の点から見ると、この 1 編中最も複雑な「深度を順序づけられた構造 (depth-ordered structure)」[4] となっている。

音の面から観察して注目すべきことは、26 行目の行末の 'ending' とその rhyme pair の 'bending' だけが、この詩における唯一の女性韻となっていることである。この音節過多の女性休止は、この詩行の表す＜終りの無さ＞、＜際限の無さ＞という意味を、はみ出す過剰音節が 1 つあるという現象ゆえに、音の面から間接的に支持しているように思われる。
　27・28 行の視覚表現は 1 連のそれと比較対照してみると興味深いことに気づく。1 連では麦を刈る動作、歌う動作は 'Reaping' → 'singing' の順序で表現されており、拡大敷衍されても 'cuts and binds the grain' → 'And sings a melancholy strain' という具合に、この順序は変わらなかった。これに対して、この 4 連では 'I saw her' に続く目的補語は 'singing at her work' → 'And o'er the sickle bending' となって、1 連とは叙述の順序が逆になっている。筆者は、ここの等位接続詞の 'And' が結びつけるものは 'at her work' と 'o'er the sickle bending' の同格語句ではなくて、交錯語法を使って表現された '<u>singing</u> at her work' と 'o'er the sickle <u>bending</u>' の等位語句であると考える。こう見てくると、どうも「歌っている」ことの方が「刈り取りをする」ことより重要視されて来たように思える。さらに、「鎌 (sickle) の上にかがみ込んで」という極めて具体的な表現自体、追加思考のようにも読めてくる。なぜならば、2 連、3 連を読み進んでここまで来た読者は「見る」ことより「聴く」ことに注意を向けるように仕向けられてしまうからである。要約で、この詩の「主題 (theme)」は「麦刈る乙女について」であり「題述 (rheme)」は「彼女の歌が聴き手に与える感動」であると言った所以である。
　29 行目には「動かず、じっとして聴いた」とある。'motionless and still' は 1 連 4 行目に呼応する表現である。命令の内容がここで実現されているのだ。読者（あるいは詩人本人）に「止まれ、静かに」と呼びかけた手前、自分がそうしないわけには行かぬからか、いやそれ以上に娘の歌う音楽がこの上なく魅力的だったからであろうか、とにかく耳を澄まして聴くのである。そうはしてはいられないと、その場を辞す詩人は丘を登る。そして「丘を登りながら」、詩人は「歌が聞こえなくなった後も長い間ずっと、その音楽を心の中で聴くのだ。」このように、眼前にないものを想像力の働きによって心の眼で見、心の耳で聴くことは、ワーズワスの一大特徴である。
詩の終結間際で、今まで 1 連で '[6]strain'、'[8]sound'、2 連 '[10]notes'、'[13]voice'、3 連 '[18]numbers'、'[21]lay'、4 連 '[26]song' と、いわゆる下位語 (hyponym) で表現されていたものが、一面的ではなく包括的な意味を表す格調の高い '[31]music' という上位語 (superordinate) に変わって登場してくる。26 行目の 'song' もそれ以前の語彙に比べれば上位語と言えようが、'music' はさらにその上に位置し、詩の最終部を飾るにふさわしい。

最終連の4連には他の連に数個ずつ見られた連体形容詞が1つも見られない。特に「音」に関係する語には、1連では '[6]a *melancholy* strain'、2連には '[10]more *welcome* notes'、'[13]A voice so *thrilling*'、3連に '[18]the *plaintive* numbers'、'[21]some more *humble* lay' という具合に、限定形容詞が添加されていた。これに対して4連では、'[26]her song'、'[31]The music' とあるだけだ。これで十分なのである。なぜなら、先行連から受け継ぐ意味をすべて担った 'her' であり 'The' であるからだ。

6. おわりに

　最後に、この詩に見られるある具体的なというよりも抽象的なイメージに注目しなければならない。[5] それは、何かある制限を越えてしまうというか、拘束を打ち破るというか、そのようなイメージである。具体的には、1連の最終部の 'the Vale profound / Is overflowing with the sound' と4連の2行目、即ち26行目の 'As if her song could have no ending' にそれが見られる。前者には、乙女の歌う音で深い谷間があふれている、すなわち、ある容器に喩えられる谷の上の縁から音がこぼれ出る、はみ出すイメージが読み取れる。後者には、独り麦刈る娘の歌はあたかも終わりがないかのごとく続くという、やはり際限がないというイメージが読み取れる。

　これらの＜無限＞、＜無制限＞のイメージは、1連最終の2行と4連最初の2行に現れており、それらが構成する枠構造の間に狭まれた2連、3連の表現内容は、そのイメージが表すことと軌を一にする。すなわち、2連、3連の内容はそれぞれ空間的、時間的に堰を切ったように、一気に噴出するかのごとく拡大表現されているのである。同種のイメージの爆発的な拡大は、姉妹編「視覚の詩」とでも言うべき "I wandered lonely as a cloud" の1連の黄水仙の大群が2連で天の川の上の星雲に喩えられるところにも見られる。このように、ワーズワスの詩作過程には、ある風景に感動すると、その感動の唐突さ、激しさ、深さが起爆剤となってその次に壮大無辺なイメージを生み出す傾向が見られる。

　以上、韻律 (prosody) の観点を始めとし、音韻 (phonology)、語彙 (lexis)、ダイクシス (deixis)、動詞の相 (aspect)、統語法 (syntax)、書記法 (graphology)、情報構造 (information structure)、そしてイメジャリー (imagery) 等の観点から、"The Solitary Reaper" の一つの精読を試みた。

注

* 本稿は、「ワーズワスの "The Solitary Reaper" の一つの読み」として『安田女子大学紀要』第15号（1987）に初出、その後、安田子大学言語文化研究所発行の「モノグラフシリーズ No.2」『ワーズワスの言語―詩的言語への言語学的アプローチ』（1997）に再掲された拙論に修正を加えたものであること

を断っておく。

1　安藤貞雄, (2010)『現代英文法講義』. 東京: 開拓社, 453. は従来の anaphora（前方照応）、cataphora（後方照応）の訳語をそれぞれ分かりやすい「逆行照応」、「順行照応」に変えることを提案している。
2　Quirk R., S. Greenbaum, G. Leech & J. Svartvik (1985). *A Comprehensive Grammar of the English Language*. London: Longman, 90, 921, 927. が 'gradience' (段階性) という概念を使って等位接続詞と従位接続詞の違いを説明している。
3　以下、語頭の左上の肩数字は詩行番号を表す。
4　大塚高信編, (1970).『新英文法辞典』. 東京：三省堂, 998. s.v. "structure".
5　Pottle, F. A. "The Eye and the Object in the Poetry of Wordsworth", *The Yale Review*, vol. 40. (Autumn 1950) に負うところ大である。

使用テクスト

Selincourt, E. de & H. Darbishire (1954). *The Poetical Works of William Wordsworth* Vol. 3. Oxford: Oxford University Press, 77.

引用文献

平田禿木訳注, 小川和夫補訂 (1982).『近代英詩選』. 東京: 英光社.
Quirk R., S. Greenbaum, G. Leech & J. Svartvik (1985). *A Comprehensive Grammar of the English Language.* London: Longman.
斎藤兆史, (2007).『翻訳の作法』. 東京: 東京大学出版会.
沢村寅二郎解説注釈 (1999).『ワーズワス詩選』(新装版). 東京: 研究社.
Widdowson, H. G. (1992). *Practical Stylistics.* Oxford: Oxford University Press.

日本人英語学習者による英語詩読解中の辞書使用

西原 貴之

県立広島大学

要約

本論文は、日本人大学生英語学習者の英語詩読解時と英語説明文読解時の辞書使用の違いに関する調査報告である。具体的な調査項目は、(1) 英語詩読解と英語説明文読解で辞書使用回数に違いがあるか、(2) 違いがあるとすればそれは学習者の未知語と既知語のどちらの辞書使用が関係しているか、の2点である。調査項目 (1) に関しては、英語詩読解時の方が英語説明文読解時よりも辞書使用が多くなる傾向があることが示された。調査項目 (2) に関しては、特に未知語への使用が関係している可能性が示された。考察の部分では、これらの結果が読解処理の違いによって引き起こされたことを確認し、同様の調査を行ったNishihara (2012) の研究結果との相違点について検討する。

1. 本論文の目的

　本論文では、日本人大学生英語学習者の英語詩読解時と英語説明文読解時の辞書使用の違いに関する調査結果を報告する。具体的な検討項目は以下の2点である。

1. 英語詩読解と英語説明文読解で辞書使用回数に違いがあるか
2. 違いがあるとすればそれは学習者の未知語と既知語のどちらの辞書使用が関係しているか

英語説明文としてはTOEICの問題文を取り上げる。英語詩と英語説明文は意味理解プロセスに大きな違いがある。前者では、読者は行間を読むなど、言外の意味を構築する必要がある。それに対して、後者では、テクスト内の明示的情報の把握が中心となる。

2. 研究の背景

　辞書研究で、外国語学習者は英語読解時に辞書使用の必要性を強く感じることが明らかにされてきた（小室, 2010）。また、文学読解研究において、読者はジャンルに応じて読み方を変えていることが実証されてきた（e.g., Hanauer,

1998; Nakao, 2013)¹。これらのことから、読解の中に埋め込まれている辞書使用もジャンルに応じて変化することが予想される。学習者にとって、文学作品読解時の辞書使用は不可欠であり、その実態把握は辞書指導を考える上で重要である。

　Nishihara (2012) は、トピックが共通し、語彙レベルとテクストの長さも統計的に有意差がない英語詩と英語説明文を用いて、上級日本人大学生英語学習者が各テクストを読解した際にどのような語に対してどのような目的で辞書を使用するのか調査した。そして、(1) 辞書使用回数の総数は両読解で違いはない、(2) 英語詩読解時の方が説明文読解時よりも既知語に対する辞書使用が多く、特に既知語が知らない意味で使われていると判断し、どのような意味があるのかを調べるケースが最も多かった²、(3) 英語説明文読解時の方が英語詩読解時よりも未知語に対する辞書使用が多く、特に未知語の意味が分からなかったことを理由として辞書を使っていた、(4) 既知語における既知の意味を確認するための辞書使用は、両読解で同程度に行われていた、という結果を報告した。本論文は、テクストと調査方法を変えた上で、日本人大学生英語学習者の英語詩読解時と英語説明文読解時の辞書使用の違いを調査する。

3. 調査方法
3.1 調査参加者
　調査参加者は国際文化学を専攻する日本人大学生英語学習者42名である。英語力にはかなりのばらつきがある。調査実施前4ヵ月半の間にTOEICを受験した30名に関して言えば、リーディングで85点から330点までの学習者が含まれている（そのセクションの平均点は221点、標準偏差は55.65）。調査参加者の中に英語詩読解について特別な指導を受けている者はおらず、英語詩を読んだ経験もほとんどなかった。その一方で、英語説明文（TOEIC形式の英文）は比較的読み慣れている。

3.2 調査材料
　本調査では、英語詩と英語説明文をそれぞれ2つずつ用いて調査を行った。

1. 英語詩1（以下「詩1」）：Robert Frost 作 "Dust of Snow"
2. 英語詩2（以下「詩2」）：Christina Rossetti 作 "Who Has Seen the Wind?"
3. 英語説明文1（以下「説明文1」）：西谷・吉塚・フィリップス（2008, p. 56）所収のホテルの宣伝文
4. 英語説明文2（以下「説明文2」）：山下・宮川・フィリップス・オラー・ウェイド・マッキー（2007, p. 25）所収のクーポン券の説明文

次に、上記4つのテクストをJACET 8000の語彙使用頻度レベルに照らし合わせ、語彙レベルに統計的違いがないかどうかを確認した（固有名詞は除いた上で、1語あたりの平均レベルを比較）。データの正規性が確認されなかったため、有意水準を5%としてクラスカル＝ウォリスの検定を行ったところ、$\chi^2(3) = 4.26$、$p = .24$となり、テクスト間に有意差は検出されなかった。なお、表1の効果量（r）は、ウィルコクスンの符号付き順位和検定をペアごとに実施して求めた（ボンフェローニの方法で有意水準を$\alpha = .0083$に調整）。

表1　各テクストの記述統計及びテクスト間の語彙レベルの違い

	記述統計			r		
	語数	平均	標準偏差	詩2	説明文1	説明文2
詩1	26	1.78	1.95	0.08（小）	0.17（小）	0.11（小）
詩2	22	1.23	0.53		0.25（小）	0.19（小）
説明文1	29	2.38	2.37			0.06（小）
説明文2	44	2.00	1.88			

3.3 調査手順

　調査参加者全員に教室内で調査用冊子を配布し、一斉に調査を行った。制限時間は設けずに、課題を終えた者から調査用冊子を提出して終了という形とした。また、調査参加者には自由に辞書を使用してよいことを伝えた。

　調査用冊子は5ページからなる。1ページ目は、4つのテクストに出てくる語彙の一覧表（アルファベット順に配列）である。各語彙の横にチェックボックスを設け、知っている語は無記入、知らない語にはチェックを入れるように指示した。2～5ページ目は、4つのテクストがそれぞれ2つの内容理解の設問とともに収録されている。内容理解の設問は、多肢選択式で1問1点の2点満点とした。説明文は教材に付属の設問を和訳したものとし（必要に応じて選択肢の加筆修正を行った）、詩の設問は本論文の著者が作成した（付録1参照）。詩の設問は、説明文の設問に合わせて、テクスト内の表層的な情報を問うものとした。さらに、2～5の各ページでは、文章を読んで設問に答える過程において辞書で調べた語を丸で囲むように指示している。なお、テクストの配列は調査参加者間でランダム化した。

4. 結果

　調査参加者42名のうち、回答に不備があった2名を除いた40名を分析対象とした（4.4の未知語の分析は除く）。いずれのデータも正規性が確認できなかったため（西原（2012）を参照）、分析にはフリードマン検定（$\alpha = .05$）を用いた。

また、下位検定は、ウィルコクスンの符号付き順位和検定をペアごとに実施した（ボンフェローニの方法で有意水準をα = .0083に調整）。

4.1 調査参加者の未知語数
　語彙一覧表への回答をもとに、調査参加者の未知語数がテクスト間で異なるかどうかを調べた。分析の結果、$\chi^2(3) = 42.93$、$p = .00$となり、有意差が確認された。下位検定結果と効果量は以下の通りである（（）内は平均未知語数）（付録2と3参照）。

説明文2（4.70）＞詩1（3.13）≧詩2（2.50）≧説明文1（2.23）
　　　　　　　　　（中）　　　　（小）　　　　（小）

4.2 内容理解
　テクスト間で内容理解の設問得点に統計的違いがあるかどうかを調べた。分析の結果、$\chi^2(3) = 38.18$、$p = .00$となり、有意差が検出された。下位検定結果と効果量は以下の通りである（（）内は平均値）（付録4と5参照）。

説明文1（1.93）≧説明文2（1.89）＞詩2（1.48）≧詩1（1.30）
　　　　（小）　　　　　（中）　　　　（小）

4.3 辞書使用回数総数
　調査参加者が辞書で調べた語（丸で囲まれた語）をもとに、テクスト間で辞書使用回数に違いがあるかどうかを調べた[3]。分析の結果、$\chi^2(3) = 28.14$、$p = .00$となり、有意差が検出された。下位検定結果と効果量は以下の通りである（（）内は平均辞書使用回数）（付録6と7参照）。

詩1（2.28）＞詩2（1.33）≧説明文2（1.23）≧説明文1（1.02）
　　（中）　　　　（小）　　　　　（小）

4.4 既知語と未知語の辞書使用
　語彙一覧表への回答をもとに、辞書で調べられた語が各調査参加者にとって既知語か未知語かを照合した。そして、既知語と未知語に対してそれぞれどの程度辞書が使用されたのかを分析した。
　まず、辞書で調べられた既知語（語彙一覧表にチェックのない語）の数をテクストごとに集計した。分析の結果、$\chi^2(3) = 3.45$、$p = .33$となり、テクスト間で有意差は確認されなかった（付録8参照）。

次に、各調査参加者で未知語がいくつあり、辞書を引いた語はその内いくつかを調べ、その割合をテクストごとに算出した。そして、テクスト間でその値に違いがあるかどうかを検討した。少なくとも1つのテクストに対して全く未知語がない5名を除き、35名のデータを分析対象とした。分析の結果、$\chi^2(3) = 29.11$、$p = .00$となり、有意差が検出された。下位検定結果と効果量は以下の通りである（（　）内は未知語に対する平均辞書使用率）（付録9と10参照）。

詩1（65.10）≧詩2（46.19）≧説明文1（27.52）≧説明文2（24.47）
　　　　　　　（小）　　　　　（小）　　　　　　　　（小）

5. 考察
　以上の結果から、研究課題1に関しては、英語詩読解時の方が英語説明文読解時よりも辞書使用が多くなる傾向があることが示された（4.3の結果より）。研究課題2に関しては、特に未知語への使用が関係している可能性が示された（4.4の結果より）。
　これらの結果は、読解処理の違いによって生じたと考えられる。その前に、他の要因による可能性を検討しておきたい。ここでは、(1) テクスト内の未知語数、(2) 内容理解の設問と調査参加者の未知語との関わり、(3) テクストの内容理解の難しさ、を取り上げる。まず、上記 (1) の可能性は低いと考えられる。4.1、4.3、4.4の結果から分かるように、テクストの未知語の多さと辞書使用回数は対応関係にない。次に、上記 (2) に関して、詩の設問が学習者の多くが未知語と答えていた語を知らないと解答できないものとなっていなかったかどうかを検討した。しかしながら、このような関係性は確認できなかった。最後に、上記 (3) に関して、4.2、4.3、4.4の結果を比べてみると、内容理解の成績と辞書使用の順序が完全に一致し、未知語辞書使用率ともほとんど一致している。Hanauer (1998) は、意味理解の難しさ自体が詩の読解の重要な特徴の1つと指摘している。したがって、本研究は、Hanauer (1998) に基づき、読解処理の違いが辞書使用に影響を与えたという立場を取る。
　しかしながら、今回の結果をNishihara (2012) と比較すると、(1) 辞書使用回数全体に違いが見られた点、(2) 既知語の辞書使用に違いが見られなかった点、(3) 英語詩読解時の方が未知語の辞書使用回数が多かった点、で異なっている（第2節参照）。以下では、このような違いが生じた理由について検討する。
　まず、(1) に関して、Nishihara (2012) では、説明文の平均未知語数が2.8であったのに対して、英語詩では0.7であった。結果として、Nishihara（2012）では、未知語への辞書使用が不要となったため、英語詩読解時の辞書使用回数全体が少なくなった可能性がある。次に、(2) の違いに関しては、既知語にヒントを求

める必要性の差とテクスト読解後のタスクの違いが影響している可能性がある。前者について、Nishihara (2012) で使用された英語詩は、調査参加者にとっての既知語でほぼ構成されているが、書き方が曖昧であり、内容理解のためには既知語にヒントを求めざるを得ない状況であった。それに対して、今回の詩では、状況が比較的把握しやすかったため、調査参加者は未知語の意味さえ分かれば作品を理解できると判断したのかもしれない。つまり、今回の調査で使用した詩では、Nishihara (2012) が用いた詩と比べて、既知語に理解のヒントを求める必要性が低かった可能性がある。タスクの違いに関しては、Nishihara (2012) では、詩読解後には作者がその作品を通して何を伝えようとしたのか考えを書くように指示し、説明文読解後には内容の要約を書くように調査参加者に指示していた。それに対して、今回の調査では、両条件でタスクの内容をそろえることを重視し、両読解でテクストの表層的な情報を問う多肢選択式の設問に答えるように指示した。調査時には、英語詩読解でこのような設問を課したとしても、行間や作者の意図を読み込むなどのより深い処理も行われるものと想定していた。しかしながら、調査参加者の英語詩読解は表層レベルの理解にとどまってしまった可能性がある。調査参加者にとって、深い理解の必要性がなくなり（作品の状況さえ理解できればよいということになり）、既知語を辞書で調べる必要性が低くなったのかもしれない。言い換えると、英語詩読解が英語説明文読解の様式に接近（または同一化）してしまった可能性がある。最後に、(3) に関して、Nishihara (2012) で使用した詩には未知語がほとんどない状況であった。それに対して、今回の詩にはある程度未知語が含まれており、調査参加者は作品の状況理解のためにそれらの語を辞書で調べたと考えられる。Nishihara (2012) では、英語詩に未知語がなかったため、結果として、英語説明文読解時に未知語への辞書使用が多く見えただけの可能性がある。そもそも、今回の調査結果が示すように、英語説明文読解では、未知語が多かったとしても、スキーマ等によりテクストの内容理解を補うことで、その辞書使用が抑えられる傾向があるのかもしれない。

　以上、読解処理と辞書使用の関係について調査結果を報告してきた。両者の関係性の検討は、文学作品を授業で使用する際の辞書指導について考えていく上で、極めて重要である。しかしながら、まだ研究が少なく、具体的な指導指針を得るにはほど遠い。また、今回確認された先行研究との結果の相違も、今後より多くの研究が積み重ねられる中で解釈される必要がある。

謝辞
　調査用に説明文の使用を許可下さった音羽書房鶴見書店の荒川昌史氏にはこの場をかりて御礼申し上げます。

注

1. 例えば、Hanauer (1998) は、説明文と比べて、詩の読解では、表層記憶が強く形成される、読解スピードが遅くなる、意味理解を難しく感じる、という特徴があることを報告している。また、Nakao (2013) は、文学読解においては意味の曖昧性が重要な働きをすることを指摘している。
2. de Beaugrande (1987) は、既知語の意味を省察する上で詩の読解は有益であると述べている。
3. 実際に辞書で調べられた語は、調査参加者間で大きく異なっていた。また、4.4と関連して、調査参加者にとってどの語が未知語（または既知語）であり、それらのうちどの語を辞書で調べたのか、ということも個人差が大きかった。これらは興味深い点であるが、その分析は本論文の主眼から外れるため、また機会を改めて議論したい。

References

de Beaugrande, R. (1987). The naive reader: Anarchy or self-reliance? *Empirical Studies of the Arts*, *5*(2), 145–170.

Frost, R. (1978). Stopping by woods on a snowy evening. In C. Brooks & R. P. Warren (Eds.), *Understanding poetry* (4th ed., pp. 191–192). New York: Heinle & Heinle. (Original work published 1923)

Hanauer, D. (1998). The genre-specific hypothesis of reading: Reading poetry and encyclopedic items. *Poetics*, *26*(2), 63–80.

Nakao, Y. (2013). *The structure of Chaucer's ambiguity*. Frankfurt am Main: Peter Lang.

Nishihara, T. (2012). A comparative study on dictionary uses in literary and expository reading. *Bulletin of the Faculty of Human Culture and Science, Prefectural University of Hiroshima*, *7*, 141–154.

Rossetti, C. (2005). Who has seen the wind? In B. S. Flowers (Ed.), *The completed poems* (p. 250). London: Penguin. (Original work published 1872)

小室夕里（2010）「辞書学と辞書指導」 岡田伸夫・南出康世・梅咲敦子（編）『英語研究と英語教育：ことばの研究を教育に活かす』（pp. 173–189）大修館書店.

西谷恒志・吉塚弘・W．I．フィリップス（2008）『TOEIC Test 450必修レッスン』（改訂版）音羽書房鶴見書店.

西原貴之（2012）『日本人英語学習者による英語文学作品読解プロセスの特徴に関する研究：読解中の辞書使用回数に焦点を当てて』第38回全国英語教育学会発表資料（於．愛知学院大学，8月4日）http://www.pu-hiroshima.ac.jp/~n_

takayk/presentation21-1b.pdf

山下光洋・宮川清・W. I. フィリップス・B. オラー・D. ウェイド・D. マッキー（編）（2007）『徹底対策TOEIC Testリーディング』（改訂新版）音羽書房鶴見書店.

付録1　詩の内容理解の設問

詩1

1. なぜ雪が落ちてきたのですか。
(A) 木が風で揺れた   (B) 暖かくなって自然に落ちてきた
(C) カラスが木から落とした   (D) 雪が木に大量に降り積もっていた

2. 雪が自分に落ちてきたことで、著者はどうなったと述べていますか。
(A) 自分の運のなさにますます苦しんだ   (B) 苦しみが少し楽になった
(C) 楽しい気分が台無しになった。   (D) ますます楽しい気分になった

詩2

1. 1連目の前半で、風を目で見たことがあるのは誰と述べられていますか。
(A) 著者   (B) 世の中の人全員
(C) 誰もいない   (D) 全知全能の神

2. 著者はどうやって風に気づくと述べていますか。
(A) 木から葉が飛ばされること   (B) 葉がおたがいに擦れる音
(C) 枝のきしむ音   (D) 木が揺れていること

付録2　各テクストの未知語数

	平均	標準偏差	最小値	最大値
詩1	3.13	0.97	0	5
詩2	2.50	1.43	0	6
説明文1	2.23	1.31	0	5
説明文2	4.70	2.57	1	11

付録3　4.1の下位検定の結果と効果量

	詩2			説明文1			説明文2		
	z	p	r	z	p	r	z	p	r
詩1	2.59	.01	0.29（小）	3.76	.00	0.42（中）	3.83	.00	0.43（中）
詩2				1.25	.21	0.14（小）	4.84	.00	0.54（大）
説明文1							4.91	.00	0.55（大）

付録4　各テクストの内容理解

	平均	標準偏差	最小値	最大値
詩1	1.30	.65	0	2
詩2	1.48	.55	0	2
説明文1	1.93	.27	1	2
説明文2	1.89	.33	1	2

付録5　4.2の下位検定の結果と効果量

	詩2			説明文1			説明文2		
	z	p	r	z	p	r	z	p	r
詩1	1.29	.20	0.14（小）	4.29	.00	0.48（中）	4.10	.00	0.46（中）
詩2				3.84	.00	0.43（中）	3.27	.00	0.37（中）
説明文1							0.71	.48	0.08（小）

付録6　各テクストの辞書使用回数総数

	平均	標準偏差	最小値	最大値
詩1	2.28	1.04	0	4
詩2	1.33	0.86	0	3
説明文1	1.02	1.12	0	4
説明文2	1.23	1.29	0	4

付録7　4.3の下位検定の結果と効果量

	詩2			説明文1			説明文2		
	z	p	r	z	p	r	z	p	r
詩1	3.86	.00	0.43（中）	4.54	.00	0.51（大）	3.42	.00	0.38（中）
詩2				1.30	.20	0.14（中）	0.59	.56	0.07（小）
説明文1							0.80	.43	0.09（小）

付録8　各テクストの既知語に対する辞書使用回数と効果量

	記述統計				r		
	平均	標準偏差	最小値	最大値	詩2	説明文1	説明文2
詩1	0.28	0.51	0	2	0.10（小）	0.09（小）	0.11（小）
詩2	0.18	0.45	0	2		0.17（小）	0.00（小）
説明文1	0.40	0.71	0	3			0.19（小）
説明文2	0.18	0.45	0	2			

付録9　各テクストの未知語に対する辞書使用率

	平均	標準偏差	最小値	最大値
詩1	65.10	23.44	25	100
詩2	46.19	36.51	0	100
説明文1	27.52	34.71	0	100
説明文2	24.47	27.67	0	100

付録10　4.4（未知語辞書使用率）に関する下位検定の結果と効果量

	詩2			説明文1			説明文2		
	z	p	r	z	p	r	z	p	r
詩1	2.19	.03	0.26（小）	4.23	.00	0.51（大）	4.49	.00	0.54（大）
詩2				2.32	.02	0.28（小）	2.54	.01	0.30（中）
説明文1							0.33	.75	0.04（小）

典型的な構文と動詞*

能登原 祥之

同志社大学

要約

本研究は、日本人英語学習者が英語を使用する際、形式は整っていても意味的に通じない英文を書いてしまう現象に注目する。このような学習者の中間言語内の意味と形式の乖離状態を補うためには、意味と形式をセットとする典型的な構文を最低限選定し指導する必要がある。また、それらを指導する際、その構文と結び付きの強い動詞が分かれば、その動詞を用いた用例を選定し典型的な構文を指導することができる。そこで本論では、Radden & Dirven (2007) を基本とする13の典型的な構文のそれぞれでどの動詞が関係の構文と最も結び付きが強いかを明らかにすることを目的とする。そして、文法タグ付きコーパス ICE-GB Corpus R2 (2006) の話し言葉（約60万語）を通して構文内連語分析 (collostructional analysis) を行い、構文と動詞の頻度情報を基に両者の結び付きの強さを Odds ratio (Schmidt & Küchenhoff, 2013) を通して確認する。調査の結果、4 構文 (Processes/SVC, Object-motion/SVO, Emotion/SVO, Action/SVO) の動詞を変更すべきことが明らかとなった。

1. はじめに

　日本人英語学習者（特に初級から中級にかけて）は、形式的には整っているが意味的にぎこちない英文を書きやすい。例えば、*Sydney's image is Opera house.* や *Today is going to shopping mall.* など、be 動詞を使用した構文に関係した間違いは典型的な間違いとして散見される（能登原, 2009）。これらは、be 動詞を使用した SVC 構文の過剰使用 (overuse)、または、＜所有＞を＜存在＞で無意識に表現してしまう母語による負の概念干渉（negative conceptual transfer）、と説明できるかもしれない。

　このような学習者の意味と形式が乖離した間違いを補うため、意味と形式をセットとする典型的な構文を選定し指導する必要がある。それらの構文は、日常生活でよく使われ様々な構文に拡張可能なものでなくてはならない。そこで、認知文法論で典型的とされる11 構文（Radden & Dirven, 2007, p. 298）に注目した。その上で、汎用コーパス British National Corpus (BNC) の話し言葉コーパスを通して代表的とされる動詞が高頻度であるか、FrameNet を通して典型的とさ

れるスキーマが拡張性が高いか、を確認した。その結果、Mental schema (*think*) と Communication schema (*say*) の2構文を加え13構文を典型的とすべきことが分かってきた（能登原, 2014）。本論では、さらに先の研究で確認された13構文の典型的な動詞が本当に典型的かを構文内連語分析を通して確認し、より典型的な動詞を選定する。

2. 身体論的意味の乖離

認知文法論の分野において、Langacker (1987, pp. 381–382) により動的用法基盤モデル (dynamic usage-based model) が提唱されたが、近年、Bergen & Chang (2005) は認知科学や脳科学の知見をふまえ、身体論的構文文法 (embodied construction grammar) を提案し、その基本的な考え方を以下のように説明する。

Our model addresses the need for a dynamic inferential semantics by viewing the conceptual understanding of an utterance as the internal activation of embodied schemas – cognitive structures generalized over recurrent perceptual and motor experiences – along with the mental simulation of these representations in context to produce a rich set of inferences. (pp. 147–148).

彼らは、構文の意味と形式の対応関係を示すだけでなく、身体知 (embodiment) の観点から、人間がどのように心的に状況をシミュレーションしながら構文を理解したり産出したりしているのかについて論考を詳細に進めている (Bergen & Chang, 2013, p. 171–188)。 例えば、embodied schema の用例の一つに *Mary tossed me a drink.* といった二重目的語構文 (ditransitive construction) の例がある。その構文的意味は、*"One entity takes some action that causes another entity to receive something."* であるとし、典型的には、手渡すスキーマ（the TOSS schema）とされ、「緩やかな力で手渡す行為 (a low-energy hand action) を通してある＜モノ＞を移動させるスキーマ」とされる。ただし、活動的な二重目的語構文で使われると、「強力な力で移動させるスキーマ（the FORCE-MOTION schema）」と解釈され、状況により構文の事態把握も異なるとされる (Gibbs, 2005, p. 198) 。

このように言葉を使うことで構文の意味的特徴を把握し言語を習得していくことが理想だが、Bybee (2010, p. 29) が指摘するように、英語母語話者でも特定の同じ用例に複数回触れると、微妙な意味のニュアンスを感じ取れないまま英語表現を単なる決まり文句 (cliché) として覚えてしまうことがあるとする。

日本人英語学習者の場合も同じ状況が想定でき、特定の構文に複数回触れれば、形式は頭に刻み込むことができるかもしれない。しかし、微妙な意味にまで配慮が行き届き心に残るかと言うとその保証はない。おそらく、特に関心が

なければ、表層の目立った形式に注意が向き記憶している可能性は高い。さらに、実際に英語を使う機会が少ないと、学習者は意味面で無意識に日本語の概念と結び付けやすく、身体論的意味の乖離 (embodied meaning split) が生じやすくなるだろう。そこで本論では、その乖離を補うために典型的な構文に注目し、最低限の指導内容 (minimal essentials) として適切かを吟味することとした。

3. 典型的な構文

身体論的立場から典型的とされる構文に Radden & Dirven (2007, p. 298) の11種類がある。本論では、それを基に作成した表1の13構文に注目する。

表1 典型的な構文とその特徴 [1]

Event schema	Participant[a] Role	Sentence[b] Patterns	Verbs
Material World			
1. Occurrence schema: States	T-(T)	SVC	be
e.g., This **is** true. [c]			
2. Occurrence schema: Processes	T-(T)	SVC	become
e.g., The movement **became** a tradition.			
3. Spatial schema: Location	T-L	SV	be
e.g., I**'m** here.			
4. Spatial schema: (Object) motion	T-G	SV	move
e.g., The box **moved** forward slightly.			
5. Possession schema	P-T	SVO	have
e.g., I **had** a brilliant idea.			
Psychological World			
6. Emotion schema	E-C	SVO	like
e.g., He **liked** Hamburg and München.			
7. Perception & Cognition schema	E-T	SVO	see
e.g., I **saw** a black cat on the step.			
8. Mental schema	E-T	SVO	think
e.g., I **think** it is very true.			
Force-dynamic World			
9. Action schema: Energy chain	A-T	SVO	break
e.g., He **broke** all the rules.			
10. Self-motion schema	A-G	SV	go
e.g., This summer I **went** to Spain.			
11. Caused-motion schema	A-T-G	SVO	put
e.g., He **put** the platter on the floor.			
12. Transfer schema	A-T-R	SVO	give
e.g., She **gave** it to him.			
13. Communication schema	A-T-R	SVO	say
e.g., He **said** it to me.			

Note. [a]T=theme, L=location, G=goal, P=possessor, E=experiencer, C=cause, A=agent, R=recipient. [b]S=subject, V=verb, C=complement, O=object. [c] 各用例は BNC*web* (1996-present) から著者が選定

その上で、表1に示された13構文が関連の13動詞と実際に結び付きが強いかを改めて確認することとした。

4. 調査
4.1. 調査課題
調査課題は以下2つにまとめられる。
(1) 13構文と関連の13動詞の結び付きは実際に強いのか。
(2) 結び付きが弱い動詞がある場合、他にどのような動詞を選定すべきか。

4.2. 使用したコーパス
構文を確認する作業で正確を期すため、文法タグ付きコーパス ICE-GB Corpus R2 (2006) の話し言葉（約60万語）を使用することとした。

表2　ICE-GB Corpus R2 (2006)

- 総語数	1,061,263
- 話し言葉 総語数 (300 Texts, 1193 Speakers)	637,682
- 文法タグ	
e.g., *Food **is** available* … 　　V(cop, pres)	
*I **used** the wrong tactics.* 　　V(montr, past)	

4.3. 調査方法
構文と動詞の結び付きの強さを確認する研究手法については、Stefanowitsch & Gries (2003) が以下のように定義している。

Collostructional analysis always starts with a particular construction and investigates which lexemes are strongly attracted or repelled by a particular slot in the construction (i.e. occur more frequently or less frequently than expected). (p. 214).

また、N *waiting to happen* 構文の場合で分析例が以下のように紹介されている。

　　　[**N** *waiting to happen*] construction
　　　　- **accident** *waiting to happen*　　(strong association)
　　　　- **event** *waiting to happen*　　(weak association)
　　　　(N=collexemes)

　　　　　　　　　　　　　　(Stefanowitsch & Gries, 2003, pp. 216–217)

特に二重目的語構文の分析については、長谷部 (2013, pp. 243–252) が詳しい。

その後、χ2 値とフィッシャー正確確率検定を用いる研究手法について、サンプルサイズの影響が大きいと問題点が指摘され (e.g., Gries, Hampe, & Schönefeld, 2005, 2010; Hampe, 2013; Stefanowitsch, 2013)、現在のところ、フィッシャー正確確率検定の p 値より、Collostructional Strength、ΔP、Odds ratio の方が指標として適しているとされる（Schmidt & Küchenhoff, 2013, p. 555）。

そこで本研究では、中でも p 値の影響を受けない Odds ratio の方を重視し分析することとした。調査手順は以下の通り。

(1) ICE-GB Corpus R2 (2006) の文法タグを利用し、コピュラ構文（V (cop))、自動詞構文（V(intr)）、他動詞構文（V(montr)）の 3 種類の構文の言語データをそれぞれ全て抽出し、Excel file に csv 形式で 3 つのファイルに整理する。
(2) 各構文ファイルの言語データ、特に構文を代表する動詞の振る舞いを観察し、文法タグを確認しながら、表 1 の 13 構文に該当する頻度を目視で算出する。
(3) 特に、コピュラ構文から States/SVC (*be*)、Processes/SVC (*become*)、Location/SV (*be*) を、自動詞構文から Object-motion/SV (*move*) と Subject-motion/SV (*go*) を、他動詞構文から残り SVO 構文に該当する構文の頻度を確認する。
(4) 構文を同定する際、比較的頻度が高く特殊な場合はパタン化し、以下のような形で同定する。

    (a) 助動詞の場合（助動詞の後の動詞に注目し V とする）
        e.g., *I'**ll** be there.* (Location/SV (*be*))
    (b) to 不定詞の場合（句全体が目的格の場合 O とする）
        e.g., *I'd like **to work for an airline**.* (Emotion/SVO (*like*))
    (c) 関係代名詞の場合（関係節全体が目的格の場合 O とする）
        e.g., *I'll see **what I can do**.* (Perception & Cognition/SVO (*see*))
    (d) Subject-motion, Object-motion の場合（主語がヒトかモノかで区別する）
        e.g., ***I*** *never go home.* (Subject-motion/SV (*go*))
        It *goes very well.* (Object-motion/SV (*go*))

(5) 13 構文の各構文総数 (e.g., States/SVC の総数) を確認する場合、最低頻度の *break* を参考に頻度 44 をカッティングポイントとし、それ以上の頻度の動詞の用例総数を総計として算出する。
(6) 構文総数（e.g., コピュラ構文の総数）、13 構文それぞれの構文総数（e.g., States/SVC の総数）、そして、検証用の動詞の総数（e.g., BE の総数）の 3 種類の総数を利用し、各構文で上位 3 位の動詞に注目し、39 種類の 2×2（構文の出現

有無×動詞の出現有無）のクロス集計表を作成する。そして、R. Studio Version 0.98.1028 を通して、χ2 値、Collostructional Strength（フィッシャー正確確率検定の *p* 値に 10 を底とする -log をかけた換算調整値 e.g., -log (2.2E-16, 10) = 15.65758)、Odds ratio をそれぞれ算出する。
(7) 構文と動詞の結び付きは、最終的には Odds ratio で判断する。

4.4. 結果

コピュラ構文、自動詞構文、他動詞構文、それぞれの構文の用例における高頻度動詞上位 10 位を整理すると表 3 のようになった。

表 3 コピュラ構文、自動詞構文、他動詞構文の高頻度動詞

	コピュラ構文 (22,490 用例)		自動詞構文 (21,369 用例)		他動詞構文 (38,786 用例)	
	レマ	粗頻度	レマ	粗頻度	レマ	粗頻度
高頻度動詞	1. BE	15172	1. BE	3059	1. HAVE	2741
	2. BECOME	298	2. GO	2116	2. THINK	2515
	3. LOOK	232	3. COME	1406	3. DO	2172
	4. GET	225	4. SAY	985	4. GET	1722
	5. FEEL	145	5. THINK	813	5. SAY	1652
	6. SOUND	131	6. LOOK	659	6. KNOW	1036
	7. SEEM	99	7. KNOW	554	7. WANT	1013
	8. END	56	8. GET	506	8. SEE	987
	9. REMAIN	52	9. WORK	443	9. TAKE	889
	10. GO	52	10. TALK	419	10. MAKE	707
					…	
					15. LIKE	326
					16. GIVE	289
					17. PUT	275
					…	
					111. BREAK	44

Note 粗頻度は各構文の用例内に見られる動詞の総頻度を示す。

また、各構文に関係する動詞で頻度の高い方から上位 3 位の動詞を採用し、それぞれの総頻度から助動詞的用法など調査に不必要な用例を排除した上で、χ2 値、Collostructional Strength、Odds ratio の 3 つを確認したところ、表 4 のようになった。

表4 各構文と高頻度動詞の結び付きの強さの比較

1. States/SVC (構文総数 4942)　　　　　　　　　　（コピュラ構文）

Collexeme (Freq)	χ2(1)	Collostructional Strength	Odds ratio
BE (4606)	4859.24	15.66	21.92
SOUND (68)	102.37	15.66	4.97
LOOK(96)	86.47	15.66	3.26

2. Processes/SVC (構文総数 316)　　　　　　　　　（コピュラ構文）

Collexeme (Freq)	χ2(1)	Collostructional Strength	Odds ratio
GO (43)	2521.56	15.66	392.69
GET (151)	7184.20	15.66	275.09
BECOME (122)	3457.25	15.66	79.61

3. Location/SV (構文総数 795)　　　　　　　　　　（コピュラ構文）

Collexeme (Freq)	χ2(1)	Collostructional Strength	Odds ratio
EXIST (17)	137.43	15.66	14.57
LIVE (33)	91.56	15.66	5.24
BE (637)	180.44	15.66	3.15

4. Object-motion/SV (構文総数 495)　　　　　　　　（自動詞構文）

Collexeme (Freq)	χ2(1)	Collostructional Strength	Odds ratio
GO (209)	613.65	15.66	7.46
MOVE (10)	7.29	2.16	2.36
COME (51)	12.62	3.42	1.70

5. Possession/SVO (構文総数 1359)　　　　　　　　（他動詞構文）

Collexeme (Freq)	χ2(1)	Collostructional Strength	Odds ratio
HAVE (1306)	10614.69	15.66	290.40
KEEP (19)	103.36	15.66	9.15
HOLD (14)	25.62	6.38	3.83

6. Emotion/SVO (構文総数 1074)　　　　　　　　　（他動詞構文）

Collexeme (Freq)	χ2(1)	Collostructional Strength	Odds ratio
WANT (582)	11887.50	15.66	105.15
NEED (138)	3181.52	15.66	78.10
LIKE (238)	5212.44	15.66	75.78

7. Perception & Cognition/SVO (構文総数 786)			(他動詞構文)
Collexeme (Freq)	χ2(1)	Collostructional Strength	Odds ratio
SEE (422)	8727.71	15.66	79.77
HEAR (76)	1310.18	15.66	32.31
FIND (121)	1736.20	15.66	26.63

8. Mental/SVO (構文総数 3058)			(他動詞構文)
Collexeme (Freq)	χ2(1)	Collostructional Strength	Odds ratio
THINK (1560)	14221.77	15.66	66.96
REMEMBER (109)	1041.03	15.66	47.72
BELIEVE (123)	876.77	15.66	21.33

9. Action/SVO (構文総数 326)			(他動詞構文)
Collexeme (Freq)	χ2(1)	Collostructional Strength	Odds ratio
READ (88)	3956.71	15.66	101.93
BREAK (9)	200.23	15.66	30.55
MAKE (91)	1262.30	15.66	23.98

10. Self-motion/SV (構文総数 1036)			(自動詞構文)
Collexeme (Freq)	χ2(1)	Collostructional Strength	Odds ratio
GO (592)	3028.73	15.66	18.34
GET (76)	126.86	15.66	3.85
COME (91)	11.62	3.19	1.47

11. Caused-motion/SVO (構文総数 31)			(他動詞構文)
Collexeme (Freq)	χ2(1)	Collostructional Strength	Odds ratio
PUT (20)	1795.69	15.66	273.15
CAUSE (6)	546.16	15.66	123.60
LEAVE (3)	50.53	11.93	20.87

12. Transfer/SVO (構文総数 62)			(他動詞構文)
Collexeme (Freq)	χ2(1)	Collostructional Strength	Odds ratio
GIVE (21)	1009.64	15.66	80.80
SEND (9)	320.11	15.66	46.12
TAKE (11)	66.32	15.42	9.31

13. Communication/SVO (構文総数 61)			(他動詞構文)
Collexeme (Freq)	χ2(1)	Collostructional Strength	Odds ratio
EXPLAIN (28)	6536.62	15.66	678.97
MENTION (4)	83.52	15.66	25.13
SAY (18)	166.55	15.66	15.28

4.5. 考察

表4の Odds ratio を参考に構文と動詞の結び付きの強さを検証すると、1. States/SVC (*be*)、4. Object-motion/SV (*go*)、5. Possession/SVO (*have*)、7. Perception & Cognition/SVO (*see*)、8. Mental/SVO (*think*)、10. Self-motion/SV (*go*)、11. Caused-motion/SVO (*put*)、12. Transfer/SVO (*give*)、はそれぞれ動詞の頻度も高く、構文と動詞の結び付きも強いことから、表1の通りで典型的と判断できる。

一方、2. Processes/SVC、3. Location/SV、6. Emotion/SVO、9. Action/SVO、13. Communication/SVO の5つの構文に関しては、表1の動詞通りではなかった。これらについては、ICE-GB R2 Corpus の使用域 (register) の特徴を加味し、各動詞の生起頻度の高さも重視しながら総合的に考え、構文を効果的に指導できる最も基本的な動詞を選定することが必要となった。

2. Processes/SVC に関しては、*become* より *go* や *get* の方が結び付きが強い。*go* の場合、*when it goes wrong* など、悪い状況になるという意味合いで使われる用例が多い。結び付きは強いが使われ方に偏りがある。*get* の場合は、*they got quite excited.* のように心理変化を表現する用例が多く見られ、生起頻度も *become* より高い。典型的な動詞として教育的に選定する場合は、他の構文への拡張性も高いことをふまえ、*get* を選定する方が適切だろう。

3. Location/SV に関しては、*be* より *exist* や *live* の方が結び付きが強い。*exist* は結び付きは強いかもしれないが、基本動詞としては扱いにくく頻度も低い。*live* は基本動詞として問題ないが、構文の拡張性に関しては *be* の方が柔軟で *be in trouble, be in heaven* など、場所表現から状態や比喩表現にまで発展性が見込め、生起頻度も高く、教育的価値を考え *be* の方を選定すべきと判断した。

6. Emotion/SVO は、*like* より *want* や *need* の方が結び付きが強い。*want* も *need* も話し言葉でよく使われる動詞で話し言葉らしさが出た結果と解釈できる。生起頻度を確認しても *like* より *want* の方が多いことから、*want* を典型的な動詞として採用する方が適切だろう。構文の拡張性を考えた場合でも、*want you to* と依頼表現へ拡張できる拡張性は *like* と同じで、品詞転換 (conversion) パタンを指導する際にも、*like*（前置詞）同様、*want*（名詞）を紹介でき効果的と言える。

9. Action/SVO については、*break* より *read* の方が結び付きが強い。ただし、Action/SVO を指導する際には、*read* を採用すると、心理面への力のかかり具合いを説明することになるため、学習初期の学習者に典型的なものとして指導するとなると扱いにくい。*break* は典型的で Action/SVO の概念を指導しやすい動詞だが生起頻度が低いことが問題となる。また、自動詞や句動詞 (e.g., *break out*) の形で出現することが多い。そこで、Odds ratio は相対的に低いが、SVOC の構文や使役構文等にも拡張できる *make* を選定する方が教育的とした。

最後に 13. Communication/SVO に関してだが、*say* より *explain* や *mention* の

方が結び付きが強い。これは、ICE-GB R2 Corpus の話し言葉にアカデミックな表現が散見されることから、formal な話し言葉が多く見られる傾向にあると解釈できる。教育的には、より基本的な *say* を典型的なものとして提示し、発展形で formal な表現を紹介する際に *explain* を紹介する方が適切だろう。

5. 結論

ICE-GB R2 Corpus の調査結果と教育的配慮を含め典型的な構文を指導するために適した動詞を選定すると以下のようにまとめられる。1. States/SVC (*be*)、2. Processes /SVC (*get*)、3. Location/SV(*be*)、4. Object-motion/SV (*go*)、5. Possession/SVO (*have*)、6. Emotion/SVO (*want*)、7. Perception & Cognition/SVO (*see*)、8. Mental/SVO (*think*)、9. Action/SVO (*make*)、10. Self-motion/SV (*go*)、11. Caused-motion/SVO (*put*)、12. Transfer/SVO (*give*)、13. Communication/SVO (*say*)。

今後の課題として、(1) 構文同定作業の際、品詞、文法、意味タグを利用しより精緻に構文を確認する研究方法を探ること、(2) 各構文の意味の性質に関連して各動詞の時制と相にある程度傾向が見られると予想されるため、その視点からより精緻に典型的な構文と動詞の特徴を確認すること、の 2 点が挙げられる。

謝辞

本研究は JSPS 科研費・基盤研究 C（課題番号 15K02737）の助成を受けたものである。

注

* 本論文は、2014 年 9 月 4 日 英国 Warwick 大学で行われた第 47 回英国応用言語学会 (BAAL) での口頭発表 *"Extended canonicity of event schemata in the spoken English corpus."* を加筆修正し論文にしたものである。
1. 表 1 典型的な構文とその特徴は、能登原 (2014, p.114) の典型的なイベントスキーマと文型の参与者役割配列の記述を一部修正したもの (e.g., 12. Transfer schema, 13. Communication schema の A-R-T を A-T-R へ) である。

References

Bergen, B., & Chang, N. (2005). Embodied construction grammar in simulation-based language understanding. In J. Östman & M. Fried. (Eds.), *Construction grammars: Cognitive grounding and theoretical extensions* (pp. 147–190). Amsterdam: John Benjamins.

Bergen, B, & Chang, N. (2013). Embodied construction grammar. In T. Hoffmann, & G.Trousdale. (Eds.), *The Oxford handbook of construction grammar* (pp. 168–190).

Oxford: Oxford University Press.

Bybee, J. (2010). *Language, usage and cognition.* Cambridge: Cambridge University Press.

Gibbs, R. (2005). *Embodiment and cognitive science.* Cambridge: Cambridge University Press.

Gries, S.Th., Hampe, B., & Schönefeld, D. (2005). Converging evidence: Bringing together experimental and corpus data on the association of verbs and constructions. *Cognitive Linguistics, 16*, 635–676.

Gries, S.Th., Hampe, B., & Schönefeld, D. (2010). Converging evidence II: More on the association of verbs and constructions. In J. Newman & S. Rice (Eds.), *Empirical and experimental methods in cognitive/functional research* (pp. 59–72). Stanford, CA: CSLI.

Gries, S.Th. & Stefanowitsch, A. (2004). Extending collostructional analysis: A corpus-based perspectives on 'alternations'. *International Journal of Corpus Linguistics 9*, 97–129.

Gries, S.Th. & Stefanowitsch, A. (2010). Cluster analysis and the identification of collexeme classes. In J. Newman & S. Rice (Eds.), *Empirical and experimental methods in cognitive/functional research* (pp. 73–90). Stanford, CA: CSLI.

Hampe, B. (2013). Discovering constructions by means of collostruction analysis: The English denominative construction. In L.A Janda. (Ed.), *Cognitive linguistics: The quantitative turn* (pp. 142–175). Berlin: DeGruyter Mouton.

Langacker, R.W. (1987). *Foundations of cognitive grammar. Volume I Theoretical prerequisites*. Stanford, CA: Stanford University Press.

Nelson, G., Wallis, S., & Aarts, B. (2002). *Exploring natural Language: Working with the British component of the international corpus of English.* Amsterdam: John Benjamins.

Nelson, G. (2006). *The international corpus of English. The British component. ICE-GB. Release 2* [Software]. Available from http://www.ucl.ac.uk/english-usage/projects/ice-gb/index.htm

Radden, G. & Dirven, R. (2007) *Cognitive English grammar.* Amsterdam: John Benjamins.

Schmidt, H. & Küchenhoff, H. (2013). Collostructional analysis and other ways of measuring lexicogrammatical attraction: Theoretical premises, practical problems and cognitive underpinings. *Cognitive Linguistics, 24*, 531–577.

Stefanowitsch, A. & Gries, S.Th. (2003). Collostructions: Investigating the interaction of words and constructions. *International Journal of Corpus Linguistics, 8*, 209–

243.

Stefanowitsch, A. (2013). Collostructional analysis. In T. Hoffmann, & G.Trousdale. (Eds.), *The Oxford handbook of construction grammar* (pp. 290–306). Oxford: Oxford University Press.

長谷部陽一郎. (2013).「第 10 章 認知言語学とコーパス」森雄一・高橋英光（編著）『認知言語学基礎から最前線へ』(pp. 231–256). 東京：くろしお出版.

能登原祥之. (2009).「収斂型コンコーダンスの教育効果 −日本人英語学習者（大学生初級・中級）の場合−」『広島大学大学院教育学研究科紀要 第二部』第 58 号, 165–174.

能登原祥之. (2014).「話し言葉に見られる典型的なイベントスキーマと文型」『中国地区英語教育学会研究紀要』第 44 号, 107–116.

『パストン家書簡集』における *since*[*]

平山 直樹

尾道市立大学

要約

　15世紀の書簡集『パストン家書簡集』の中の *since* は、*because* と同様に理由を表す節を導く接続詞として使用されている。しかし、*because* と異なり、多くの例が時を表し、接続詞としてだけでなく、副詞、および前置詞として使用されている。

　既に米倉（2000）において、文法化の観点から当該接続詞の意味特徴の大枠が指摘されているが、本稿では、どのような場合に本書簡集において *since* が理由の接続詞として使われ、また、どの程度にその用法が定着しているのかを検証する。また、これにより15世紀における *since* の意味と用法の発達の度合いの一端を明らかにする。

　従属接続詞の *since* を検証する際、Hopper and Traugott（1993）の文法化、および Traugott（1995）の主観化の考えを基盤とする。ここでは、手紙の書き手が主節の命題内容に対してその根拠を示そうとする場合に、文法化、主観化の度合いが進んだ、理由を表す *since* を使うと考える。なお、*since* の意味に関わる文法的・意味的な特徴を捉えるために、主節および *since* 節における主語の人称や動詞の時制などの命題内容条件、*since* 節の位置や主節のタイプに関わる条件、そして、手紙のジャンルや文体などの語用論的条件をそれぞれ設定して検証する。

1. はじめに

　手紙の中では、依頼、陳情、選択、約束などが相手に対して示される。その際、説得力を持たせるために、しばしば理由が重要となる。15世紀の英語で書かれた手紙を収録した『パストン家書簡集』においても、*for*、*because*、*since* などに導かれる節でしばしば理由が表される。

　本稿では、その内の *since* に焦点を当て、それらが接続詞としてどの程度発達しているか、また、現代英語とどの程度に使い方が異なるのかを明らかにする。2012年12月2日に広島大学で開催された中世英語英文学会においては、本書簡集内の *because* 節に焦点を当て、理由節を導く場合は、時と理由の両方を表す *since* に比べて理由のみを表す *because* の方が圧倒的に多く使われていることを示した。

以下では、この結果を踏まえて、時、および理由を表す *since* の意味が、『パストン家書簡集』においてどのように揺れ動いているのかを、文法化、および主観化の観点から調査する。

なお、テクストは、Norman Davis により編集された、パストン家 4 世代の人々が書いた手紙が収録されている第 1 巻、および、パストン家の人物宛てに書かれた手紙が主に収録されている第 2 巻を用いる。

2. *OED* による *since* の形態・品詞の分類、および接続詞 *since* の定義

since には、接続詞用法の他に、元来の副詞、および前置詞の用法がある。ここではまず、*since* の全ての用法を含めて、*OED* に従って歴史的に概観する。まず、*OED* の見出し語だけでも、*since* には(1)に示した 5 種類の異形が存在する。異形毎に初例の年代を見ると、(1a) sithen の形の副詞用法が最も古く、831 年が初例となっている。現代と同綴りの(1e) since の形は、副詞、および接続詞として 1450 年が初例であり、最も新しい形である。なお、『パストン家書簡集』においては、(1e) since の形は 144 例中 7 例と少なく、(1a) sithen（144 例中 12 例）や(1b) sith（144 例中 30 例）の形の方が多い。

次に、(1)の枠で囲んだ接続詞の部分のみに注目し、*OED* に基づき、「時間関係」、および「因果関係」[1] の定義の初例の年代を(2)に書き出した。ここから、時間関係を表す意味の方が古いことが見て取れる。また、因果関係を表す意味では、それぞれの異形の初例が 1200 年から 1450 年となっている。よって、『パストン家書簡集』に収録された手紙が書かれた 15 世紀は、*since* が因果関係を表す接続詞として定着しつつあった頃であると言える。

(1) *OED* における *since* の各異形の副詞、前置詞、接続詞の初例年代

    (a) sithen   *adv.* 831   *prep.* 1122   *conj.* 888
    (b) sith   *adv.* 950   *prep.* 1275   *conj.* 950
    (c) sin   *adv.* 1330   *prep.* 1300   *conj.* 1300
    (d) sithence   *adv.* 1377   *prep.* 1483   *conj.* 1377
    (e) since   *adv.* 1450   *prep.* 1515   *conj.* 1450

(2) *since* が接続詞である場合の *OED* における各異形の各定義の初例年代

    (a) sithen   時間関係 888   因果関係 1200
    (b) sith   時間関係 950   因果関係 1340
    (c) sin   時間関係 1300   因果関係 1300
    (d) sithence   時間関係 1557   因果関係 1377
    (e) since   時間関係 14..   因果関係 1450

3. 米倉（2000）による先行研究と課題

　米倉(2000: 27)は、Traugott and König(1991)、および Hopper and Traugott(1993)が接続詞 *since* の意味を(3)のように 3 つに分類して、これらが「語用論的強化」（pragmatic strengthening）による共時的な多義性である一方で、歴史的発達の順序にもあてはまるものであると主張していることに着目した。そして、それらの分布を、いくつかのテクストに基づき、古英語、初期中英語、後期中英語、初期近代英語において調査している。なお、(3a)は接続詞 *since* の本来の意味で時間を表す「時間関係（temporal）」、(3b)は時間を表しながらも原因や理由を含意する「時間関係・因果関係（temporal/causal）」、(3c)は原因や理由を表す「因果関係（causal）」の意味である。本稿も、この *since* の意味の分類を採用する。

(3) a. I have done quite a bit of writing *since* we last met. (temporal)
　　b. *Since* Susan left him, John has been very miserable. (temporal/causal)
　　c. *Since* I have a final exam tomorrow, I won't be able to go out tonight. (causal)
　　　　　　　(Traugott and König 1991 vol. I, 194-5, Hopper and Traugott 1993: 74)

　また、米倉（同書 49）は、このような発達が、Traugott（1982, 1988, 1989）による言語の文法的・意味的発達の一方向性に当てはまるかについて考察している。この一方向性とは、元々時間を表す前置詞または副詞として使われていた *since*（propositional）が、古英語から中英語期にかけて、次第に 2 つの節の時間関係を示す接続詞として用いられるようになり（textual）、さらに中英語後半になって、因果関係という話者の主体的な態度を表す意味（expressive）を発達させたという捉え方である。

　しかし、接続詞としての *since* の意味発達に関しては、古英語から既に主体的意味である因果関係の意味を含んでいたことが Quirk and Wrenn (1957: 100-101)により指摘され、また、米倉自身（同書 31-34）も Beowulf においてそのような例を確認していたため、Langacker（1998）の説明に従い、次のような捉え方が妥当であるとした。すなわち、まず、接続詞 *since* は、古英語において本来的に客体的意味と主体的意味の両方を含んでいた（「時間関係」、および「時間関係・因果関係」の意味で使われていた）。次に、古英語から初期中英語において客体的意味を減少させると同時に主体的意味を増加させた（「因果関係」の意味でも使われるようになった）。そして、後期中英語において更に主体的意味を増加させて慣習化させた（「因果関係」の意味が定着した）ということである。

　米倉は、以上のような *since* の歴史的発達に関する観点から調査を行い、『パストン家書簡集』に関しては(4a)~(4c)のような調査結果を示している。

(4) 米倉（2000: 45-46）による『パストン家書簡集』の調査結果
   a. 「時間関係」の場合は *since* 節中の動詞は過去形。また、*come*、*depart*、*go*、*enter* などのような、変移動詞が使われる。
   b. 「因果関係」の場合は *since* 節中の動詞は現在形。また、「主節で命令形が使われている例は見られない」（同書46）。[2]
   c. 「因果関係」の意味が既に確立していた後期中英語にありながら、同時代の Malory と異なり、本書簡集では「時間関係を表す接続詞 *since* の方がはるかに多く用いられている」（同上）。「これは、ジャンルや文体の相違によるとも考えられる」（同上）。

以上の先行研究を踏まえて、(5)のような研究課題を設定した。

(5) 研究課題
1. 中間段階の「時間関係・因果関係」を表す *since* は『パストン家書簡集』で確認されるか。その場合、*since* 節の位置（文頭・文中・文末）も含め、文法的、または意味的にどのような特徴を持っているか。
2. 本書簡集における *since* は、なぜ当時の意味発達の流れに反して「時間関係」を表す方が多いのか。接続詞 *because* との言語緊張が見られるか。また、*since* の前置詞、および副詞用法の影響は見られるか。逆に、どのような場合に接続詞 *since* は「因果関係」を表すのか。
3. ジャンル、およびテクストの文体により、意味の分布に差が見られるか。

4. 調査方法

本稿における *since* の意味発達の調査は、(6a)の Hopper and Traugott（1993）による「文法化」、および(6b)の Traugott（1995）による「主観化」という考えに基づく。文法化とは語彙的要素の文法的要素への変化、または文法的要素の他の文法的要素への更なる変化を指し、主観化とは語彙や文法形式が客観的意味から話し手（書き手）の判断に基づく意味に変化することを指す。また、この考え方は、情報構造の考えとも相互補完的なものである。この考えの反映と思われるが、上の(3a)の時間的意味の例では、*since* 節が文末にあり、文法化、主観化が進んでない段階で、情報的にも新情報で重いものとなっている。それに対して(3b)と(3c)において、*since* 節は文頭に現れており、旧情報で比較的軽い情報を示すために用いられている。これらは、話し手（書き手）が主節において主観的な見解を示すための前提となっている。

(6) 文法化・主観化
(a) [G]rammaticalization is usually thought of as that subset of linguistic changes through which a lexical item becomes a grammatical item, or through which a grammatical item becomes more grammatical. (Hopper and Traugott 1993: 2)
(b) '[S]ubjectification' refers to a pragmatic-semantic process whereby 'meanings become increasingly based in the speaker's subjective belief state/attitude toward the proposition', in other words, toward what the speaker is talking about. (Traugott 1995: 31)

　このような考えに基づき、下の図に示した構造ごとに、(7)に *since* を含む文を調査するための条件をそれぞれ設定した。それらは、図においては 1 に示した主節、および *since* 節における主語の人称や動詞の時制などの命題内容条件、2 で示した主節のタイプや従属節の位置に関わる条件、そして、3 で示した書き手と受け手の対人関係や手紙のジャンルなどの語用論的条件である。

(7) *since* を含む文を調査するための条件
 1. 命題内容条件
　i) 主節
　　a) 主語の人称　　b) 動詞の時制　c) 動作動詞・状態動詞　d) 法助動詞
　　e) 副詞
　ii) *since* 節
　　a) 主語の人称　　b) 動詞の時制　c) 動作動詞・状態動詞　d) 法助動詞
　　e) 副詞
 2. 節のタイプに関わる条件
　　a) 接続詞、または文をつなぐ副詞（*wherefore*、*and*、*or*、etc.）
　　b) 文修飾副詞（*certainly*、*surely*、etc.）
　　c) *since* 節の文内での位置（文頭（initial）、文中（medial）、文末（final））
　　d) 認識を表す上位の節（*I think (that)*、*I suppose (that)*、etc.）
　　e) 主節に付加される節（*I pray you*、*if* 節、*though* 節、etc.）
 3. 語用論的条件
　　a) 書き手　　　b) 受け手　　c) 世代　　　d) 手紙のジャンル
　　e) 主節の文体的特徴（*since* 節との関係性）

³　書き手⇒ 〔 ² 主節 [¹ 命題内容], ² *since* 節 [¹ 命題内容] 〕 ⇒受け手

図　*since* 節が使用される環境

5. 調査結果

　Norman Davis 編集の『パストン家書簡集』においては、(8)に示した 34 種類の *since* の異形が存在した。以下、これらを含む用例を扱う。

(8) sen, sene, sens, seth, seethe, sethen, sethens, sethin, sethny, sethyn, sin, since, sith,

sithe, sithen, sithens, sithon, sithyn, son, swn, swynne, syn, syne, syness, syns, synse, synys, syth, sythe, sythen, sytht, sythyn, sythynnys, sythyns

5.1 命題内容条件
5.1.1 動詞の時制

表1は、米倉（2000）の分類に従って、動詞の時制ごとに、*since* の意味を筆者が分類したものである。[3] *since* 節内の動詞が過去時制であると、過去の事実を起点として提示するため、時間関係を表すことが多く、過去時制の場合のほとんど（89%）が時間関係を表す。一方で、*since* 節内の動詞が現在時制の場合、全ての例が因果関係を表す。

(9)は過去時制の動詞との共起で時間関係を表す例である。ここで使われている'syn ye departyd'に類する「あなたが去った時から」という意味の *since* 節は、本書簡集に頻出する表現であり、相手に明確に伝わる客観的な過去の起点を与えている。このような表現は全部で18例見られた。一方(10)は現在時制の動詞との共起で因果関係を表す例である。ここで使われている'it is so that'もまた本書簡集の頻出表現であり、これが *since* 節内で使われる例は全部で6例見られた。*it is so that* は、書き手が *that* 以下の内容を肯定することを表す表現である。*since* がこのような主観を含意する慣用的表現を導く場合、主節の前に出現して、主節で述べる事柄に対する理由を与えていた。このような表現は、因果関係を表す *since* の定着に貢献していると考えられる。また、(11)は、本書簡集で1例のみ見られた、時間関係・因果関係を表す *since* 節の両義的な例である。まず、*since* 節内の動詞が動作動詞 *depart* の過去形であり、その *since* 節が主節の後に位置することから、起点を提示して時間関係を表していると考えられる。それと同時に、文脈から、主節の内容に *since* 節の内容が因果的にも影響していると考えられる。以上より、この例は「あなたが去るとともに私の楽しみが去った時から（去ったので）、私の命は何の役にも立たない」と時間関係を表しながらも、因果関係の含意を伴う読みが可能である。

表1 *since* 節内の動詞の時制による意味の分布 [4]

	時間関係	時間関係・因果関係	因果関係	total
infinitive [5]	0	0	5(100)	5(100)
present	0	0	19(100)	19(100)
present perfect	1(17)	0	5(83)	6(100)
past	102(89)	1(1)	11(10)	114(100)
total	103(72)	1(1)	40(28)	144(100)

(9) I have delyueryd your older sonne[son] xx(= 20) mark that I have receyvyd of Richard Calle, and I kowd[could] get nomore[no more] of hym ***syn*** ye <u>departyd</u>.

(No. 175, ll. 18-20)[6]

(10) And *sythe* it is so that God hathe purveyd me to be the solysytore[solicitor] of thys mater, I thank hym of hys grace for the good lordys, mastyrs, and frendys that he hathe sent me, whyche haue parfytely[perfectly] promysyd me to take my cause as ther[their] owne. (No. 384, ll. 19-22)

(11) For when I cownt and mak a reknyng[reckoning]
　　Betwyx[Between] my lyfe, my dethe, and my desyer,
　　My lyfe, alas, it seruyth[serves] of no thyng,
　　Sythe wyth your pertyng[parting] depertyd my plesyer[pleasure]. (No. 351, ll. 15-18)[7]

5．1．2　他の品詞の影響

　米倉（2000: 46）が指摘するように、同時代の Malory と異なり、本書簡集における接続詞 *since* は、因果関係を表すものより時間関係を表すものの方が多い。これには、時間関係を表す前置詞、および副詞の頻度の影響もあると考えられる。表 2 で、時間関係を表す前置詞、副詞、接続詞の例を合わせると 215 例となる。それに対して、因果関係、および時間関係・因果関係を表す例は、合わせて 41 例と非常に少ない。つまり、全ての品詞を含めると、本書簡集において、*since* という語は、通常、時間関係を表すために使われる語であるとも言うことができる。

表 2　*since* の各品詞毎の分布

接続詞	接続詞	接続詞	前置詞	副詞
因果関係	時間関係・因果関係	時間関係	時間関係	時間関係
40 例	1 例	103 例	66 例	46 例
因果関係、時間関係・因果関係：41 例		時間関係：215 例		

5．2　節のタイプに関わる条件

5．2．1　*since* 節の文内での位置

　ここでは、*since* 節の文内での位置が、どの程度意味に関わってきているのかをまとめる。表 3 は、*since* 節が主節の前にある場合を「文頭（initial）」、主節に挿入される場合を「文中（medial）」、そして、主節の後にある場合を「文末（final）」とした場合の意味の分布を示したものである。なお、米倉（2000）では *since* 節の位置に関する指摘はない。

　現代英語において、Swan（2005: 67）は、既知の理由を表す場合は *since* 節が使われ、それらは文頭に位置しやすいことを指摘している。本書簡集において

も、since 節が因果関係を表す場合は文頭に置かれることが多い。(12)では、前出の内容を受ける'thus'が使われており、現代英語同様、文頭の since 節が既知の理由を表している。一方、時間関係を表す場合は、since 節内の内容は起点を提示する重要な新情報となるため、(13)のように文末に置かれることが多い。また、(14)は文中で時間関係を表す since 節の例であるが、変移動詞（go、come、depart など）の過去形がこのような例ではよく使われる（表 3 中の「文中」20 例中 12 例）。ここで、ある人物がどこかへ移動したという内容は、手紙の中で前提となりやすく、情報性が薄くなりやすいので、それよりも重要な別の内容の方が文末で焦点化されると考えられる。つまり、(14)の since 節内の「女王がノーフォークに来た」という情報は、手紙のこれ以前の部分で既に述べられているため、書き手にも受け手にも旧情報となり、それよりも重要な新情報である女王の発言内容を文末に置いて際立たせているのである。

表 3　since 節の文内での位置による意味の分布

	時間関係	時間関係・因果関係	因果関係	total
文頭（initial）	5(16)	0	26(84)	31(100)
文中（medial）	15(75)	0	5(25)	20(100)
文末（final）	83(89)	1(1)	9(10)	93(100)
total	103(72)	1(1)	40(28)	144(100)

(12) Wherfore, **sith** it is <u>thus</u>, I beseche your maistership[mastership] disdeigne[disdain] not. (No. 494, ll. 13-14)

(13) I haue been ryght seek[sick] a-yen[again] **sythe** I wrote to yow last. (No. 366, l. 26)

(14) The Quene … seyth[says] be[by] here[her] trowth[truth] she sey[saw] no jantylwomman **syn** <u>she come[came] into Norfolk</u> þat she lykyth[likes] better þan she doth[does] here[her]. (No. 146, ll. 13-16)

5.2.2　上位節との関係

　上位節がある場合は、since は時間関係を表すことが多くなる。(15)は for 節内、(16)は because 節内で since 節が使われる例であるが、両方の理由を表す節内で、since 節は時間に言及し、主観的で不確定である理由の基礎を固める前提条件となっている。どちらもマーガレット・パストンによる手紙であるが、(15)では夫であるジョン・パストン 1 世に対して、'I hadde non of ȝow syn …'という表現を使って早く手紙が欲しかったことを述べ、(16)では、'I thynk long seth …'という表現を使って息子に手紙を催促している。このように、長い時間話していない、または会っていないことを感じさせる場合、since は時間関係を表すために使われていた。また、(17)のような、上位節に因果関係の since、その節内に時間関

係の since がそれぞれ使用される例も見られた。(15)、(16)同様、理由を表す since 節内にある（2 番目の）since 節は時間関係を表し、主観的な理由節に客観的な基盤を与えている。

(15) I thanke ȝow[you] hertely for my lettyr, <u>for</u> I hadde non[none] of ȝow **syn** I spake[spoke] wyth ȝow last for þe matyr[matter] of Jon Mariot. (No. 124, ll. 6-7)

(16) [A]nd also I pray yow send me an ansswere of thys lettyr <u>be-cause</u> I thynk long **seth** I hard[heard] from yow. (No. 221, ll. 47-48)

(17) And **seth** it hath be[been] kept ordynarylye[ordinarily] **seth** my maister began to kepe house thys l(= 50) yeere almoste, and when he hath be absent beyond see[sea], &c., hyt ought be(= to be) more redelyere be [8] doon and made vpp whyle he ys present. (No. 572, ll. 15-18)

5. 3　語用論的条件
5. 3. 1　書き手の世代

　パストン家 4 世代の世代別の書き手の名前を表 4 に示した。彼らは元々農夫であったが、第 1 世代のウィリアム・パストン（1 世）から法律を身に付け、土地所有に関して大きな力を持つようになり、所有地を増やしていった。そして、貴族と同等の領主層であるジェントリという階層へと上り詰めた。

　この世代分けに基づき、表 5 では、パストン家の人々が書き手である第 1 巻で使われている since（全 91 例）に着目して意味を分類した。ここで、ある程度の用例のある第 2 世代と第 3 世代に着目すると、わずかな差ではあるが、第 2 世代では時間関係の割合が高いのに対して、第 3 世代では因果関係の割合の方が高い。また、表の一番下に示した because に着目すると、第 2 世代と比較して第 3 世代では割合が低下している。ここで、因果関係を表す since の割合の上昇（31%→63%）と、同じく因果関係を表す because の割合の低下（72%→26%）の間に関係があるとも考えられる。しかしながら、手紙のジャンルや、男女の差、文体的特徴など、他の要因も考える必要があるだろう。

表 4　パストン家の世代別の書き手

世代	書き手
第 1 世代	William Paston, Agnes Paston
第 2 世代	John Paston I, William Paston II, Margaret Paston
第 3 世代	John Paston II, John Paston III, Edmond Paston II, William Paston III, Margery Paston
第 4 世代	William Paston IV

表5 パストン家の人々が用いた *since* の意味の世代別分布

意味＼世代	1	2	3	4	total
時間関係	0	48(65)	26(35)	0	74(100)
因果関係	1(6)	5(31)	10(63)	0	16(100)
時間関係・因果関係	0	0	1(100)	0	1(100)
total	1(1)	53(58)	37(41)	0	91(100)
because（因果関係のみ）	1(2)	47(72)	16(26)	1(2)	65(100)

5.3.2 ジャンル

　Norman Davis 編集のテクストには、通常の手紙以外の文書の場合、嘆願書（petition）、遺書（will）、メモ（memorandum）、目録（inventory）などというジャンルが示してある。これに基づいて例を集計した結果、表6のように全体の144例中139例が通常の手紙（表中の letter）に集中していることが明らかになった。しかし、他のジャンルの用例が極めて少なかったため、ジャンル別の *since* の意味分布を捉えるまでには至らなかった。第2世代のジョン・パストン1世が通常の手紙の他、嘆願書をはじめ様々なジャンルの文書を書いていたのに対し、他の人物が通常の手紙を主に書くのみであったことも、その原因であると考えられる。

表6　ジャンル別の *since* 節の分布

	letter	declaration	memorandum	statement	verse	will	total
since	139	1	1	1	1	1	144(100)

5.3.3 主節の文体的特徴

　ここでは、前節（5.3.2）で見た文書のジャンルでは捉えられない条件である、主節の文体的特徴と *since* の意味の関係について考える。そのために、*since* 節がどのような場面で使われているかを、表7のように分類した。すなわち、相手に行動を促す「お願い・命令」、書き手の主観的な推測を表す「書き手の見解」、それ以外で、主に出来事や状態などを報告する「その他」である。ここでは、主節が「お願い・命令」の場合、因果関係を表す *since* の割合が非常に高い (92%)。(18)は、*I pray you* を使った丁寧な懇願の例である。書き手は、主節の前に置かれる *since* 節が相手も知っている理由を示すという性質を巧みに使っている。[9] つまり、相手からすでに受けている好意に言及して感謝を暗示しながらも、それを足掛かりにして、上手に次のお願いをしているのである。米倉（2000: 46）は、本書簡集において、因果関係を表す *since* 節と共起する場合、「主節で命令形が使われている例は見られない」と述べている。しかし、主節の文体的特徴に着目することにより、*since* 節で理由を示す場合、直接的な命令文は使われないものの、手紙で使われる *I pray you* に類する懇願表現が主節としてよく使われ

ていることがわかった（表7「お願い・命令」の「因果関係」11例中7例）。

表7　主節の文体的特徴別 since の意味の分布

	時間関係	時間関係・因果関係	因果関係	total
お願い・命令	1(8)	0	11(92)	12(100)
書き手の見解	8(44)	0	10(56)	18(100)
その他	94(82)	1(1)	19(17)	114(100)
total	103(72)	1(1)	40(28)	144(100)

(18) But, sere, *syn* ȝe have shewed me so kyndely ȝoure gode maystership I preye ȝou I may have ȝoure felaship[fellowship] redy at a nothir[another] tyme to helpe to execute a commission touching Blake. (No. 580, ll. 16-18)

6. おわりに

　以上、『パストン家書簡集』において、文法化・主観化の観点に立って条件を設定し、*since* の意味の分布を調べた。その結果は以下の3点に集約される。

研究課題1に対する答え：
中間段階の「時間関係・因果関係」の *since* の例は、本書簡集において、わずか1例ながら、(11)に挙げた例が確認できた。まず、*since* 節内の動詞が動作動詞 *depart* の過去形であり、その節が主節の後に位置するという文法的要因から、当該 *since* 節は起点を提示する「時間関係」の意味を表していると考えられた。それと同時に、文脈を考慮すると、*since* 節の内容が主節の内容に因果的にも影響していた。このようにして、(11)の *since* 節においては、「時間関係」だけでなく、「因果関係」の含意も読み取ることができた。

研究課題2に対する答え：
当時既に *since* の「因果関係」の意味が確立していたにもかかわらず、本書簡集において「時間関係」の意味を表す例が多いのは、まず、手紙に頻出する *since you departed* に類する節のように、*since* 節内の動詞が過去形で、過去の事実を起点として示すことが多いためであった。加えて、表2で確認した時間に言及する *since* の前置詞、および副詞用法の頻度の高さの影響もあると考えられた。逆に、例は少なかったが、慣用的な表現を含む *since it is so that* のように、*since* 節内の動詞が現在形である場合、全て「因果関係」の意味で用いられていた。また、*since* 節の位置に着目すると、既知情報として主節の前に置かれた場合、*since* 節は文法化、主観化が進んだ「因果関係」の意味をよく表していた。さらに、世代に着目すると、第2世代から第3世代にかけて、「因果関係」の割合が上昇していた。それとともに「因果関係」のみを表す接続詞 *because* の割合が低下していた

ことは、興味深い結果であった。

研究課題 3 に対する答え：
Norman Davis によるジャンルの分類からは、since の意味の分布傾向を捉えることができなかった。しかし、since 節と共起する主節の文体的特徴を分類して調査すると、(18)のように主節で *I pray you* に類する表現を使って相手に行動を促す場合に、その理由を述べる「因果関係」の意味の since の割合が高くなることがわかった。つまり、大雑把なジャンル分けではなく、個々の主節における書き手の意図に着目することにより、因果関係を表す since 節が使われやすい環境の一つを明らかにすることができた。

注

[*] 本稿は 2013 年 10 月 19 日に山口大学で開催された、日本英文学会中国四国支部第 66 回大会における発表内容に加筆修正を施したものである。

[1] 時を表す「時間関係」、理由を表す「因果関係」、および以下で扱う両義的な「時間関係・因果関係」という since の意味分類の用語は、米倉（2000）に基づく。

[2] しかし、米倉（2000: 41, 44）は、Chaucer と Malory といった他のテクストに関する調査結果においては、since が因果関係を表す場合、主節が命令形、あるいは *I pray thee* や *I pray you* に相当する表現を伴う命令形と共起することが多いことを指摘している。

[3] 分類の際、since 節の文内の位置、当該節内の動詞の時制、主節との関係性などを考慮した上で、筆者が判断している。以下同様。

[4] 表の括弧内の数値はパーセンテージを表す。なお、小数第一位を四捨五入しているため、合計が 100 パーセントとならない場合もある。以下同様。

[5] infinitive の 5 例は、すべて法助動詞の後に出現する例である。

[6] 例文中、since は強調し、議論に関係する個所に下線を引いた。これらは筆者による。なお、綴りが現代英語と大きく異なり、解読が難しい場合、[ ]によって現代英語綴りを示した。また、現代英語訳が必要な単語については、（ ）によって補足した。以下同様。

[7] この用例はジョン・パストン 3 世による韻文の一部である。4 行目では'my plesyer'を主語とする動詞'depertyd'が前置されている。

[8] 余剰的な *be*。

[9] 既出（5.2.1）の Swan（2005: 67）参照。

Text

Davis, N. (ed.) (1971, 1976). *Paston Letters and Papers of the Fifteenth Century* Parts 1 and 2, Oxford: Clarendon Press.

References

Beadle, R. and C. Richmond (eds.) (2005). "Glossary". In *Paston Letters and Papers of the Fifteenth Century* Part 3. Oxford: Clarendon Press, 193-244.

Gies, F. and J. Gies (1998). *A Medieval Family: The Pastons of Fifteenth-Century England*. New York: Harper Collins.

Hopper, P. J., and E. C. Traugott (1993). *Grammaticalization*. Cambridge: Cambridge University Press.

Kurath, H., M. K. Sherman, and E.L. Robert (eds.) (1952-2001). *Middle English Dictionary*. Ann Arbor: University of Michigan Press.

Langacker, R. W. (1998). "On Subjectification and Grammaticization". In J. P. Koenig (Ed.) *Discourse and Cognition: Bridging the Gap*. Stanford: CSLI, 71-89.

三川基好（訳）（2001）．『中世の家族―パストン家書簡集で読む乱世イギリスの暮らし』（F. Gies and J. Gies (1998). *A Medieval Family—The Pastons of Fifteenth-Century England*）東京：朝日新聞社．

Quirk, R. and C. L. Wrenn (1957). *An Old English Grammar*. London: Methuen.

Searle, J. R. (1969). *Speech Acts: An Essay in the Philosophy of Language*. Cambridge: Cambridge University Press.

社本時子（1999）．『中世イギリスに生きたパストン家の女性たち―同家書簡集から』大阪：創元社．

Simpson, J. A. and E. S. C. Weiner (eds.) (2004). *The Oxford English Dictionary* 2nd ed. CD-ROM Version 4.0, Oxford: Oxford University Press.

Swan, M. (2005). *Practical English Usage*. Oxford: Oxford University Press.

Traugott, E. C. (1982). "From Propositional to Textual and Expressive Meanings: Some Semantic-Pragmatic Aspects of Grammaticalization". In W. P. Lehmann and Y. Malkiel (Eds.), *Perspectives on Historical Linguistics*. Amsterdam / Philadelphia: John Benjamins, 245-71.

---------- (1988). "Pragmatic Strengthening and Grammaticalization". *BLS* 14, 406-16.

---------- (1989). "On the Rise of Epistemic Meanings in English: An Example of Subjectification in Semantic Change". *Language* 65, 31-55.

---------- (1995). "Subjectification in Grammaticalisation". In D. Stein & S. Wrigh (Eds.), *Subjectivity and Subjectivisation*. Cambridge: Cambridge University Press, 31-54.

Traugott, E. C. and E. König (1991). "The Semantics-Pragmatics of Grammaticalization Revisited". In E. C. Traugott and B. Heine (Eds.), *Approaches to*

Grammaticalization. Vol. 1. Amsterdam / Philadelphia: John Benjamins, 189-218.

内桶真二（編）（2007）. *A Concordance to Paston Letters* (CD-Rom). 岡山：大学教育出版.

Visser, F. Th. (1963-73). *An Historical Syntax of the English Language*. 3 parts in 4 vols. Leiden: E. J. Brill.

米倉綽（2000）.「接続詞 since の文法化―後期中英語を中心に―」. 秋元実治（編）『文法化―研究と課題―』東京：英潮社，27-58.

初期近代英語期における付加疑問文について

福元 広二

広島修道大学

要約

初期近代英語期において、付加疑問文にはどのような助動詞と主語が用いられていたのか、また肯定文には否定の、否定文には肯定の付加疑問文というような極性についてはどのような状況であったのか、さらに付加疑問文以外で、相手に同意や確認を求めたりするときには、平叙文にどのような表現が付加されているかを考察する。その結果、付加疑問文で用いられる助動詞としては、be動詞が最も多く用いられ、助動詞 do と法助動詞は、17世紀以降になり付加疑問文として多用されることが明らかになった。次に付加疑問文の極性に関しては、肯定の主文に否定の付加疑問文が付くタイプが最も多く、肯定文に肯定の付加疑問文が付く例も多く見られた。また、示唆疑問文としては、節形式だけではなく、副詞が主文の肯定、否定に関係なく平叙文に付加されている例が見られた。

1. はじめに

　現代英語における付加疑問文は、平叙文に付加疑問文が後続しており、付加疑問文の要素は、助動詞と人称代名詞から成り立っている。その機能については、話し手が聞き手に自分の話しの内容について相手に同意を求めたり、確認することである。Quirk *et al.* (1985)は、形式面から以下のように付加疑問文を4種類に分類している。

(1) Positive + Negative: He likes his job, doesn't he?
(2) Negative + Positive: He doesn't like his job, does he?
(3) Positive + Positive: So he likes his job, does he?
(4) Negative + Negative: So he doesn't like his job, doesn't he?
　　　　　　　　　　　　　　　(Quirk *et al.* 1985: 810-13)

(1)、(2)において、肯定文には否定の付加疑問文が、否定文には肯定の付加疑問文というように極性の異なる付加疑問文が付加されている。付加疑問文が否定の場合には、否定語の縮約形が用いられるのが一般的である。(3)、(4)において

は、肯定文には肯定の、否定文には否定という同じ極性の付加疑問文が後続している。

　付加疑問文は、通時的に見ると、18世紀末ごろに急増し一般的になったと言われている(e.g., Hoffman, 2006; Tottie and Hoffman, 2009)。これは、付加疑問文における助動詞の縮約形がその頃に一般化することも原因の1つであると考えられている。しかし、英語史において、18世紀以前の付加疑問文はどのようなものであったのだろうか。これまで、英語史における付加疑問文の通時的な研究は、Tottie and Hoffman (2009)を除いてほとんどなされていない。

　本稿では、16世紀に始まると言われている付加疑問文の初期の状況を考察する。特に、16、17世紀において、付加疑問文にはどのような助動詞が用いられているのか、また、極性については、Quirk *et al.* (1985)が分類している4つのタイプのうちでどのタイプが多く用いられているのか、また相手に同意や確認を求めるときには、付加疑問文以外に、平叙文にどのような表現が付加されているかを考察する。

2. データ

　Tottie and Hoffman (2009) によると、英語における付加疑問文の最初の例は1495年であり、2番目の例は1556年である。その後16世紀後半に付加疑問文の例が見られることも述べている。つまり付加疑問文は、実質的に初期近代英語期に始まると言ってもよい。

　そこで、本稿では、初期近代英語期の、1550年から1650年までの約100年間に書かれた劇作品をデータとする。1550年から1600年までの16世紀の10作品と、1600年から1650年までの17世紀の10作品の合計20作品を扱う。Tottie and Hoffman (2009)では、16世紀の劇作品しか扱っていないので、本稿ではその後の17世紀の状況も明らかにしてみたい。

3. 付加疑問文における助動詞と主語

　本節では、初期近代英語期の付加疑問文に用いられる助動詞と主語について見ていく。初期近代英語期においては、動詞 do が助動詞としても用いられ始めているが、まだ現代英語のように完全には確立しておらず、否定文や疑問文において do が使われていない例も多くみられる。

(5) I know not in what kind you hold me　(Every Man in his Humour 3.1.5)
(6) what say you, gentlemen?　(Bartholomew Fair 1.3.99)

　法助動詞に関しても本動詞としての用法がまだわずかに残っており、(7)の例

では、will が本動詞として使われており、3人称単数現在の s 語尾が付加されている。

(7) Juliet wills it so.　(Romeo and Juliet 3.5.24)

そのため、初期近代英語期においては、付加疑問文においても助動詞 do や法助動詞の使用がまだ完全には確立していないと考えられる。Tottie and Hoffman (2009)は、16世紀の劇におけるデータから付加疑問文における助動詞の割合を調査している。

表1　**Distribution of Operators in Tags in Sixteenth-century British Drama**

Corpus	be	do	will	have	can	shall	Other
16th century Drama	40%	30%	14%	5%	2%	5%	4%

Tottie and Hoffman (2009: 138)

表1より、16世紀の劇作品において、付加疑問文で最も多く用いられているのは be 動詞であり、全136例のなかでおよそ半数の40%を占めている。次に、助動詞 do が多く30%を占め、その他の法助動詞の割合はかなり少ないことがわかる。

次に、今回の16、17世紀の劇作品での調査結果をまとめると表2のようになる。

表2　16、17世紀の付加疑問文における助動詞の頻度

Corpus	be	do	will	have	can	must
16世紀	12	4	4	8	0	0
17世紀	11	11	5	5	2	1
計　63	23 (37%)	15 (24%)	9 (14%)	13 (21%)	2 (3%)	1 (2%)

表2より、付加疑問文で最も多く用いられているのは、be 動詞であり、全63例のうち23例で約37%である。これは、表1における Tottie and Hoffman (2009) の調査結果とほぼ同様であった。また表2より、助動詞 do の頻度は16世紀ではわずか4例であったのに対し、17世紀では be 動詞の用例と同じ11例に増加

し、合計では 15 例で全体の約 24%になっている。法助動詞の用例は少ないが、16 世紀に比べて、17 世紀ではわずかに増加しており、17 世紀では、16 世紀には見られなかった can と must も付加疑問文で使用されることがわかる。

　次に、付加疑問文の主語に注目してみよう。初期近代英語期においても、現代英語と同様に、主文の主語と付加疑問文の主語の人称代名詞は一致することが一般的であるが、主文の主語と付加疑問文における代名詞が一致していない例が見られる。

(8) Cham goodly rewarded, am I not, do you think?　(Gammer 2.1.11)
(9) Ye have made a fair day's work, have you not!　(Gammer 1.3.43)
(10) You both are married, Lacy, art thou not?　(Shoemaker 5.5.80)
(11) here's goodly 'parel, is there not?　(Jew of Malta 4.4.339)

(8)の Cham は 1 人称代名詞 Ich と be 動詞 am の縮約形であるが、付加疑問文では、人称代名詞 Ich の代わりに I が用いられ、be 動詞と not は縮約されずに、否定の付加疑問文となっている。この時代になると、1 人称代名詞としての Ich はすでに廃れ始めているので、be 動詞と縮約されない場合は、I の方が一般的である。(9)と(10)では、主文と付加疑問文においてそれぞれ異なる 2 人称代名詞が用いられており、(9)では主文の主語である ye が付加疑問文では you になっている。また、(10)では、最初は、You both と複数になっているが、付加疑問文では、呼びかけ語 Lacy と共に、2 人称代名詞の単数形である thou が用いられている。また(11)では、here で始まる文であるが、付加疑問文では、there となっている。

4. 極性

　本節では、付加疑問文における極性について見ていこう。現代英語においては、肯定文には否定の付加疑問文、否定文には肯定の付加疑問文がつくことが一般的である。主節と付加疑問文がそれぞれ肯定文であるか否定文であるかに着目して、4 つのタイプに分類してみると表 3 のようになる。

表3　16、17 世紀の極性毎による付加疑問文の頻度

	肯定―否定	否定―肯定	肯定―肯定	否定―否定	計
16 世紀	18	8	2	0	28
17 世紀	17	3	15	0	35
計	35	11	17	0	63
	(56%)	(17%)	(27%)	(0%)	

表 3 より、最も多いのは肯定―否定のタイプであり、全用例数の半分以上の約 56%はこのパターンである。次に多いのが、肯定―肯定のタイプで 17 例も見られる。特に、17 世紀になってこの肯定―肯定のタイプが急増しており、否定―肯定のタイプよりも多いのは注目すべきである。また、否定―否定のタイプは、1 例も見られなかった。極性に関しては、Tottie and Hoffman (2009)の 16 世紀の劇作品の調査とほぼ同様の結果であった。

4.1. 肯定―否定

　まず、肯定文に否定の付加疑問文が付加されている用例から見てみよう。この肯定―否定のタイプは頻度が最も多い。

(12) Why, this is strange! Is't not, honest Nab?　(Alchemist 1.3.58)
(13) By this good day they fight bravely! Do they not, Numps?
(Bartholomew Fair 5.4.323)
(14) I have heard the strangest news that ever came out of the mint, have I not, Poggio?
('Tis Pity 1.3.30-1)
(15) They bite when they are at dinner, do they not, coz?　(Changeling 1.2.221)
(16) You'd have all the sin within yourselves, would you not? Would you not?
(Bartholomew Fair 5.5.79-80)

(12)、(13)のように、付加疑問文が主文に後続するのではなく、新しい文で始まり、2 つの文に分けられているような例も数多く見られる。つまり、これは「平叙文＋否定疑問文」とみなすこともできるので、付加疑問文の起源は平叙文に否定疑問文が付け加えられた形式であると言えるかもしれない。
　また、(12)から(15)のように、付加疑問文の後に、人名や親族名称の呼びかけ語が共起する例も見られる。さらに、(16)のように付加疑問文が繰り返して用いられ、念を押している用例も見られた。

4.2. 否定―肯定

　次に否定文に肯定の付加疑問文が付加されている例を見てみよう。16 世紀では 8 例みられるが、17 世紀になると 3 例しか見られなかった。

(17) I hope we need no spurs, sir. Do we?　(Alchemist 1.1.159)
(18) It's not he? Is he?　(Every Man in his Humour 4.7.94)
(19) She is not dead, ha? Is she?　('Tis Pity 3.3.5)
(20) You do not except at the company! Do you?　(Bartholomew Fair 2.5.49)

(21) You do not flout, friend, do you?　(Every Man in his Humour 1.2.9-10)

(17) から (20)の例のように、否定―肯定のタイプにおいても、肯定―否定のタイプと同様に、2つの文に分かれているような例が多くみられ、付加疑問文が大文字で始まっている。このタイプでは、否定文に肯定疑問文が後続しているとも考えられる。また、肯定―否定のタイプと同様に呼びかけ語と共起する例も見られ、(21)では、呼びかけ語が付加疑問文の前に挿入されている。

4.3. 肯定―肯定
　肯定文に肯定の付加疑問文が付加される例は全部で 17 例見られた。安藤 (2005: 873)によると、このタイプは共感疑問文や評言疑問文と呼ばれる構文であり、「相手の陳述に対する関心、ときには皮肉・怒りを表すために用いられる」とある。

(22) You stand amazed, now, do you?　(Every Man in his Humour 4.10.29)
(23) You'll bring your head within a cockscomb, will you?　(Alchemist 1.1.115)
(24) you'll go and crack the vermin, you breed now, will you?
　　　　　　　　　　　　　　　　　　　　　　　(Bartholomew Fair 3.5.209)

このタイプにおいて、付加疑問文の主語は 2 人称の you が多く、全 17 例のうち 9 例見られた。このタイプは相手に同意や確認を求めるというよりも、聞き手に対する皮肉や怒りを表す用法であるので、you が多くなるのは当然である。(22) から (24)の例においても、相手に確認しているわけではなく、話し手が怒りを表しながら話しかけている。

4.4. 否定―否定
　今回の 16、17 世紀の劇作品での調査ではこの用例は見られなかった。このタイプは、Salmon (1987)や Tottie and Hoffman (2009)の調査においても 1 例もない。

5. 主語と動詞の省略
　劇は話し手と聞き手との会話であるので、主文が必ずしも文になっていなくても、聞き手に内容が理解できる時は主語と動詞が省略されることもある。それらが省略された場合においても付加疑問文が起こる。

(25) Your cockscomb's, is it not?　(Alchemist 2.3.68)
(26) Master Wellbred! A young gentleman, is he not?

(Every Man in his Humour 1.2.48)

(27) A baker, is he not?　(Bartholomew Fair 1.3.104)
(28) Young Romeo, is it?　(Romeo and Juliet 1.5.61)

(25) から(28)までは、すべて主文の位置には、人物を表す名詞句が来ている。極性に関しては、主文に来ている名詞句は、肯定となるので、付加疑問文は、否定の極性となることが多い。しかし、(28)のように、付加疑問文が肯定の極性となることもある。この場合は肯定―肯定のタイプとなるので、話し手の驚きを表すと考えられる。しかし、この箇所は韻文で書かれているため、not を付け加えると音節数が増えるので、肯定の付加疑問文になっているとも考えられる。

6. 示唆疑問文

　付加疑問文のように、平叙文にある語句を付加して、話しの内容について相手に同意を求めたり、確認するような機能を持つ用例について見ていく。Quirk *et al.* (1985)は、Invariant tag questions という項目で、話し手の言明や感嘆を表すとして、以下のような例を挙げている。このタイプでは主文が肯定文でも否定文でも、極性は関係なく同じ形式となる。

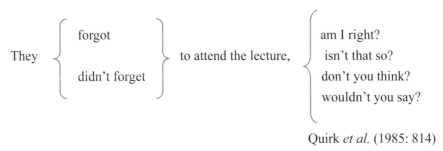

Quirk *et al.* (1985: 814)

　安藤 (2005: 874)はこのタイプを示唆疑問文と呼び、相手の同意を求めるものであるとして次の用例を挙げ、この例では yes の答えが予想されるとしている。

(29) John will be there, I suppose?

初期近代英語期の劇作品からの例を見てみよう。

(30) Lincoln: At Saint Faith's Church, thou sayest?
　　　　Firk: Yes, by their troth.　(Shoemaker 4.5.142)
(31) Master Bailey: Thou wilt not stick to do this, Diccon, I trow?
　　　　　Diccon: No, by my father's skin!　(Gammer 5.2.287-8)

(32) A widow she is, I trow?　　(Ralph 2.3.21)

(30)では、Quirk *et al.* (1985)の例のように、say という動詞が 2 人称人称代名詞と共に用いられているので、相手が yes と答えることが予想される。また(31)、(32)では、1 人称代名詞 I を用いて I trow が付加されており、ここでの意味は安藤(2005: 874)の挙げている I suppose に近い。(31)では否定文に I trow が付加されているので、no の答えが予想される。

　付加疑問文の位置に、主語と動詞という節形式をとるのではなく、then という副詞 1 語が文末に置かれて、相手への確認を表す例もある。

(33)　　Roister Doister: They were not angry, then?
　　　　　Merrygreek: Yes, at first, and made strange　　(Ralph 5.4.3-4)
(34)　　Bara: You will not help me, then?
　　　　 Fern: No, villain, no.　　(Jew of Malta 5.5.361-2)
(35)　　Annabella: You mean good sooth then?
　　　　　Giovanni: In good troth I do,　　('Tis Pity 1.2.256-7)

これらの例では、主文が肯定、否定に関係なく then が用いられている。

7. 結論

　本稿では、初期近代英語期の 16、17 世紀の劇作品における付加疑問文の調査から以下のことを明らかにした。まず付加疑問文で用いられる助動詞に関しては、be 動詞が最も多く用いられ、助動詞 do や法助動詞は 17 世紀以降になり付加疑問文としてしばしば使われるようになった。次に付加疑問文の極性に関しては、Tottie and Hoffman (2009)の調査結果と同様に、肯定の主文に否定の付加疑問文が付くタイプが最も多く、次いで肯定文に肯定の付加疑問文が付く例が多く見られ、聞き手に対する怒りなどの感情が感じられた。また、初期近代英語期では、主文と付加疑問文が 2 文に分かれている例も多く見られた。最後に、付加疑問文と同じような機能を持つ示唆疑問文としては、節形式だけではなく、副詞が主文の肯定、否定に関係なく平叙文に付加されることも観察された。

使用テクスト
1550 年～1600 年
Udall　　　　　　　　　　(1553) Ralph Roister Doister
Norton and Sackville　　　 (1565) Gorboduc
Mr S　　　　　　　　　　 (1575) Gammer Gurton's Needle

Kyd	(1589) The Spanish Tragedy	
Marlowe	(1591) The Jew of Malta	
Greene	(1594) Friar Bacon and Friar Bungay	
Peele	(1595) The Old Wives' Tale	
Jonson	(1598) Every Man in his Humour	
Dekker	(1599) The Shoemakers' Holiday	
Shakespeare	(1599) Romeo and Juliet	

1600年～1650年

Jonson	(1606) Volpone
Heywood	(1607) A Woman Killed with Kindness
Anonymous	(1608) The Merry Devil of Edmonton
Tourneur	(1608) The Revenger's Tragedy
Jonson	(1612) Alchemist
Jonson	(1614) Bartholomew Fair
Beaumont and Fletcher	(1622) The Maid's Tragedy
Middleton and Rowley	(1622) The Changeling
Ford	(1630) 'Tis Pity She's a Whore
Massinger	(1633) A New Way to Pay Old Debts

References

安藤貞雄 (2005) 『現代英文法講義』東京：開拓社.

Hoffman, S. (2006) Tag questions in Early and Late Modern English: Historical description and theoretical implications. *Anglistik*, 17 (2), 35-55.

Quirk, R. *et al*. (1985) *A Comprehensive Grammar of the English Language*. London: Longman.

Salmon, V. (1987) Sentence structures in colloquial Shakespearean English. In V. Salmon and E. Burness (Eds.), *A Reader in the Language of Shakespearean Drama*. (pp. 265-317). Amsterdam: John Benjamins.

Tottie, G. and S. Hoffman (2009) Tag Question in English: The First Century. *Journal of English Linguistics*, 37 (2), 130-161.

Emma における登場人物の内面を描く語彙
—*Mind* を中心に—

松谷 緑

山口大学

要約

18世紀から19世紀の後期近代英語の語彙について、当時の社会的背景を踏まえ、その意味を明らかにするものである。Jane Austen の小説 *Emma* において用いられている *mind* という語を取り上げ、その語自体が持つ意味やコロケーションを分析する。辞書的意味を確認したうえで、人物を描く際に用いられる表現に注目して、*mind* がどういった文脈においてどのような名詞と等位接続するか、あるいは、どのような形容詞との共起があるか観察し、考察する。人物や会話の描写に用いられる抽象語が、文学作品において、価値の重層性を描き出すのに効果的に機能することを指摘し、小説の登場人物の人物像の形成やアイロニーの構築にも貢献していることを明らかにする。

1. はじめに

　文献学的英語学の分野で、18世紀から19世紀の時代の英語については、特に語彙面で明らかにされるべきことがまだ多く残っている。語の意味変化は、語彙体系それ自体の持つ内的・外的な要因もさることながら、社会的な価値観を反映するものである。時代における社会背景や人びとの考えかたといった言語外の要因が言語に与える影響は大きい。

　本稿では、Jane Austen の *Emma* をとりあげ、作品が著された当時の英語の言語体系と社会背景のもと、作家の言語がどのように機能しているのかを *mind* という語に注目して考察する。*Mind* を核として用いられる抽象概念を表す語彙について、そのコロケーションや、当時の英語史的、また、社会的時代背景をふまえて分析する。Jane Austen はその作品において、登場人物のキャラクターを描き分け、時代を生きる女主人公の心理を巧みに読者に伝えるといわれる。当時の社会において求められる女性のたしなみやふるまい方の制約のなかで、理性・道徳・感情の狭間で揺れ動く主人公の心理がどのような言語で構築されているのか、その仕組みの一端でも明らかにできればと考える。

2. Jane Austen の描く女性と *mind*

　Sutherland は、教育における知性とモラルの問題として、*Mansfield Park* に登場する Bertram 姉妹が持つたしなみ(accomplishment)と Fanny が獲得する自己認識との違いについて論じている。(以降、引用文中の下線は筆者による。)

> In its pervasive concern with the relationship between education, manners, and moral judgement, *Mansfield Park* extends the lessons of the schoolroom into the choices formed in adult life, ….
> 　… not only the intellectual but the moral benefits of education will be discerned. It is this discrimination, knowing when and what to remember and when and what to forget, that marks <u>the difference between education as 'accomplishments', which the Bertram girls possess, and as self-knowledge, which Fanny alone possesses</u>. (xiv-xv)

実際、小説の中で、外見(person)ではなくて、"mind"の美しさでもっておじに認められたいのだろうと Edmund が Fanny に言う場面がある。

> Do you want to be told that you are only unlike other people in being more wise and discreet? …. Ask your uncle what he thinks, and you will hear compliments enough; and though they may be chiefly on your person, you must put up with it, and trust to his seeing as much <u>beauty of mind</u> in time. (*MP* 197)[1]

Phillipps は、*mind* という語を Jane Austen の語彙において特に興味深いものの一つとして取り上げている。

> <u>The mind, obviously, has innate qualities</u>….Whereas elegance and accomplishments are embellishments connected with manners and understanding, <u>qualities of *mind* relate to morals</u>, …. *Mind*, in fact, as used by Jane Austen, represents <u>the basic and essential foundation of the whole personality</u>. (61)

人の内面的性質 (innate qualities) のものであるとし、"elegance" や "accomplishments"がマナーや理解力に関わって演出され得るものである一方で、*mind* の表す質は "morals" に関わる人格の重要な基盤をなすものと述べている。

　Emma を読むとき、読者は冒頭で "EMMA Woodhouse, handsome, clever, and rich, …" (*E* 5)と紹介されるが、作家は主人公の容貌を細かく描写するわけではない。しかし、ある意味において、読者は当人自身以上に Emma を知ることになると

Pageは指摘している。ここでも*mind*がキーワードとなっている。

> We know Emma, for instance, intimately as a *mind*: in some respects we know her better than she knows herself; yet of her physical existence we know almost nothing, and the description of the heroine in Chapter 5 of *Emma* is, apart from a reference to her 'hazel eye', remarkably lacking in precise detail.　(57)

　Chapmanは、Jane Austenが用いる*mind*は今日からすると普通でない使われ方をしていること、また、理解力という意味とは区別して使われる可能性を指摘している。

> *mind* is used in ways which would now be unusual: *P* 182 'a disparity . . . in a point no less essential than mind'. It is often distinguished from *understanding*: *SS* 350 'a good mind and a sound understanding'.　*PP* 186 'Her understanding excellent, her mind improved'.　(406)

Ryleは、*mind*について、Jane Austen特有の用い方や定冠詞・不定冠詞の有無を指摘し、この語が単に知力や理解力といった知性のみでなく、知覚し、思考し、感じ、行動する人間を複雑な統合体として捉えた語であるとしている。

> There is one word which Shaftesbury and Jane Austen do frequently use in the same apparently idiosyncratic way, and that a way which is alien to us and, I think, subject to correction, alien to most of the other eighteenth- and early nineteenth-century writers.　This is the word 'Mind', often used without the definite or indefinite article, to stand not just for intellect or intelligence, but for the whole complex unity of a conscious, thinking, feeling and acting person.　(102)

　辞書的定義としては、通時的観点から、*OED*に沿ってみると、次のように記述されており、人の意識・考え・意思・感情の在処であるとする一方で、意思や感情と区別して認知的・知的能力といった意味も示している。

　　Ⅰ．Memory
　　Ⅱ．Thought: purpose, intention
　　Ⅲ．Mental or psychical being or faculty
　　　　17.a The seat of a person's consciousness, thoughts, volitions, and feelings; the system of cognitive and emotional phenomena and powers that constitutes the

subjective being of a person; also, the incorporeal subject of the psychical faculties, the spiritual part of a human being; the soul as distinguished from the body.

18.a In more restricted application: <u>The cognitive or intellectual powers, as distinguished from the will and emotions</u>. Often contrasted with heart.

また、18 世紀から 19 世紀にかけて広く一般に用いられた Samuel Johnson の簡約版辞書では "1. Intelligent power. 2. Liking, choice, inclination; propension; affection. 3. Thoughts; sentiments. 4. Opinion. 5. Memory; remembrancy." といった語を用いて説明されている。

現代英語において、*make up one's mind*、*change one's mind*、*bear in mind*、また、動詞では *never mind* といったコロケーションがイディオムとしてよく用いられる。これらのコロケーションは Jane Austen の作品の中でも見られるが、むしろ、本稿では、キャラクターを描く際に用いられる表現に注目して、*mind* がどういった文脈においてどのようなコロケーションで用いられているかについて考察する。以下、*Emma* のテキストにおける使用を具体的にとりあげる。

3. 人物の内面を意味する *mind*：*person/manner/body/limb* との等位接続にみる

Jane Austen の時代、女性は、その外見の美しさや身だしなみ、才芸で評価されがちであったが、*mind* は *person* と対立する概念として用いられている。すでに紹介した *Mansfield Park* の Edmund の台詞においてもそうであった。Phillipps は、この対立は Samuel Richardson でもよく見られると指摘している(60)。

"Oh! you would <u>rather talk of her person than her mind</u>, would you? Very well; I shall not attempt to deny Emma's being pretty."　(*E* 39)

Copley の *person* の項では次のように説明があり、Marlowe、Swift、Johnson と並んで、Jane Austen からも上記の例が引用されている。

Latin *persona* (player's mask, stage character, person) appears in OF as *persone*, whence ME *persone, persoune*.
Notice the more common use—from Chaucer to the middle of the nineteenth century—of *person* in the sense of *body, physical figure*.　(120-121)

内面と見た目の振舞という意味では、女性について評する次のような Mr. Knightley の台詞もある。

you may be sure that Miss Fairfax awes Mrs. Elton by her superiority <u>both of mind and manner;</u>　(*E* 286-287)

また、身体と精神という意味では、他にも "no material injury accrue either to body or mind" (*E* 247) というコロケーションが見られ、また、次の例では、気持ちと行動という意味で、*limb* と等位接続されている。Frank Churchill が訪ねてこないことについて、Churchill 家の人達のせいではない、23、4歳の男が自分で考え自由に行動できないはずはないと Mr. Knightley が言う場面である。

It is not to be conceived that a man of three or four-and-twenty should not have <u>liberty of mind or limb</u> to that amount.　(*E* 146)

4. 内面的質を描き出すコロケーション

男性の性質を述べている以下の引用では、知的な側面を表す形容詞から派生する抽象名詞 *clearness* や *quickness* と *mind* が共起し、John Knightley が「妻には欠けている」知的な明晰さや鋭さを持っていると読者に印象づける。

Mr. John Knightley was a tall, gentleman-like, and very clever man; …. He was not an ill-tempered man, …. The extreme sweetness of her [his wife's] temper must hurt his. He had <u>all the clearness and quickness of mind which she wanted</u>, and he could sometimes act an ungracious, or say a severe thing.　(*E* 92-93)

同じく男性を描く表現として、次の引用では、Emma の目を通して Mr. Knightley が評されている。Frank Churchill のことで Emma と意見が合わず、Mr. Knightley にしては似つかわしくなく、いつになく感情的になっていると Emma が思う場面である。

To take a dislike to a young man, only because he appeared to be of a different disposition from himself, was unworthy <u>the real liberality of mind</u> which she was always used to acknowledge in him;　(*E* 150-151)

つまり、Emma にとって、普段の Mr. Knightley は "the real liberality of mind" の持ち主で、いつもは寛容で余裕のある人なのである。
男性のうちでも、Mr. Weston の場合は、快活な精神の持ち主として語られる。

[MR. WESTON] had satisfied <u>active cheerful mind</u> and social temper by entering into the militia of his county, then embodied.　(*E* 15)

男性を描くのに用いられる *mind* の使用においてはその語と共起する形容詞が重要で、内面性の具体的資質に触れ、その男性のタイプが読者に伝えられる。

　女性の描写にも、形容詞や抽象名詞とのコロケーションは有効に機能する。次の引用では、Emma が Harriet に Miss Bates と自分との違いについて、収入の乏しい独身の女性としっかりした財産を持つ独身の女性とは全く異なるのだと説く場面で、Miss Bates の *mind* に言及する。乏しい収入は心を委縮させ、貧しいと人は好ましくない傾向に陥りがちだが、ただし、Miss Bates にはそれは当てはまらず、彼女は心の狭い人ではないと言う。加えて、自分については、やるべきことがたくさんあって活発な精神が働き続けると語っている。

> a very narrow income has a tendency to <u>contract the mind, and sour the temper</u>, …. <u>Poverty certainly has not contracted her mind</u>: ….
> 　"If I know myself, Harriet, mine is <u>an active, busy mind</u>, with a great many independent resources; …. Woman's usual occupations of eye and hand and mind will be as open to me then, as they are now; or with no important variation.　(*E* 85)

一方で、Emma は、Frank Churchill が Highbury を去る時、Miss Fairfax や Miss Bates のところへ行ったか尋ねる際は "Miss Bates's <u>powerful, argumentative mind</u> might have strengthened yours." (*E* 260)と、彼女のおしゃべり精神を引き合いにする。

　また、Emma は、Mr. Elton に告白されて、Mr. Elton と自分は親戚筋においても個人としての人となりにおいても不釣り合いだと憤慨し、思いを巡らす。

> —should suppose himself her equal <u>in connection or mind</u>! ….
> 　Perhaps it was not fair to expect him to feel how very much <u>he was her inferior in talent, and all the elegancies of mind</u>.　(*E* 136)

elegancy は Johnson の辞書に "beauty without grandeur" とある。才の面でも上品さの面でもどんなにか彼のほうが劣っているかとはさすがにかなり傲慢な Emma の視点だといえるであろう。心の "elegance" を欠くものとしては、Frank Churchill も "…his indifference to a confusion of rank, bordered too much on <u>inelegance of mind</u>." (*E* 198) と評されている。

　語り手の語りには Emma をやさしく見守るところが感じられる。Emma は Mr. Elton や Martin 家のことで気分が悪く、わずかな慰めを求めて Randalls に立ち寄るが、そこで、Weston 夫妻が不在ですれ違いになると知り、がっかりする。

Her mind was quite sick of Mr. Elton and the Martins….

　… "And now we shall just miss them; too provoking!—I do not know when I have been so disappointed." And she leaned back in the corner, to indulge her murmurs, or to reason them away; probably a little of both—such being the commonest process of a not ill-disposed mind.　(*E* 187-188)

このようなときに、ぶつぶつ言ったり理屈で気持ちを整理しようとしたりするのは、悪い心根ではない人のありがちな行動であろうという。
　次の引用では、Jane Farifax と Miss Campbell が比較され、世間の評価と娘を持つ親の心理が微妙に表現されている。

　The affection of the whole family, the warm attachment of Miss Campbell in particular, was the more honourable to each party from the circumstance of Jane's decided superiority both in beauty and acquirements.　That nature had given it in feature could not be unseen by the young woman, nor could her higher powers of mind be unfelt by the parents.　(*E* 164-165)

Jane の美貌と才芸における優越は娘である Miss Campbell にわからないはずはなく、また、Jane のより高い精神力は親たちに感じられないはずはなかった、だからこそ一層 Jane をひきとり育てた一家の愛情は素晴らしいのであるが、小説において、良縁を得て身を固めるのは Jane ではなく、Miss Campbell である。

5. おわりに

　以上のように、mind は外見や行動と対立させて用いる時、人の「心」であり「精神性」である。その意味するところは、幅広く、コンテクストに大いに依存することも明らかである。例えば、"contract the mind" といった表現や "her higher powers of mind" という場合、「人が判断をする際働かせる総合的な活動の場」ということができる。一方、具体的な形容詞や形容詞からの派生名詞、抽象名詞とのコロケーションで用いられている場合は、それぞれの登場人物の具体的性質が凝縮した表現で描き出されている。しかもその表現を誰が用いたか、つまりその評価が誰の視点によるものかによって、更にその評価をした人物の気持ち、ものの見方や価値観を読者が知ることになる。
　Emma という小説において、作家の語りは非常に頻繁に主人公の視点に重なり、周りの人物達が Emma の観察により描きだされる。Emma は観察する者であり、また一方で読者から観察される者でもある。Emma 当人が気づかない間違えを読者が気づくこともある。読者は Emma が成長し自己認識を深めていく過程を見

守る立場ともなる。そのような作品世界において、価値の重層性を描き出すのに人間の内面を意味する *mind* といったような抽象語が効果的に機能する。時代を背景として、意味の幅を持つ *mind* の多様なコロケーションが効果的に用いられ、登場人物の人物像の形成に貢献していると考える。

付記

本研究は平成24〜26年度独立行政法人日本学術振興会科学研究費補助金（基盤研究（C）課題番号24520292　研究代表者　松谷　緑「18–19世紀の英語語彙と文体：理性・道徳・感情に関する概念の表現」）より研究助成を受けている。

注

1. Jane Austen からの引用はすべて *The Novels of Jane Austen* by R. W. Chapman (3rd ed. 1932-34; rpt. Oxford University Press, 1986)の版による。引用の後の（　）内に作品の略号とページ数を表わす。作品の略号には *SS*: *Sense and Sensibility*、*PP*: *Pride and Prejudice*、*MP*: *Mansfield Park*、*E*: *Emma*、*P*: *Persuasion* を用いる。

Works Cited

Chapman, R. W. "Miss Austen's English," Appendix to *Sense and Sensibility*. 3rd ed. Ed. R. W. Chapman. Oxford: OUP, 1933. 388-421. Print.

Copley, J. *Shift of Meaning*. London: OUP, 1961. Print.

Page, Norman. *The Language of Jane Austen*. Oxford: Basil Blackwell, 1972. Print.

Phillipps, K. C. *Jane Austen's English*. London: André Deutsch, 1970. Print.

Ryle, Gilbert. "Jane Austen and the Moralists." *Oxford Review* 1 (1966): 5-18. Rpt. in *Jane Austen Critical Assessments*. Ed. Ian Littlewood. Vol. 2. Mountfield: Helm Information Ltd, 1998, 90-103. 4 vols. Print.

Sutherland, Kathlyn. Introduction. *Mansfield Park*. Ed. Kathlyn Sutherland. London: Penguin, 1996. vii-xxxiii. Print.

*Old Bailey Corpus*による後期近代英語研究

水野 和穂

広島修道大学

要約

英語史研究における電子コーパスの利用は、現在ますます一般化している。新たなコーパスの編纂と公開が進むにつれ、綿密な研究が可能となり新しい言語現象の発見や理論的説明の進展につながっている。本稿では、近年公開された後期近代英語の口語英語のコーパスである *Old Bailey Corpus* を検索事例と共に紹介するものである。具体的には、1) 2人称代名詞*thou*の使用、2) *shew/show*、*publick/public*に関する綴り字の選択、3) *you was...*の出現頻度について考察した。その結果、初期近代英語と同様に18世紀においても親称の*thou*が見られたが、用例の精査には*Old Bailey Corpus*の社会言語学あるいは語用論的タグが役立つことが分かった。*Shew/show*、*publick/public*の綴り字の選択については、*show*と*public*にそれぞれ統一されるのは、「時代」が決定要因であることが分かったが、著者（あるいは写字生、書記）と印刷・出版業者との関係については結論に至らず、今後の課題となった。*You was* については、*Old Bailey Corpus* のみならず他のコーパスにおいても「裁判記録」のジャンルに多く見られ、社会階層の上下にかかわらず使用されていた「18世紀の典型的な口語イディオム」であったことを指摘することができた。

1. はじめに

　　Helsinki Corpus完成後20数年が経過した現在、史的英語コーパスの編纂は盛んになり、出遅れていた後期近代英語を射程としたコーパスの編纂も進んでいる。Helsinki大学のResearch Unit for the Study of Variation, Contacts and Change in English (VARIENG) が提供しているCorpus Resource Database (CoRD)[1]は、代表的な英語の歴史的コーパスの情報を入手するのに大変便利で、そのCorpus Finderを利用し、後期近代英語を対象とするコーパスを検索すると現在12コーパスがヒットする。具体的には、2つの汎用コーパス (*The Penn-Helsinki Parsed Corpus of Modern British English* (PPCMBE); *A Representative Corpus of Historical English Registers* (ARCHER)) と、10の特殊コーパス (*Corpus of Early English Correspondence* (CEEC); *Corpus of Early English Correspondence Extension* (CEECE); *Late Modern English Medical Texts* (LMEMT); *A Corpus of Irish English*

14th – 20th c. (CIE); *Corpus of English Religious Prose* (COERP); *Corpus of Late Modern English Texts* (CLMETEV); *Zurich English Newspaper Corpus* (ZEN); *Corpus of Oz Early English* (COOEE); A *Corpus of late 18c Prose*; *Old Bailey Corpus* (OBC)) である。本稿では、近年公開された*Old Bailey Corpus*を紹介するとともに同コーパスを利用した後期近代英語研究の可能性を考える。

2. *Old Bailey Corpus* とは

Old Bailey Corpus (以降、OBC)は、*Proceedings of the Old Bailey* (1674-1913)を基礎資料としてMagnus Huber (Giessen大学)によって編纂された1720-1913年間の話し言葉のコーパスである。コーパスの原典である*Proceedings of the Old Bailey*は、ロンドン中央刑事裁判所において17世紀後半から20世紀初頭に行われた約20万回の刑事裁判についての裁判記録であり、総語数約1億3400万語が全2163巻に納められている。書記による速記から起こされていることから、当時の話し言葉の側面を忠実に記録しているものであると言える。従来古い時代の口語英語へのアプローチとしては、実際は書き言葉である「戯曲」、「近親者宛の書簡」、「私的日記」の言語が当時の話し言葉に近い資料として代用されてきたが、OBCは本格的な歴史的口語英語コーパスと言える。

OBCのコーパス設計上の特徴は、付させているタグ情報にある。現在では一般的になった語レベルでの品詞情報に加え、社会言語学と語用論の視点から、可能な限りそれぞれの発話者の情報（性別、年齢、職業）と裁判での役割（原告、被告、裁判官、弁護士、証人等）、またテキスト情報（書記名、印刷者名、出版社名）についてのタグが付されており、必要に応じて検索時に指定することが可能である。現在OBCは利用登録することにより、容易にオンライン上で検索できる（詳細についてはHuber, Nissel, Maiwald & Widlitzki, 2012）。次節では、1) 2人称代名詞*thou*の使用、2) *shew/show*, *publick/public*の綴り字選択、3) *you was...* の出現頻度を手掛かりにしてOBCを検索し、コーパスの特徴を見る。

3. 事例研究
3.1 *Thou*形2称代名詞

現代英語の2人称代名詞は本来複数の*you*形のみであるが、初期近代英語までは、*thou*形（親称単数）と*ye*形（敬称単数・複数）の区別があった。具体的には、*thou*形は目下の者に対してや親が子に対して、また、親しい間柄で用いられ、一方、*ye*形（敬称単数）は目上の者に対して、子が親に対して、親密でない関係の者との会話で用いられた。後期近代英語になると2称代名詞は単数・複数共に*ye*形に吸収されるが、説教、宗教的散文、戯曲においては19世紀に至っても*thou*形が散見される。

OBCを検索すると42例のthou形を抽出することができた。用例の特徴を整理すると、①時代的には、18世紀に39例、19世紀に3例出現し、②発話者は全て男性で、③裁判官/弁護士から原告/被告/証人への発話で11例(用例(1))；被告から原告への発話に8例(用例(2))；原告/被告/証人の間でのやり取りにおいて17例(用例(3))；聖書表現（十戒）への言及が6例であった。

(1) 　…said the justice, how much money hast *thou* in thy pocket? said he, but six-pence; said the justice, *thou* settest out very empty; the saddle was mine.
(t17510116-64, 裁判官→被告)

(2) 　…said the prisoner, I wish I had laid on the dunghill, or any where; then he said to me, I have two guineas, if they are *thine*, *thou* shat have them; he opened his box; the landlord said, *thou* fool, if *thou* hast the two guineas, *thou* woust not lay them there….　　　　　　　　　　　　　　　　(t17670909-71, 被告→原告)

(3) 　…he was running as fast as he could; Tyne was running after him, and said, make haste, run on, *thou* b-r; they were soon out of fight, nobody pursuing them….
(t18020714-51, 窃盗事件の被告間での会話)

上述の発話者の性別や法廷での役割は、OBCのタグ情報により容易に知ることが可能である。このように、OBCは歴史社会言語学的あるいは歴史語用論的研究を行う際には非常に便利である。

3.2 綴り字：*shew/show*、*publick/public*
　18世紀の英語ではしばしば現代では用いられない*shew*、*publick*といった綴り字が見られる。*OED*によれば、*shew*は中英語からの形であり（*OED*, s.v. show *v.* Forms: α.）、*publick*は15世紀から記録されるが"*now arch., rare*"である（*OED*, sv, publick Forms: α.）。Samuel Johnson (1755)は、自らの辞典の見出し語の綴り字に、*show*を採用しているが、"This word is frequently written *shew*; but since it is always pronounced and often written *show*, which is favoured likewise by the Dutch *schowen*, I have adjusted the orthography to the pronunciation."（Johnson 1755, To SHOW. *v.a.*）コメントしていることから、18世紀半ばにおいても、*shew*が頻繁に用いられていたことが推測できる。一方、*publick/public*に関して、Johnsonは保守的で、*publick*を彼の辞書の見出し語として採用している。また、当時-ck/-cの選択が可能であった綴り字についても-ck形 (*e.g. authentick*、*politick*、*romantick*等) を用いた。これは、Johnsonがラテン語起源の語彙・語法を重視したことによるものと考えら

れる。

次の表1は、後期近代英語の代表コーパスである*The Penn-Helsinki Parsed Corpus of Modern British English* (以降、PPCMBE)[2]とOBCにおける生起数を10万語における頻度に換算した数値である（以降、それぞれの図表中の数値は表1と同様に10万語における出現頻度である）。また、図1、図2は、表1を視覚化したものである。

表1　*shew/show*と*publick/public*の頻度（per 100,000 words）

	PPCMBE				OBC			
	1700-49	1750-99	1800-49	1850-99	1720-59	1760-99	1800-39	1840-79
shew	22.23	34.73	16.94	7.21	18.99	9.31	0.03	0.00
show	10.91	15.74	29.95	61.98	4.52	40.26	70.92	58.12
publick	25.86	18.45	0.00	0.00	43.41	40.39	25.80	0.17
public	3.64	17.36	30.73	17.78	5.04	5.90	16.59	50.94

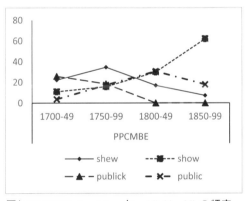

図1 PPCMBE *shew/show*と*publick/public*の頻度　　図2 OBC *shew/show*と*publick/public*の頻度

*Shew/show*については、18世紀前半は両コーパスともほぼ同頻度あるが、後半に入るとOBCでは*shew*は衰退し19世紀にはほとんど現れない。PPCMBEではJohnsonが言うように18世紀を通じて*shew*が優勢であるが、19世紀に入ると*show*が一気に主流となったことがわかる。一方、*publick/public*については、PPCMBEでは、18世紀前半で一般的であった*publick*であるが、18世紀後半に*public*と同頻度となり、19世紀に入ると*public*のみとなる。OBCでは、18世紀を通して*publick*が主流で、それは19世紀初頭まで続き、19世紀半ば近くで*public*に取って代わられることになる。注目すべき点は、*public(k)*のOBCにおける高頻度である。全ての時期を通じて10万語につき約50語出現しており、これはPPCMBEの約1.5倍の

出現頻度である。検索例を見ると(4)、(5)のように、*public(k) house*コロケーションで最も多く用いられており、訴訟の発端となった刑事事件の発生場所として証言の中で現れる。このように特定の表現が多用されるのは、裁判記録という特殊な言語使用域の特徴と言ってよかろう。

(4) I keep a ***publick house*** at the Crooked Billet by the Hermitage-stairs . This tankard was taken out of my house between eleven at night and one in the morning…. (t17450424-6)

(5) About a Fortnight ago, I was at the Antelope, a ***Publick-House*** in Hosier-Lane; the Prisoner came in, and pulled out this Spoon…. (t17430413-23)

　綴り字の問題には「オリジナル原稿の書き手」、「印刷業者」、「出版業者」が絡み、どの段階のものを我々が現在目にしているのかを決定することは困難である。加えて、たとえ綴り字の決定権が一か所にあったとしても、必ずしもそこに首尾一貫した方針があったかどうかも疑わしい。OBCでは、裁判記録の「書記」、「印刷者」、「出版社」に関する情報が得られるので、綴り字の揺れに関して何か発見が出来ないものかと考察した。OBCの18世紀に現れる代表的な書記は、Thomas Gurney、Joseph Gurney、E. Hodgsonであることがタグ情報から分かるので、*shew/show*、*publick/public*の選択に関して、印刷業者との組み合わせを考慮して用例を観察したが、特に首尾一貫したルールを見つけることはできなかった[3]。

3.3 *You was*

　Phillipps（1970: 159）によれば、*you was*のコロケーションは、18世紀前半では一般的であったが、Jane Austenの時代には"vulgar"と見なされるようになった。この用法の下落には、*you was*を"an enormous solecism"と厳しく非難したRobert Lowth（1762: 48）ら18世紀後半以降の規範文法家らによる英語への規制が影響を与えている。*You was*の頻度は、ある英文テキストが18世紀的であることを示す指標の1つと言ってもよい。次の(6)、(7)は、それぞれ労働者階級の被告と中産階級の裁判官の発話中に用いられている例であるが、このイディオムは社会階層にかかわらず18世紀を通して使用されていたことが分かる。

(6) At what Place ***was you*** first told, that ***you was*** to serve in the King of Prussia's Army? (t17391017-3, 労働者階級の被告の発話)

(7) You say *you was* robb'd about Midnight, was it dark?

(t17320223-35, 裁判官の発話)

　表2、表3は、2つのコーパス中の*you was*の頻度であり、図3、図4はそれらを視覚化したものである。図表より、PPCMBEでは、18世紀後半になると出現頻度が低くなり19世紀ではほとんど見られなくなることが分かる。一方、OBCにおいては、同様の傾向は約半世紀遅れ、19世紀に入り減少している。PPCMBEにおける1700-49年間の高頻度について用例を精査したところ、その要因はOBCと同レジスターであるPPCMBEの"proceedings, trials"のジャンルに属する特定のテキストに41例も出現していることによる。PPCMBE、1700-149年間の総出現数は44例であるので、41例は全体の93%にあたる。また、他の用例のジャンルを見ると、ドラマ、書簡、日記、フィクションからであった。両コーパスの検索結果より、*you was*のコロケーションは、18世紀口語英語の特徴であることを改めて示すことができた。

表2 PPCMBEにおける*you was*の頻度 (per 100,000 words)

期　間	1700-49	1750-99	1800-49	1850-99
頻　度	17.78	1.63	0.79	0.00

表3 OBCにおける*you was*の頻度 (per 100,000 words)

期　間	1720-59	1759-99	1800-39	1840-89	1880-1909
頻　度	12.57	28.76	3.78	0.56	0.35

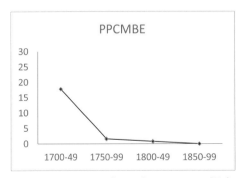
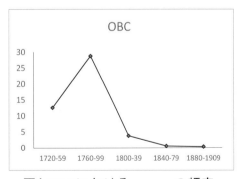

図3 PPCMBEにおける*you was*の頻度　　図4 OBCにおける*you was*の頻度

4. おわりに

　以上、近年公開された後期近代語期をカバーする話し言葉のコーパスである*Old Bailey Corpus*を、3つの検索事例を示すことで紹介した。結果として、裁判の証言記録では、初期近代英語と同様に18世紀においても親称の*thou*が用いられていることが分かった。これは、法廷での「裁判官」、「原告」、「被告」等の明確な役割の存在が反映されていることが一因である。また、得られた用例の発話者は男性のみであった。加えて、OBCの社会言語学あるいは語用論の視点から付与されたタグの有効性も実証することができた。*Shew/show*、*publick/public*の綴り字の揺れについては、現代に近づくにつれそれぞれ*show*と*public*に統一されることは分かったが、活版印刷が開始されたW. Caxtonの時代から問題となる著者（あるいは写字生、書記）と印刷・出版業者との関係については結論を出すことができなかった。そして、イディオム*you was…*は、OBCおよびPPCMBEの"proceedings, trials"のジャンルにおいて、18世紀のあらゆる社会階層において用いられていたことが分かった。

　以上が今回OBCを検索した結果であるが、OBCを使用する際に注意すべき点として、例えば、"*public(k) house*"が頻出するために、"public"が高頻度で出現していたことからも分かるように、OBCは通常の話し言葉が生じうる場面から逸脱した状況で生じた言語形式をも数多く含んでいることを指摘しなければならない。言うまでもなくOBCの言語は「法廷言語のレジスターにおける話し言葉」であるからである。このような注意点はあるものの、これまで過去の口語英語を研究する場合は、戯曲やフィクションのスピーチを当時の話し言葉と見立てて研究せざるを得ない状況の中で公開された*Old Bailey Corpus*は、当時の実際の話し言葉の実態を反映したコーパスであり、今後の近代英語研究に貴重なデータを提供するものであると言える。

注
1. CoRD の詳細については、http://www.helsinki.fi/varieng/CoRD/index.htmlを参照されたい。
2. PPCMBE は、Pennsylvania 大学とYork大学を中心に進められているプロジェクトPenn Parsed Corpora of Historical English (The Penn-Helsinki Parsed Corpus of Middle English, 2nd edition (PPCME2)、The Penn-Helsinki Parsed Corpus of Early Modern English (PPCEME)、そして、PPCMBEから成る)の一部を構成する。1700-1914年の約100万語のイギリス英語のコーパスで構文情報が付加されているのが特徴で、2010年に公開された。詳細については、Kroch, Santorini & Diertani (2010)を参照されたい。
3. 今回ははっきりとしたルールが見出せなかったが、Huber, M. (2007) は縮約形

の選択(*do not/don't, cannot/can't* など)について調査し、書記と出版社の関係がその選択に関与していることを指摘している。機会を改めて再調査したい。

References

Huber, M. (2007). The Old Bailey proceedings, 1674-1834. Evaluating and annotating a corpus of 18th- and 19th-century spoken English. In Meurman-Solin, A. & Nurmi, A. (Eds.) *Annotating Variation and Change* (*Studies in Variation, Contacts and Change in English 1*).

Huber, M., Nissel, M., Maiwald, P., & Widlitzki, B. (2012). *The Old Bailey corpus. Spoken English in the 18th and 19th centuries.* www.uni-giessen.de/oldbaileycorpus, [May-June 2015].

Johnson, S. (1755). *A Dictionary of the English language*. London.

Kroch, A., Santorini, B. & Diertani, A. (2010). Penn parsed corpus of modern British English http:// www.ling.upenn.edu/hist-corpora/ PPCMBE-RELEASE-1/index.html

Lowth, R. (1762). *A short introduction to English grammar.* London.

OED = *The Oxford English dictionary online*: http://www.oed.com/

Phillipps, K. C. (1970). *Jane Austen's English*. London: Andre Deutsch.

英語教師志望者の「英文和訳」と「翻訳」
―トリビアル・マシンとノントリビアル・マシン―

守田 智裕

広島大学大学院教育学研究科

要約

日本の英語教育において「訳」の効用に関する議論はこれまで多くされてきたが、英語教師の「訳」に関する研究は見当たらない。「訳」は、文法書や辞書の公式通りに訳すことで対応できる「英文和訳」と、読者意識や訳者自身の言語経験などの必要に応じて文法書や辞書の公式から調整が必要な「翻訳」に分類することができ、これらはルーマンの「トリビアル・マシン」、「ノントリビアル・マシン」にそれぞれ対応させることができる。英語教師志望者2名が「翻訳」および「英文和訳」を行った結果、「翻訳」をする際にもトリビアル・マシンのように訳す姿が観察された。このことから、英語教員養成課程でも「翻訳」に関する指導を行うことで、英語教師志望者が「翻訳」する際に、公式を当てはめるのみならず多くの要因 (Z関数) を考慮に入れられると考える。

1. はじめに

英語教育において「訳」の位置づけはこれまで多くの論者によって議論されており、近年下火になりつつある「訳」に関して、その効用を再度見直す動きも見られる (染谷, 2010; Cook, 2010: Laviosa, 2014; Widdowson, 1983) 。ただし、英語学習者の「訳」に関する研究は多く見られるものの、英語教師の「訳」に関しては管見の限り見当たらない。教育現場では、「和訳先渡し授業」 (金谷, 2004) のように訳文を配布する場面もあり、授業目標や学習者の段階によって訳文の文体や言葉遣いを教師が調整することも十分想定される。

本論文は、英語教師志望者の訳行為に関して、プロセスとプロダクトの両観点から、記述を行う。これによって、英語学習者に与える影響の考察や、英語教員養成課程内容への示唆を与える。

本稿の構成は以下の通りである。2章では、「訳」を「翻訳」と「英文和訳」に分けて論じ、先行研究に内在した問題点を指摘する。3章では、実際の英語教師志望者が訳出した文章や、訳出の際に考えたこと・こだわったことに関するインタビューのデータを示す。また、これらのデータを翻訳経験者が二次的に

観察した結果も示す。4章では、結果の考察および今後の英語教育における訳の研究に関する提案を行う。

2. 「翻訳」と「英文和訳」

「翻訳」と「英文和訳」の違いは、日本の翻訳学および英語教育学において、複数の論者によって定義されてきた (染谷・河原・山本, 2013; 辰己, 2014; 鳥飼・河原, 2014; 山岡, 2010; 柳瀬, 2011)。これらの定義は、翻訳論旧来の直訳・意訳という区別と混同されやすいという問題点がある。そこで、本稿は「英文和訳」と「翻訳」の定義にルーマンのトリビアル・マシンおよびノントリビアル・マシンのモデルを取り込むことで、従来の定義の問題点を補完したい。なお、ここでいう「マシン」とは、いわゆる機械を指すのではなく、変換機能(変換機能とその適用)を指す (長岡, 2006)。

「英文和訳」は、優れた辞書と文法書があれば、起点言語および終点言語に堪能でなくとも訳すことが可能と想定する (柳瀬, 1990; Costache, 2011)。英文和訳は、あるインプットx が与えられると、文法書および辞書によって変換され、訳語Yがアウトプットされるという関数であり、このような関数をトリビアル・マシンと呼ぶ (図1)。誰がいつどこで訳したとしても同じ訳になることが予想されることから、入学試験のように大量の受験者の採点をする必要がある場合は、未だに英文和訳問題が用いられている。また、英語学習においても「英文和訳」を用いることで、学習者は英語と日本語の対応関係を理解することが期待される。

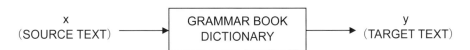

図1　トリビアル・マシンの英文和訳モデル
(柳瀬, 1990; 長岡, 2006 を参考に筆者が作成)

「翻訳」はノントリビアル・マシンである。ノントリビアル・マシンは、関数内に自己言及的関数が組み込まれているため、同じインプットを入れたとしても、決して同じアウトプットが出る保証がない関数である。たとえば、ある起点テクストを読んでxという文 (語句) を「翻訳」する際、xはもちろん文法書や辞書によって変換されるだろう。上の図1と異なるのは、xが内部のZ関数にも入力されるという点だ。Z関数とは、たとえば起点テクストの文脈情報の再生 (染谷, 2010)、日常の読書といった言語経験、翻訳目的を含む読者意識のように、文法書や辞書以外で訳行為に影響を与える要因である。このZ関数によって導き

出された値z (たとえば、文脈情報や読者層の想定を考慮した訳語) は、文法書や辞書の公式によって出された訳語と比較されて、より良いものが「翻訳」として選ばれる。値zは自身のZ関数に自己言及し、Z関数のあり方を変容することも考えられる。つまり、同じ人が同じ単語を訳したとしても、Z関数が変容すれば、異なる訳が選択されることも想定される。

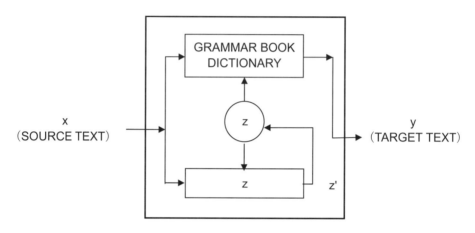

（注）z: マシンの現在の内部状態、z'=Z(x,z) マシンが現在の操作の結果、次にとる内部状態

図2　ノントリビアル・マシンの翻訳モデル（長岡，2006 を参考に筆者が作成）

表1　「翻訳」と「英文和訳」の理論的定義（先行研究を基に筆者が作成）

	翻訳 (translation of language-in-use)	英文和訳 (transcoding of language)
モデル	ノントリビアル・マシン	トリビアル・マシン
プロダクト	起点テクストの内容や形式が、文脈や発話者の心身状況の理解を伴って終点言語化された文章。必要に応じて省略・言い換え・追加が選択的になされる。	起点テクストの表層構造が終点言語化された文章。したがって、原文との対応関係が見つかりやすい。
プロセス	起点テクストの意味を理解し、それを終点言語で再表現し、推敲する。	起点テクストの表層構造を辞書および訳文公式に当てはめることで成立する。
訳文の機能	直接コミュニケーションを取ることが困難な他者同士のコミュニケーションを仲介する。また、言語間の構造の相違や訳者の解釈に関する学習にも使用される。	学習者が自身の英文の理解を示したり、教師が目標言語と母語の対応関係を示したりするために使用される。

両者の違いは表1に示す通りであるが、これらは厳密な二値区分を持つ概念ではなく、モデル・プロダクト・プロセス・機能の観点を総合的に踏まえて判断される必要がある。たとえば、This is a pen. という英文が「これはペンです」と、直観的には「英文和訳」のように訳されたように感じる場合にも、厳密にいえば訳文プロダクトのみを見てもそれが「英文和訳」か「翻訳」のどちらかを判断することはできない。訳のプロセスの中で、「これはペンです」以外の訳語候補 (translation candidates) と競合させて、結果的に「これはペンです」と訳したのなら、それは「翻訳」と呼ぶことができる。つまり、「翻訳」「英文和訳」という概念は、「直訳」「意訳」という旧来の区分に回収しきれない側面を有しており、プロダクト以外にもモデルやプロセス、機能なども考慮する必要がある。

3. 英語教師志望者の訳のプロダクト・プロセス

　前章で概念整理を行った「翻訳」および「英文和訳」だが、これらを実際に英語教師志望者はどのように行うのだろうか。英語教師志望者が「翻訳」および「英文和訳」を行う際、どのようなプロセスがみられるかを調査した。

3.1. 調査方法

　本調査の協力者は英語教育専攻の学部生2名 (B1・B5) である。2人の背景情報は付録1に記した。調査時点で協力者は、英文解釈に関する講義を受けており、翻訳と英文和訳が違うことも授業内で説明されている。題材は中学校3年生用検定教科書 *New Horizon English Course3* に掲載されている "A Mother's Lullaby" である。本題材は、戦時中原爆が落とされた後の広島を舞台としており、被爆した男の子を慰めるために、同じく被爆した女の子が子守歌を歌う様子を描いた物語である。本文はこの場面を語り手である木が回想するという設定で記述されている。語彙や文構造が平易であり、翻訳を行うのに英文の内容理解に協力者間で差が出にくいと考えて選定した。

　調査手順として、まず協力者に「翻訳」および「英文和訳」の違いについて具体例を交えつつ説明した後、(i) 英語が得意な生徒が読んで日本語と英語の違いに鋭敏になるような日本語として自然な「翻訳」条件、および (ii) 英語が苦手な生徒が読んで英文を理解できるような原文に忠実な「英文和訳」条件の2種類を作成するように依頼した。辞書の使用は許可し、制限時間は授業時間内に終わる範囲であれば特に設けないことを伝えた。ただし、大学の授業時間 (90分) 内に行ったため、授業終了時にも完成しなかった者は途中まで書いた段階で提出させた。その後、訳文作成の際に意図したことやこだわった事柄をインタビューにより聞き取った。次に、この2名の産出した訳文とインタビュー原稿を

翻訳経験者に読んでもらい、訳文に関する評価や訳のプロセスに関する感想を述べてもらった。翻訳経験者は、出版翻訳を経験したE (Experienced translator) に依頼した。Eは本調査の概要を知っており、「英文和訳」「翻訳」の違いについても説明を受けている。

分析にあたっては、インタビューの全発話データを修正版グラウンデッド・セオリー・アプローチ (木下, 2003) の手法を参考にカテゴリー化した。手順は、データ収集、文字起こし (逐語化)、分析ワークシートによる概念生成、である。次節では、特に協力者B1・B5の訳の捉え方に関する言及や、それに対する翻訳経験者Eのコメントをエピソードとして提示する。

3.2. 結果

分析の結果、全体的に (1) 英文和訳条件ではトリビアル・マシン的に、翻訳条件ではノントリビアル・マシン的に訳すプロセスを経たが、一方で (2) 翻訳条件で一部、英文和訳的 (つまりトリビアル・マシン的) なプロセスが、翻訳経験者によって観察された。以下、実際の訳文やインタビューデータを示す。

3.2.1. トリビアル・マシン的な英文和訳と、ノントリビアル・マシン的な翻訳

指示したとおり、協力者は英文和訳条件ではトリビアル・マシン的に、翻訳条件ではノントリビアル・マシン的に訳した。以下は、本文冒頭部で、語り手である木が原爆落下後の多くの死傷者の姿を見て言った "I was very sad when I saw those people." という1文に関する、B1の訳プロダクトおよび訳プロセスである。

表2　I was very sad when I saw those people のB1 の訳文 (網掛けは筆者による)

B1　翻訳	私はその光景を見てとても悲しくなった。
B1　英文和訳	私はその人々を見たときにとても悲しかった。

B1 はこの1 文を訳す際に、語り手である木の「感情の動き」にこだわったという。以下はB1のインタビューの様子である。（下線は筆者による。）

> B1: 英文和訳の方は、それらの人々を見て、とても「悲しかった」って言うふうに訳したんですけど、こっちの翻訳の方は、…私のイメージでは、傷ついた人とかが原爆が落ちて焼け野原になってたくさんいるっていうイメージだったので、その光景を見て、「悲しくなった」っていうふうにちょっと書き直しましたね。…「悲しかった」だとなんかすごい、そのときに悲しい…その人々をみたときに悲しかったっていうのと、[それ

に対して翻訳条件では] その人を見て、悲しいっていう感情が自分に芽生えてきたって言うニュアンスが、この「悲しくなった」の方が伝わると思って翻訳のほうではそうしたんですけど。…その時の感情じゃなくて、その感情の流れというか、自分の心の変化というか、それを翻訳のほうでは表したかったです。

すなわち、英文和訳条件では、I was very sad を「悲しかった」と訳しただけだったのに対して、翻訳条件では、原爆落下後の悲惨な状況を見た時の木の心の動きも訳文に具現化しようと思ったということである。インタビュー中の「イメージ」や「ニュアンス」「感情の流れ」といった言葉は、図1のトリビアル・マシンのような訳語変換のみならず、いかに訳者が読み取った内容を日本語で表現するかという工夫であり、図2 の Z 関数に相当するものと考えられる。

同じ1文を、B5は以下のように訳した。英文和訳は英文の構造に沿って訳しているが、翻訳では構造が大きく変化していることが分かる。

表3 I was very sad when I saw those people のB5 の訳文 (網掛けは筆者による)

B5 翻訳	私が深い悲しみを感じずにその人たちを見ることは到底できなかった。
B5 英文和訳	私はその人たちを見たとき、とても悲しかった。

この1文を訳したとき、B5 は英文和訳条件では従属節のwhen節について「本来学校で習う訳」を用いたと述べており、図1 のトリビアル・マシンモデルの示す英文和訳プロセスを辿っていることが分かる。それに対して翻訳条件では、語り手である木の眼前に広がる悲惨な風景を描写するために否定表現を用いることに決め、英文の構造から大きく変えた。これも、図2 のノントリビアル・マシンモデルにおける Z 関数に当たるもので、英文和訳条件では見られなかった工夫である。

> B5:逐語訳ではwhenの従属節から訳して、これらの人たちを見た時にとても悲しかったっていうのが、本来、本来って言ったら変かな、学校で習う訳だと思うんですけれど、…やはり、ものすごい悲惨な状況が広がっているので、否定的なイメージを持たせたかったので、最後に「できなかった」っていうふうにして、ちょっと悲しい、否定的な感じを余韻、最後に残したかったって言うのがありました。できなかったっていう部分も悲しかったってただ言うよりも、感情の報告とならないように、否定的なイメージを最後に持ってきたかったって言うのがありました。

以上より、英文和訳条件では、B1が "I was very sad" を「悲しかった」とし、B5 がwhen節を「本来学校で習う訳」である「〜とき」と訳した。英文和訳条件では、他の訳語候補を検討するという過程が見られなかった。それに対して、翻訳条件では、B1 が「感情の動き」を表そうと「悲しくなった」とし、B5 が「否定的な感じ」を出そうと「悲しみを感じずに...できなかった」と、否定表現を用いた。このように読者への効果を意図した上で訳語を選択する過程がみられた。

3.2.2. トリビアル・マシン的な翻訳の可能性の指摘

　前節で概観したように、B1もB5も英文和訳条件ではトリビアル・マシン的に訳出し、翻訳条件ではノントリビアル・マシン的に訳出していた。ただし、2名のインタビューデータを翻訳経験者であるE が読んだ結果、一部翻訳条件でも英文和訳 (トリビアル・マシン) 的に訳されていたのではないかと考えられた。以下は、語り手である木の近くで被爆した人々が倒れる様を描いた文である。

表4　Some people fell down near me. のB1の訳（網掛けは筆者による）

B1　翻訳	私の近くで倒れ込む人もいた。
B1　英文和訳	何人かの人が私の近くに倒れ込んだ。

　B1 は先ほどと同様に英文和訳条件は、some を「何人かの人々は」と訳したのに対して、翻訳は「倒れ込む人もいた」と訳した。

> B1: えっと、Someの訳を、そのまま、何人かの人々は、って訳すように教えられたと、私も最初はそれで教えられたんで、英文和訳の方は何人かの人が、で主語をきちんと訳したんですけど、倒れ込む人もいた、って、翻訳のほうでは主語が何人かの人々がって訳すのではなくて、倒れ込む人もいたっていうふうに訳しました。

ここでB1 は、some peopleの訳出を「何人かの人々は」とするのが英文和訳であり、「...人もいた」と訳すのが翻訳であると捉えている。しかし、翻訳経験者のE は、上のインタビューを読み、B1 のいう翻訳も「こう訳せるという公式を適用した」可能性があると指摘した。

> E：でもね、これは「倒れ込む人もいた」、とすると、倒れ込まないで歩く人も［いた］、っていう意味になるでしょ。倒れる人もいるけれど、歩く人もいた。だから、翻訳もピントがずれているみたいに感じる。本

<u>人にとって自然な日本語、あるいは、こう訳せるという公式を翻訳に適用したのかもしれない。</u>

つまり、翻訳条件においても訳文公式に当てはめた訳を産出しており、それによって、訳文が意図せぬ含意 (歩く人もいた) を持つ可能性があるとEは指摘している。もちろん翻訳でも文法書・辞書の訳語公式 (図1の Grammar book and dictionaryに相当) で事足りることもあるが、上の場合は訳語公式を当てはめただけでは含意がついてしまうため、訳語の推敲が必要だったことを示唆する。B1はこの推敲の段階が足りなかった可能性がある。このように訳者の意図せぬ含意がついてしまうとEが指摘した訳出法、B1・B5 合わせて少なくとも13箇所見られた。

4. 考察

　以上で述べたように、英語教師志望者が「翻訳」「英文和訳」それぞれで、先行研究通りにノントリビアル・マシン、トリビアル・マシンのように訳していたが、一部翻訳の場面で訳語公式を当てはめて対応しようとしたことが分かった。このことから、教育現場で学習者のために訳を行う際も、学習者にとっての読みやすさを考える場面でも、自分が知っている公式に当てはめて訳文を作成する可能性もあると考えられる。

　訳の信念に関して、河原 (2014) によれば、意識的な部分と無意識的な部分が存在する。よって、英語教師志望者が無意識にトリビアル・マシン的な訳し方をしている場合、授業における訳指導にも反映される可能性がある。しかし、英語教員養成課程で必ずしも翻訳に関する内容が扱われるわけではない。したがって、英語教員養成課程でもノントリビアル・マシンの翻訳観を理論的に扱ったり、翻訳体験を扱ったりする必要があると考えられる。

　最後に、本調査の課題を述べる。第一に、指示文の曖昧性がある。本調査の指示文として用いた「原文に忠実に」や「自然な日本語」といった言葉遣いは曖昧であり、協力者間で十分に統一されたかどうかは確認できない。そのため、説明の段階で具体例を示したり、実際に1文訳してみたあとに説明をしたりすることで、ある程度解消されるであろう。第二に、協力者の選定に関しても、今後多くの英語教師志望者に依頼して、異なるプロセスが見られるかどうか検証する必要があると考える。

謝辞

　本論文を作成するにあたって、指導教官としてご指導くださった柳瀬陽介先生を始め、調査にご協力頂いた皆様、特別研究でご助言を下さった中尾佳行先

生、小野章先生、院生の皆様に深く感謝申しあげます。特に中尾先生には、筆者が学部に在籍していた頃から、学年チューターとしての進路相談や、授業後の質問にいつも快く乗って下さいました。大学院授業で先生がおっしゃっていた「研究は途中下車」「言語は人類の叡智の凝縮」などのお言葉は、今でも自分の心に深く刻まれております。先生のご退官間際の6年間、広大教英で直接ご指導を受けられたことを心から幸せに思います。

References

Cook, G. (2010). *Translation in language teaching: An argument for reassessment.* Oxford: Oxford University Press.

Costasche, A. (2011). The relevance of Wittgenstein's thought for philosophical hermeneutics. *Journal for Communication and Culture, 1*(1), 44–54

Laviosa, S. (2014). *Translation and language education: Pedagogic approaches explored.* New York: Routledge.

Widdowson, H. G. (1983). The deep structure of discourse and the use of translation. In C. J. Brumfit & K. Jonson (Eds.), *The communicative approach to language Teaching* (pp. 61–71). Oxford: Oxford University Press. (Reprinted from *Explorations in applied linguistics*, pp. 101–112, by H. G. Widdowson, 1979, Oxford: Oxford University Press.)

笠島準一・関典明 (2012) *New Horizon English Course 3.* 東京：東京書籍

河原清志 (2014) 「翻訳ストラテジー論の批判的考察」『翻訳研究への招待』12, 121-140

金谷憲 (2004) 『和訳先渡し授業の試み』東京：三省堂

木下康仁 (2003) 『グラウンデッド・セオリー・アプローチの実践：質的研究への誘い』東京：弘文堂

染谷泰正 (2010) 「大学における翻訳教育の位置づけとその目標」『外国語教育研究』3. 73-102

染谷泰正・河原清志・山本成代 (2013) 「英語教育における翻訳 (TILT: Translation and Interpreting in Language Teaching) の意義と位置づけ（CEFR による新たな英語力の定義に関連して）」.語学教育エキスポ 2013 発表資料, http://someya-net.com/99-MiscPapers/TILT_Symposium2013.pdf

辰己明子 (2014) 「大学英語教育における翻訳指導に関する研究： 一般英語授業での翻訳指導実践を事例として」『翻訳研究への招待』13, 67-82

長岡克行 (2006) 『ルーマン／社会の理論の革命』東京：勁草書房

柳瀬陽介 (1990) 「全訳批判 — コードモデルと名称目録観」.『中国地区英語

教育学会研究紀要』20, 101-108 Retrieved from http://ir.lib.hiroshima-u.ac.jp/files/public/33371/20141016193347402955/CaseleResBull_20_101.pdf

柳瀬陽介 (2011) 山岡洋一さん追悼シンポジウム報告、および「翻訳」「英文和訳」「英文解釈」の区別．英語教育の哲学的探究 2, http://yanaseyosuke.blogspot.jp/2011/12/blog-post_736.html

山岡洋一 (2010) 「英文和訳についての覚書」．『翻訳通信』93, http://www.honyaku-tsushin.net/

付録1　協力者B1・B5の背景情報

	B1 (学部2年生・女性)	B5 (学部4年生・男性)
"A Mother's Lullaby" 読書歴	中学生の頃授業で読んだ経験がある。特に印象が強く残っているわけではない。	初めて読んだ。悲しいけれど温かい話という印象を抱いた。
普段の読書経験	小学校の頃は伝記を、中学以降は感想文の課題図書などを日本語で読んだ。最近は興味のある記事を探して英語で読む。	必要に応じて日本語の物語文を読むことはこれまでもあった。最近は、研究関連の本を日本語で読むことがある。
普段の文章作成の経験	日本語で授業の課題で書く程度。	最近、その日に学んだことや感じたことに関する記録を不定期に日本語で書いている。
英語に関する取得資格	TOEIC 630点	TOEIC 850点・英検1級
作業にかかった時間	(1) 翻訳：22分 (2) 英文和訳：17分	(1) 翻訳：50分 (2) 英文和訳：6分（途中まで）

「訳」に関する概念分析

柳瀬 陽介

広島大学

要約

学習指導要領が英語授業での日本語使用を否定する原則を示すなど、現在の日本の英語教育では「訳」が悪玉のように扱われている。しかし国内外の言語教育の専門家の間では、「訳」を全面否定するような言説はほとんど見られず、逆に外国語教育における母国語・母語使用の価値を積極的に認める言説も多い。この見解の相違の背後には、「訳」に関する概念分析が不十分なまま、「訳」に関して論じてしまう実情があるように考えられる。本論文では、「訳」に関する概念分析を、翻訳家山岡洋一の論に基づきながらも、(1) 言語形式と言語使用の区別、(2) オースティンの言語行為論、(3) ルーマンのコミュニケーション論、(4) 口頭言語と書記言語の区別、を導入することにより段階的に進め、「訳」の下位概念である「翻訳」と「置換え訳」の概念を明確にする。さらに「翻訳」の下位概念として「作品翻訳」「解釈」「通訳」、「置換え訳」の下位概念として「瞬時返答」「受験訳・注釈訳」の定義も提示する。これらの概念分析に基づき、現代日本の英語教育に対する四つの考察も併せて提示する。

1. はじめに

　日本の英語教育について語られる際、「訳」をやるからこそ日本の英語教育が駄目だという声がしばしば聞こえてくる。それらの声が著名人や権力者によって増幅されると、やがて英語教育政策にさえ影響が出かねない。楽天株式会社代表取締役会長兼社長の三木谷浩史氏は、例えば2014年2月にも「英語教育の在り方に関する有識者会議」の委員の一人として任命されているなど英語教育政策に一定の影響力をもつ人物であるが、彼は自著の中で「少なくとも中学校、高校の英語教師はすべて、外国人か、英語がペラペラの日本人と入れ替える必要がある。それだけで日本の英語教育は劇的に良くなる。授業では、日本語は一切使わず、英語だけを使うべきだ」という自説を展開している（三木谷 2012, pp. 165-166）。また、「グローバル化に対応した英語教育改革実施計画」の原案を出した自由民主党教育再生実行本部長の遠藤利明衆議院議員は、毎日新聞記者とのインタビューで「必要なのは日本語を使わずに英語だけで授業ができる先生なんです」と力説している（毎日新聞　2013年6月24日）。両者に共通する

のは、英語授業の中での日本語使用こそが英語教育不全の原因だという主張である。訳は、授業の中での日本語使用の典型例であろうから、彼らの言説は訳排斥論と称してもよいだろう。

　これらの言説の影響を受けてか、それとも他の理由からか、学習指導要領は、高校では2013（平成25）年度の入学生から「授業を実際のコミュニケーションの場面とするため、授業は英語で行うことを基本とする」と定めている。また、前述の「グローバル化に対応した英語教育改革実施計画」は、中学校でも授業を英語で行うことを基本とする方針を定めている。現在の日本の学校英語教育では、訳はせいぜいもって必要悪であり、基本的には排除されるべきものとされている。

　しかし英語教育（第二言語教育）の専門家の間では、このように単純な訳排斥論はあまり見られず、むしろ母国語・母語使用の価値を認める主張の方が多い。G.クック (2012) は、学習者の母国語・母語使用を認めず目標言語だけで授業を進める単一言語主義 (monolingualism) について詳細な考察を加えている。彼によると、単一言語主義は、学習者の母国語・母語の価値を否定し、目標言語の母語話者にほぼ無条件で言語教師としての職を与えるという点で、帝国主義的植民地支配にとって政治的にも商業的にも好都合な側面があった。つまり、単一言語主義の第二言語教育が必ずしも教育的に優れていたから普及したわけではないと彼は説いている。単一言語主義の帝国主義・植民地主義的性質についてはPhillipson (1992) も分析を試みているが、その分析からするなら、上記の三木谷氏や遠藤議員の主張は、被植民地的心情から来ているものと解釈できるかもしれない。日本は、第二次世界大戦直後の数年間以外、他国の支配下にあったことはないが、明治以降は、「文明開化」のスローガンと共に「西洋化」を進め、文化的・社会的には被植民地的心情を形成しており、戦前においては英国、戦後においては米国を範とする心情が形成されていたからである。

　第二言語教育における母国語・母語使用にもっと積極的な意義を見出す専門家も多い。Vivian Cookは多言語能力 (multi-competence) という概念を提唱し、第二言語教育の目的は、学習者を第二言語しか話せない母語話者 (monolingual native speaker) のようにすることでなく、母国語・母語と第二言語の両方を使いこなす全人格 (whole person) を育てることだとしている。彼によるなら、授業で母国語・母語を排除したからといって、その影響を学習者の第二言語から払拭できるものではなく、母国語・母語と第二言語の関係を理解することが第二言語習得のためには重要である。[注1]

　母国語・母語と第二言語の関係の理解のために訳は一つの有効な手段であるし、そもそも学習者が母国で第二言語を使用する場合には、彼・彼女が他の同胞市民のために適切な訳をすることができることは、高い社会的・国民的意義

を有する。訳の教育には社会的・国民的効用があるといえる。小林・音在 (2007, 2009) は、明治からの英語教育史研究の中で競争主義的な"Teaching of (international/global) English"と平等主義的な「エイゴ教育」を区分し、前者が個人間の競争を推進するものである一方、後者が社会・国の安定と繁栄のための「平等感」のある学びを推進するものであることを指摘している。この区別を借りるなら、現在の日本の英語教育は、被植民地的心情に根ざしながら、個人間競争を通じて少数のエリート育成（江利川・齋藤・鳥飼・大津 2014）を目指す、"Teaching of English" ― 日本の社会や国のあり方を第一には考えない営み― だとも解釈できる。これは19世紀のグローバリズムになりふりかまわず対応しようとした明治前半の教育 ― 岡倉由三郎 (1911) の『英語教育』以前の時代 ― への逆戻りである（柳瀬・小泉 2015）。

　他にも、欧州で二度と戦争を起こさないことを根底的な目標とする欧州評議会 (Coucil of Europe) は、戦後数十年の議論を経て複合的言語観 (plurilingualism) を掲げたが、その根本哲学は、一人ひとりの欧州市民が複数の言語を織り交ぜながら使いこなして、言語・文化の枠にとどまらないつながりを築くことである。複合的言語観においては、市民は第二言語を母語話者のように使いこなせない不十分な言語使用者としてではなく、自らの言語資源のすべてをさまざまな方法と組み合わせで使いこなす社会的行為主体として認識されている (Council of Europe 2001)。日本国内でも大津・窪薗 (2008) は、「ことばへの気づき」を言語教育の目的として掲げ、母語と外国語の理解を通じて、個別言語の根底にある「ことば」の特質を自覚し、同時にそれぞれの個別言語の使用を洗練させることの重要性を主張している。これら複合的言語観や「ことばへの気づき」においても、母国語・母語は第二言語教育で積極的に活用されるべきものとされていることは言うまでもない。

　しかし訳排斥論にまったく根拠がないとするのも、専門家の傲慢であろう。これまでの英語教育での日本語使用で批判されるべきところは超克し、継承・発展されるべきところはさらに進化させることが理性的態度だろう。「訳」に関する概念分析を行わずに訳を排斥することが愚かなら、同じく概念分析を怠ったまま訳を擁護するのも愚かである。したがって、この論文では「訳」についての概念分析を行うこととする。

　「訳」に関する概念分析だが、欧米では多くの場合、言語的に近い関係にある言語の間で訳を行っている。したがって翻訳の実務者も研究者も、生育歴や生活環境から、起点言語(source language)と終点言語（target language）[注2]の両方に高度に習熟している者がほとんどであり、日本での諸問題を理解するための「訳」概念はあまり見られない。早い話が、日本では「通訳」と「翻訳」として区別されている口頭言語での訳と書記言語の訳も、例えば英語では

"translation" とされているだけである。

2. 山岡洋一の翻訳論

　この点、実務翻訳家として日本の文脈で仕事をしながら、日本の翻訳界の啓蒙に務めた山岡洋一の翻訳論は、「訳」概念を分析する上で非常に重要である。以下、しばらく山岡の論を要約する。参照した文献は山岡が発刊していた『翻訳通信』であり、その号数を併記して出典情報を示すこととする。[注3]

　山岡は、継承し発展させるべき訳を「翻訳」とし、歴史的使命を終え捨て去るべき「訳」を「英文和訳」と称しているが、それらの由来を知るため、まずは山岡の歴史的分析の概要をまとめることにしよう。日本が幕末に開国した際に、欧米の文明を学ぶ方法としては二つあった（97号）。一つ目は森有礼などが主張したように英語やフランス語などの欧米言語を日本の知的言語として採択すること（「外国語主義」と呼ぶことにする）、二つ目は母語に翻訳して欧米の進んだ知識を学びつつ、母語を近代的言語（国語）として発展させること（山岡にならって「翻訳主義」と呼ぶ）であった。結果的には、日本は翻訳主義をとり、明治初期においては、福沢諭吉や中村正直らに代表される個人の超人的な努力により欧米言語の翻訳が始まった。この翻訳は、欧米言語も欧米文化事情も知らない日本人に原著の新概念を理解させるためのものであったため、翻訳者は漢語や俗語などあらゆる言語資源を駆使して新たな日本語を翻訳として創出した。読者の理解を重んずるため、翻訳された日本語は心地よく音読ができるものであり、かつ原文の論理性が明晰に示されるものであった。[注4] また、この頃の翻訳の特徴として、原文の深い理解と強い共感もあげられる。山岡はこれらを欠いた後年の訳者は、「精神のない翻訳機械」となってしまったとも述べている（82号）。

　一方、明治政府は辞書の整備や文法研究に力を注ぐが、最大の努力は翻訳を重んずる学校教育制度（特に高等教育制度）を構築することであった（88号）。学校教育は原則として、天才を育てる機関ではなく、秀才や凡才の能力を高める機関であるから、翻訳は誰にでも習得できるように方法化された。原著の内容は十二分に理解できないまでも、一語一句を忠実に訳して、少なくとも表面だけは分かるようにして、原著の表面から内容を理解する手掛かりがつかめるようにする「一対一対応型」、「欧文訓読型」の訳出法が学校教育での訳の方法となった。このような方法で訳された日本語の文章は、日本人に馴染みない硬い文章であったが、それは学校教育を通じて次第に広がり、山岡の言う「翻訳調」の日本語文体が普及した（35号）。こうして欧米語を翻訳調の日本語にして、欧米の概念を理解することが学校教育の主な柱となり、「翻訳は明治以降100年以上にわたって、ほぼすべての学問の母」となった（60号）。だから

こそ翻訳は有名大学教授の仕事とされ、たとえ娯楽のための小説や詩の翻訳でさえも、有名大学の学者が取り組むことが1970年代ぐらいまでの日本の常識であった（60号）。

翻訳調の中でもっとも学術目的が強かった訳の典型例を、山岡は金子武蔵のヘーゲル訳に見出し「金子訳」と称して解説しているが、ここでは用語の通用性を高めるために「金子訳」を「注釈訳」と呼び変えて山岡の解説をまとめてみよう。注釈訳は、原著を読むときの参考として使うことが前提となっている訳で、原著を読む際にその横に置かれて、原著理解の参考書として使われるように作成され普及した（2号）。注釈訳が行われる背景では「原文ははるかに進んだ欧米文化を代表するものなので、理解することなどとてもできない」と認識されている。だから、原文の表面つまり構文や語句を決められた訳し方で「忠実に」訳していく。注釈訳を読んだだけで意味が理解できるとは想定されていない。せいぜいのところ、「さしあたって」の訳であり、原文の意味を日本語で議論し、考えていく際の参考資料になるにすぎない。注釈訳を参考に、「原書」を読んで意味を考えていくか、原文を想像して意味を考えていくのが、注釈訳の正しい読み方であった（97号）。

この注釈訳は日本近代化（西洋化）での学術の作法となったが、学校教育がますます普及（つまりは大衆化）するにつれ、注釈訳は形骸化し亜流が生まれ（2号）、やがてはその亜流の方が一般的なものとなった。それが山岡の批判する「英文和訳」である。山岡は注釈訳や英文和訳により堕落した翻訳概念の再生を願うが、まずは、ここまでの翻訳の流れを図1でまとめておこう。実線は歴史的な流れ、破線は十分には実現していない流れを示している。

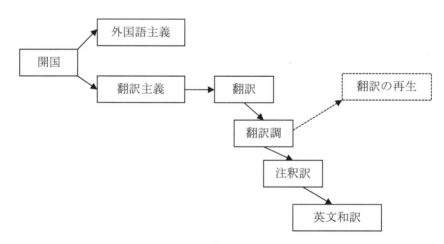

図1：開国以来の「訳」の変遷

山岡は「翻訳」が原文・原著の内容を読者に伝えること目的とするものに対して、「英文和訳」は自分の英語力を教師に示すことが目的であると説明する（12号）。ちなみに山岡の「英文和訳」という用語は、和文英訳も独文和訳・和文独訳も仏文和訳・和文仏訳なども意味する提喩 (synecdoche) 的用法である。後に私はこれを、汎用性を高めた「置換え訳」という用語に換えることにするが、山岡の翻訳論の要約であるここでは「英文和訳」という提喩を使い続ける。英文和訳は、注釈訳をすることができる翻訳者を育てるための手段とされ、注釈訳を中心とした学問を行う大学への入学試験でも問われるべきものとされた（93号）。入学試験は立身出世のための登竜門であったため、構文の訳出法は公式化され、単語の訳語には「正解」的なものが定められ、英文和訳は定型化された。そのような英文和訳を、山岡は次のようにまとめている。

> 公式や正解を覚えておけば、それまでに読んだことがなかった英文を試験のときに示され、辞書を引くこともなく、文章全体の意味を考えることすらなく、あっという間に答案を書けるようになります。大量の答案を受け取った教師も、短時間で点数を付けることができます。公式や正解がある以上、公式や正解から外れることはできないわけで、それだけ自由度が低いのですが、その代わり、教える側にとっても学ぶ側にとっても効率が高いといえます。（19号）

この英文和訳という文化は、少なくとも大学への入学を希望する人間には普及し、「訳」とは英文和訳のことであるというのが常識となった。山岡は1980年代ぐらいまでは、翻訳の実務においても、「英和辞典にない訳語を使うのは禁忌とまではいわなくても、少なくとも冒険だという感覚があった。逆にいえば、翻訳で使う訳語は決まっており、英和辞典に書いてあるという感覚があった。訳語だけではない。構文についても訳し方は決まっており、文法書に書いてあるという感覚があった」と述懐し（31号）、英文和訳が強い影響力をもっていたことを証言している。

しかし、出版業界では1990年代ぐらいから、少しずつ翻訳調の訳（英文和訳・注釈訳）は人気を失い始め、より日本語らしい翻訳が求められるようになった。翻訳者も、有名大学教授ではなく職業翻訳家が選ばれることが多くなり、ヘーゲルなどの翻訳においても長谷川宏などの自然な日本語翻訳が好まれるようになった（この傾向は、光文社古典新訳文庫などの出版でも見られるように、今なお続いている）。この流れを受けて、山岡は翻訳調の英文和訳・注釈訳は歴史的使命を終えた（97号）としているが、同時に英文和訳は学校教育という制度の中で惰性的に残ってしまったとする。山岡は、「訳」を全面的に否定する

近年の傾向は、英文和訳だけを対象として生じた批判であり、翻訳概念を再生させることなく否定する短絡だとしている。山岡は、英文和訳と翻訳の区別に基づき、単なる訳悪玉論には与しない。山岡は短絡的に訳のすべてを否定してしまった英語教育について次のように懸念を表明した。[注5]

> たしかに、歴史的使命を果たし終えたとき、翻訳調の翻訳も、翻訳調の考え方に基づく英語教育も腐臭を放っていたといえるだろう。それをみて、それだけをみて、過去を全否定した結果が、いまの英語教育なのだろう。結果をみれば成功を収めたことが明らかな教育方法を全否定するのが、百年の計を担う立場の人間に相応しい姿勢なのだろうか。・・・公教育という伏魔殿に入り込もうなどとは思わないが、中学から大学までの英語教育はいま、悲惨な状況になっているように思える。過去を真剣に考えることなく将来の方針を決めたために、いまの若者が気の毒な状況になったのではないだろうか。（中略）新しい翻訳スタイルに基づけば、英語教育と訳読教育の新しい道が開けると思う。（97号）

だが、新しい翻訳スタイルについての共通理解はまだ十分ではない。山岡は「いまでは、翻訳とは英文和訳と違うものだという点で、おそらくほとんどの発注者や編集者の見方は一致している。しかし、では翻訳はどうあるべきかという点になると、『読みやすい翻訳がいい』という漠然とした見方があるだけだ」（31号）と業界事情を述べた。

そうなると、英文和訳と峻別されるべき翻訳の概念分析が必要である。もちろん山岡は山岡なりの翻訳の定義を提示している。『翻訳通信』の準備号では、「『原著者が日本語で書いたとすればどう書いただろうか』が翻訳の質を判断する基準になる」と端的に表現している。さらに山岡は「翻訳は書くもの」という点を強調し、「翻訳では『訳すのではなく書く』のが正解だといえるはずです。訳すのではなく書く、これが一流の翻訳家に共通する特徴です」とも述べている（20号）。この他にも山岡は翻訳の社会性についての指摘（25号、72号）をするなど翻訳概念の分析に務めた。

だが筆者は、「翻訳」や「英文和訳」（以下、「置換え訳」と呼び替える）を含めた訳の概念の分析はまだ洗練させることができると考える。以下、その分析を試みる。

3.「訳」に関する概念分析

この章では、(1) 言語形式と言語使用の区別、(2) オースティンの言語行為論、(3) ルーマンのコミュニケーション論、(4) 口頭言語と書記言語の区別、を導入

することにより、「訳」の概念分析を進め、それぞれの導入ごとに「訳」に関する諸概念の定義を行う。なお「訳」とは、もっとも包括的な総称概念を示す用語であり、それは今のところ山岡にならって「翻訳」と「置換え訳」（山岡の用語なら「英文和訳」）に下位区分される。この二分法は踏襲されるが、(4) においてはさらに細かい区分がなされ、「訳」は大きく五種類に分類される。

3.1 言語形式と言語使用の区別による概念分析

最初の概念分析として、言語形式と言語使用の区別を導入することにより翻訳と置換え訳の概念を明確化することを試みる。ここでの言語形式 (language form) とは、統語論を中心とした近代言語学の認識にならい、言語を脱文脈化・脱身体化・脱人格化して抽象的な記号としてとらえ、もっぱらその形式性（音声的・書字的・形態論的・統語的・意味論的な形式性）のみをとらえた言語の側面である。これに対して、言語使用 (language use) とは、ある具体的な話し手が、ある具体的な聞き手に、ある具体的な場面で、ある具体的な瞬間に、ある具体的な歴史を背負って、ある具体的な身ぶりで発する言語の使用の全体像を意味する（以後、具体的な話し手・聞き手・場面・瞬間・歴史・身ぶりなど発話に関する状況すべてを意味する用語として「情況」という用語（柳瀬・小泉 2015）を用いる）。

言語使用は、単に言語形式を産出 ("language production") もしくは再生 ("language reproduction") したものではない。言語使用は情況の中で行われるが、単なる言語産出や言語再生は情況を欠いたまま、言語形式を産出もしくは再生しているだけである。この意味で、いわゆる「ドリル」や「パターンプラクティス」は言語産出や言語再生ではあっても、言語使用ではない。

この区別を元に、翻訳と置換え訳の第一定義を導くことができる。

【翻訳の第一定義】
翻訳は、起点言語の言語使用を対象とし、言語使用の全体像（「情況」）を終点言語で想起できるように終点言語を書き上げることである。

【置換え訳の第一定義】
置換え訳は、起点言語の言語形式だけを対象とし、その言語形式を、辞書に示されている「正解」の訳語に置換えた上で、文法書等に定められた「公式」に従ってそれらの訳語を並べ替えて終点言語に変換することである。

翻訳研究の染谷 (2010) は、翻訳を "translation"、（山岡の言う）英文和訳を "transcoding" と呼び分けているが、この後者の用語も、言語形式のみを重視す

るという点で、上記の置換え訳第一定義と重なる。

3.2 オースティンの言語行為論による概念分析

　言語使用は、情況の点からだけでなく、言語行為論でも捉えることができる。ここではオースティン (John Austin) の言語行為論 (speech act theory) の用語を用いて翻訳と置換え訳の定義を行う。周知のように、オースティンは、言語 (speech) を発することを行為 (act) とみなし、言語行為 (speech act) として用語化し、それを三つの側面に分解した。第一の側面は発語行為 (locutionary act)であり、話し手が自分の意図した通りに言語形式を聴覚的（もしくは視覚的）に聞き手に伝える行為である。第二の側面は発語内行為 (illocutionary act) であり、話し手が発語 (locution) の内に込めた話者の意味 (speaker's meaning)（あるいは発語の目的 (point or purpose)）を聞き手に自分が意図した通りに推測させる行為である。第三の側面は発語媒介行為 (perlocutionary act) で、聞き手が話し手の発語内行為を理解した上で行って欲しいと話し手が期待している反応を聞き手に起こさせる行為である。

　具体例を補おう。例えばある教室に、教師の退屈な授業に反抗し漫画を読んでいる学生がいたとしよう。教師はその学生の態度に立腹し「この教室には授業中堂々と漫画を読んでいる学生がいる」と発語する。教師の発音が明瞭で声量が十分であれば教師は発語行為には成功する。反抗的な学生はその発話を聞き、＜この教師は、私に漫画を読むことを止めさせたいと願っている＞と推測するなら、教師は発語内行為にも成功したといえる。教師は、自らの発語を聞いた学生が漫画を読むことを止めることを期待しているわけであるが、学生はその期待（意図）を十分に知りつつ、「はい、それは僕ですけれど、何か？」と反応し反抗し続けることもできる。この場合、発語行為と発語内行為の成功にもかかわらず、教師は発語媒介行為の側面で失敗したことになる。

　言語使用とは、少なくとも話し手の観点からとらえた場合、これら発語行為・発語内行為・発語媒介行為のすべてを成功させようとする試みだといえる。翻訳が言語使用を対象とするのなら、翻訳はこれらの三つの行為を対象とするものでなくてはならない。ここで翻訳と置換え訳の第二定義を導くことができる。

【翻訳の第二定義】
　翻訳とは、起点言語の言語形式（発語）に話し手が込めた発語内行為の目的と発語媒介行為の期待を理解した上で、その目的と期待が終点言語でも十分に理解できるように終点言語を書き上げることである。

【置換え訳の第二定義】
置換え訳とは、発語内行為と発語媒介行為について特に考慮することなく、発語行為で示された言語形式を、定められた「正解」と「公式」を利用して、終点言語に変換することである。

3.3 ルーマンのコミュニケーション論による概念分析

社会学者のルーマン (1993, 1995) は、オースティンの言語行為論をさらに発展させたコミュニケーション論を展開した。オースティンの論では、あたかも発語行為・発語内行為・発語媒介行為が、段階的に順番に達成されるようにも解釈されてしまう。また、発語内行為の目的と発語媒介行為の期待は、常に明確で一義的であるかのごとくでもある。しかし、例えば誰かがある発言に対して「まあ、どうだろうねぇ」と発語した時、その話し手が常に明瞭な目的と期待をもっているとは限らない。話し手自身も、とりあえずそう発言し、聞き手の反応や自分自身の気持ちや思考の整理を待っている場合も日常生活では多くある。そうなると、発語行為・発語内行為・発語媒介行為の三側面は段階的・加算的に捉えられるのではなく、相互に影響を及ぼしながら、実時間内で行われるコミュニケーションの中でとりあえずの統一に結実される動態的な現象と捉えられるべきであろう。

加えて、聞き手が、話し手が思った通りの反応をすることを、話し手の「行為」と呼ぶことは、用語法として問題がある。通常、「行為」とは、個人が意志・目的をもって意識的に何かをすることであり、通常、その個人内で行為は完結する。だが、聞き手の反応は言うまでもなく話し手とは別人格の聞き手が聞き手の意志・目的をもって行うことである。語用論においてもこのあたりの問題は自覚されており、第三の側面はしばしば発語媒介行為ではなく、発語媒介「効果」 (effect) と言い換えられている。

こういった問題も踏まえて、ルーマンは用語法を一新し、三側面を、「情報」 (Information)、「告示」 (Mitteilung)、「理解」 (Verstehen)と呼ぶ。「情報」は顕示的に提示されている明瞭な内容であり、言語行為論の locution に相当する。英語ではそのまま information と訳される。「告示」 (Mitteilung) とは、情報の顕在的な提示に伴い潜在的に提示され、聞き手がその存在を茫洋と感知し解釈する内容であり、speaker's meaningやillocutionary pointに相当する（だが、語用論の典型例が示しているようにその内容が常に明確なものではないことに注意）。この Mitteilung はルーマン自身が認めるように、翻訳しにくい語である。日本語では「伝達」などと訳されているが、「伝達」とは日常的には一方向的・一義的な連絡の意味で使われることが多く、この訳語は適切だとは言いがたい。英語では"utterance"や"announcement"などと訳されているが、これらの英訳を英

文和訳し、「発話」や「宣言」としても誤解を招くだろう。(注6) したがって、ここではこの概念を「告示」 ── 話し手がある発語を告げることにより示されている内容 ── と呼ぶことにする。

　聞き手は情報の把握 (comprehension) を基に告示を推測 (inference) するわけであるが、告示の推測により情報の把握の具合も変動する（「これは皮肉か」と告示を推測した途端に際立って把握される音調や語選択などの情報がその例であろう）。かくして、情報把握が告示推測に、告示推測が情報把握に影響を与え続けるのだが、実際のコミュニケーションにおいては現実的な実時間内に反応をすることが通常であるので、聞き手は情報と告示を、それらの差異を踏まえつつも現実的な実時間内に統一させて反応する。その統一と反応が「理解」(Verstehen) である（英語でも "Verstehen" は、そのまま "understanding" と訳されている）。この意味での理解とは、聞き手なりの情報と告示の統一とそれに引き続く反応 ── この統一と反応はしばしば重なりあっている ── であり、語用論の言い方なら "perlocutionary effect" に相当する。私たちは日常生活において、ある人の行動を目の当たりにして、その人に「君は、そんな風に考えていたのか」と言うこともあるが、行動を思考とほぼ等価とするこのことば遣い（＜君の示した行動により君がどのように考えていたのかが判明した＞）は、ここでの「理解」（情報と告示の統一に基づく行動）と似ていると言えよう。

　この情報、告示、理解の動態的統一を図示するなら、下の図2のようになる。

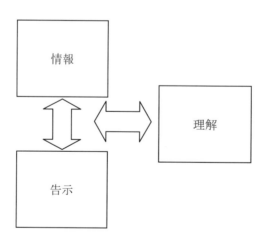

図2：　情報・告示・理解の動態的統一

　情報と告示の間の両方向矢印（縦方向）は、両者の相互影響関係を表している。その矢印と理解の間の両方向矢印（横方向）は、情報と告示の相互影響関係と理解がさらなる相互影響関係にあることを示している（情報と告示の統一

に基づき理解が定まることもあれば、ある理解の選択により情報と告示の統一が遡及的に示されることもある)。ちなみにルーマンは、情報を把握しても告示を推測できず理解にも至らない事例は、意味理解ではなく知覚にすぎないとも述べている。

この情報・告示・理解の動態的統一という概念から、翻訳と置換え訳の第三定義(の暫定版 — 決定版は後述)を導くことができる。

【翻訳の第三定義(暫定版)】
翻訳とは、起点言語の言語形式という情報と、そこから推測できる告示の関係を考慮しながら、理解としての終点言語表現を書き上げることである。

【置換え訳の第三定義(暫定版)】
置換え訳とは、起点言語の言語形式という情報を知覚し、それだけを定められた変換規則により終点言語での言語形式に置き換えることである。

こうして定義してみると、置換え訳がほとんど同じ結果に終わる機械的なものであるのに対して、翻訳は情報・告示・理解の動態的統一に基づくためしばしば多様な結果を生み出すものであることが納得できる。

しかしここで注意すべきは、日本の欧米言語翻訳のように、言語的・文化的に遠い関係の言語間での翻訳においては、翻訳作品の読者は、原著の著者が前提としている情況について必ずしも熟知していないことである。そうなると翻訳者は、著者と読者の前提の違いを配慮した上で翻訳しなければならない。翻訳者は、自分が産み出す翻訳作品が読者に情報として提示された場合、読者がそこからどのような告示を喚起しどのような理解をするかを予め読み込んだ上で翻訳作品を書き上げなければならない。この点で、上記の暫定版は修正されるべきである。

また、ついでながら別の修正を加えるなら、「情報」、「告示」、「理解」の用語はルーマン理論の解説抜きに単独で使われるならば、誤解を生み出しかねない。そこでもっと直感的に定義理解に近づきやすい用語を求め、「情報」は「表の意味」、「告示」は「裏の意味」、「理解」は「全体的意味」と呼び替えることにする(「表の意味・裏の意味・全体的意味」は柳瀬・小泉(2015)で用いた用語法でもある)。

これらの点を加味すると、翻訳と置換え訳の第三定義(暫定版)は次のように修正される。この第三定義をもって本論文での[注7]最終定義とする。

【翻訳の第三定義】
　翻訳とは、起点言語に表されている表の意味（情報）と裏の意味（告示）の差異を統一的に全体的意味として理解した上で、起点言語の情況をあまり知らない読者が、翻訳作品が提示された場合、その表の意味からどのような裏の意味を推測し、そこからどのような全体的意味を理解するか予想しながら、起点言語の全体的意味を終点言語で書き起こすこと。

【置換え訳の第三定義】
　置換え訳とは、起点言語の表の意味だけを知覚し、読者がどのように裏の意味を推測し全体的意味を理解するかについて配慮することなしに、表の意味だけを定められた変換規則により終点言語での言語形式に置き換えること。

　上記の翻訳第三定義を図示したのが図3である。灰色部分は、（翻訳者が想定している）読者の表の意味の把握・裏の意味の推測・全体的意味の理解を示している。白色の全体的意味と灰色の表の意味が重なるのは、翻訳者（白色）の全体的意味理解が翻訳作品として結実し、それが翻訳読者にとっての表の意味となることを示している。灰色の全体的意味から白色の全体的理解への反転的矢印は、翻訳者が想定している読者の理解が、翻訳者の翻訳作品執筆の際に織り込まれていることを示している。

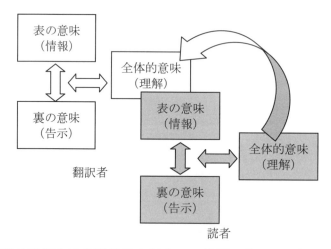

図3：　読者の理解を予め織り込んだ上での情報・告示・理解の動態的統一

3.4　口頭言語と書記言語の区別による概念分析
　前にも述べたが、日本では「翻訳」という用語はもっぱら書記言語に対して使われ、口頭言語に対しては「通訳」という用語が使われる。書記言語と口頭

言語の違いを考えると、両者を区別することにはそれなりの合理性がある。ルーマン (2009) も指摘するように、書記言語は、文字に書かれているので時空を超えて遠くの未来の読者にまで運ばれるという「可搬性」を特徴としてもつ。さらに、書記言語はその可搬性ゆえに、文章は文章自体の情報だけで（すなわち書き手の声や顔の表情などのパラ言語的情報なしに）読まれても誤解ができるだけ生じないように書かれている「自律性」という特徴ももっている。これに対して、口頭言語は話し手と聞き手が時空を共有し、直接対面しながらお互いの声や顔の表情の刻々の変化を知った上で発せられるという「相互作用性」をもつ。それゆえ口頭言語は、相手の変化に俊敏に対応して変化する「即変性」をもつ。まとめるなら、可搬性と自律性を特徴とする書記言語は、遠くの未来の読者理解を予想した上で丁寧に作られる言語であり、相互作用性と即変性を特徴とする口頭言語は、対面する相手の表情などからその相手の理解を即時に受け取り瞬時にそれに対応して発せられる言語である。

　この意味で、翻訳とも英文和訳（置換え訳）とも異なる授業の中での言語使用として認識されてきた「英文解釈」が興味深い。私たちがしばしば「英文解釈」と読んでいる授業での行為は、学習者が産出する訳（英文和訳もしくは翻訳）に対して、教師が質問や解説を加え、学習者がそれを受けて自分の理解を述べたり訳を修正したりすることである。英文解釈では書記言語と口頭言語が使われていることになる。学習者は予習の段階で書記言語の原文を読み、自らの理解を丁寧に書記言語として訳の形に書き付け、授業でそれを読み上げる。教師はその訳の不備を補うべく質問や解説を口頭言語で行い、学習者も口頭言語でそれに応える。口頭言語の相互作用性と即変性により、この問答は微妙な意味合いも表現できるものであり、その口頭言語での理解から、学習者は自らの書記言語（訳）の改善（ということは英文理解の改善）を図ることができる。ここでは、口頭言語が書記言語と比べてはるかに楽に産出できることが活かされている。また、言語の種類から考えると、ここでの口頭言語は、学習者の訳を「対象言語」(object language) として成立している「メタ言語」(meta-language) であるともいえる。翻訳でもメタ言語が翻訳者の注記挿入などの形で使われることは皆無ではないが、英文解釈ではそれとは比較にならないぐらい多くのメタ言語が使われる。英文解釈は、翻訳とは異なり、口頭言語もメタ言語も多く使われる言語使用である。

　こうなると、私たちがこれまで「翻訳」と一括してきた言語使用の中にも、「解釈」とも称せる下位範疇を設定すべきことがわかる（「英文解釈」という用語は文字通りには英語だけを意味するので、ここでは「解釈」という用語に換えた。(注8)

　もちろん、「解釈」は「通訳」とも異なる。解釈は学習者と教師が相互作用

的・協働的に二人で作り上げる言語使用であるが、通訳は基本的に通訳者一人が作り上げる言語使用である。また、口頭言語の相互作用性と即変性からして、通訳は翻訳とも性質を異にする。通訳者は、対面している聞き手（聴衆）の情況理解を彼・彼女らの表情から読み取りながら、例えば「この方は、ユーモアを込めてお答えくださったのですが・・・」などとメタ言語を挿入することもある。また、相互作用のもつ時間的制約から、通訳は、翻訳ほどの厳密さが仮になくとも、現実の時間的制約の中で、発話の本質を簡潔に伝えることを優先する。

　こうなると広義の「翻訳」は、口頭言語だけを使う「通訳」と、書記言語と口頭言語の両方を使う「解釈」と、書記言語だけを使う狭義の「翻訳」の三つに下位区分できることになる。同じ「翻訳」を広義と狭義で使い分けることにより混乱が生じることを避けるため、以後、原則として狭義の翻訳は「作品翻訳」と呼ぶことにする。

　また、置換え訳についても、授業実践を見る限り、英語を日本語に（あるいは日本語を英語に）口頭で瞬時に変換させる訓練が「クイック・レスポンス」として知られ普及している。これは即答性が強く求められる点で（山岡の言う）英文和訳とも異なる訓練である。したがって、これまで「置換え訳」と一括して述べてきた訳の中にも、口頭言語による「クイック・レスポンス」と、書記言語による「英文和訳」と「金子訳」（いずれも山岡の用語法）があることがわかる。筆者は、日本語使用を洗練させるためには、安易なカタカナ語の使用を避けるべきという信条をもっているので「クイック・レスポンス」は「瞬時返答」と呼び替えることにする。また、既に説明したように、筆者は専門用語に提喩的用語は避けるべきだという信条ももっているので、「英文和訳」と「金子訳」は避けたい。これらはこれまで「置換え訳」と「注釈訳」と呼び替えてきたが、「置換え訳」は瞬時返答と英文和訳と金子訳（＝注釈訳）の訳を総称する用語として今後使いたいので、山岡の用法での英文和訳は以後「受験訳」と呼ぶことにする。これらの区別を整理したのが、図4である。「訳」は大きく五種類に分類されることになる（受験訳と注釈訳はとりあえず同一種類と考える）。

　ちなみに置換え訳の瞬時返答は口頭言語で行われるものの、それは定められた「正解」を返答するだけであり、即変性を欠いた言語使用である。受験訳・注釈訳は書記言語で行われるものの、それを読んだだけでは原文を予め（あるいは同時に）読んでいない人間には理解困難であるという点で、自律性を欠いた言語使用である。置換え訳の瞬時返答と受験訳・注釈訳は、それぞれ口頭言語、書記言語として欠損のある言語使用であるといえる。

		訳		
		置換え訳	翻訳	
終点言語の様態	口頭言語	瞬時返答	通訳	解釈
	書記言語	受験訳・注釈訳	作品翻訳	

図4： 「訳」の五分類

4 まとめと考察

　本論文では、山岡の翻訳定義「もし原著者が終点言語の使い手だったらどう書いただろうか」を発展させることを目指し、翻訳を言語形式だけではなく言語使用の全体像を対象とする営みだと説明した（第一定義）。それを、語用論（とくにオースティンの用語）を使って説明するなら、発語行為での「文字通りの意味」だけでなく、発語内行為での話者の目的（あるいは「話者の意味」）と発語媒介行為での話者の期待をも勘案に入れることを意味し、翻訳とは原著者が起点言語に込めた目的と期待が、終点言語でも十全に理解できるように終点言語を書き上げることだとも定義した（第二定義）。さらに、語用論の用語が、「発語行為→発語内行為→発語媒介行為」といった単純な加算的過程を含意しかねないこと、および、「目的」や「話者の意味」という用語は、それらが常に明確であるかのような誤解を招きかねないことを指摘し、語用論の用語（発語行為・発語内行為・発語媒介行為）をルーマンの用語（情報・告示・理解）で説明しなおし誤解を払拭しようと試みた。その上で改めてルーマンの用語をわかりやすく「表の意味」・「裏の意味」・「全体的意味」と読み替えて、本論文の最終定義（第三定義）を導き出した。

　本論文の最終定義では、「翻訳」が、(1) 起点言語の表の意味と裏の意味の差異を統一的に理解して終点言語を翻訳作品として書き上げるが、その際は、(2) 終点言語が、起点言語の情況をあまり知らない読者に表の意味として提示された時に、その表の意味がどのように裏の意味と全体的意味の動態的統一を読者に引き起こすかを織り込んだ上で終点言語を書き上げること、を特徴としてもつことが示された（図3）。他方、「置換え訳」は、(1) と　(2) どころか、裏

の意味や全体的意味、そして読者の読解すらも考慮されていない定型的で形式的な変換であることが説明された。

さらに相互作用性と即変性を主な特徴とする口頭言語と可搬性と自律性を主な特徴とする書記言語の区別を導入し、翻訳は、口頭言語の「通訳」、書記言語の「翻訳作品」、書記言語での理解を口頭言語の相互作用性と即変性で改善する「解釈」の三つに下位区分できることを示した。同様に、置換え訳も「瞬時返答」と「受験訳・注釈訳」に下位区分することが可能であり、総称的な「訳」は五つに分類できることを示したが（図4）、瞬時返答は即変性に、受験訳・注釈訳は自律性に欠けるものであることも付け加えた。

こういった定義と概念分析を基盤にしていくつかの考察をしてみよう。

第一の考察は、これまでの日本の英語教育で批判されるべきは置換え訳であり、翻訳ではないことである。訳の概念分析をしないままに、置換え訳批判から「産湯とともに赤子を捨てる」ように、英語授業から日本語使用を締め出し、結果として小中高の英語教育から翻訳を行う可能性を無くしてしまうことは思慮深い政策とはいえないだろう。

置換え訳が批判され、その使用が必要最小限に留められるべき（あるいは廃止されるべき）理由は、置換え訳が言語形式の操作にとどまり、言語使用の全体像と読者の読解を織り込んだ思考などを一切無視しているからである[注9]。だが翻訳はこれらの要因を決定的に重要なものとして行うわけであるから、置換え訳と翻訳を同じものとしてしまうことは危険である。だからといって、英語教育の大部分（あるいはすべて）を翻訳にするべきだというのは、時代錯誤であろう。情報がほとんど書籍だけでしか伝わらず、終点言語（目標言語）話者との直接対面がほとんどなかった時代では翻訳重視は合理的な選択であったが、長距離移動手段が普及し直接対面がめずらしくなくなった現代において、口頭言語としての終点言語（目標言語）使用をほとんど行わない翻訳が、英語教育の大半を占めることは合理的ではない。

第二の考察は、翻訳とはコミュニケーションの一種であることを再認識すべきというものである。上でも述べたように学習指導要領は「授業を実際のコミュニケーションの場面とするため」という理由で授業中の日本語使用（ひいては翻訳）を原則的に禁じている。この論法は「翻訳はコミュニケーションではない」ことを含意している。だが、「作品翻訳」も「通訳」も、言語使用の言語使用の全体像と読者・聴者の理解を予め織り込んだ思考に基づく、原著者と読者を結ぶコミュニケーションである。また、「解釈」は、原文と学習者の訳（書記言語）を題材とした、学習者と教師の間のコミュニケーション（口頭言語）であり、そのやりとりの中で書記言語理解が試され深められる。

「解釈」でのコミュニケーションは、書記言語を題材とする（つまりは対象

言語とする）という点で、メタ言語的コミュニケーションであるが、これにより学習者はことばについて（高次に）語ることを学ぶことができる。「メタ言語的コミュニケーション」と言われれば何か特殊なコミュニケーションのように聞こえかねないが、使われていることばについて語り合い吟味することは、日常の話し合いにおいても決定的に重要なことである（国会での議論においてこのメタ言語的コミュニケーションがなくなれば、権力側の恣意的な言語使用がまかり通り、法治主義はなし崩しにされ、民主主義は自壊する）。強権的なことば遣いにだまされないように、使われていることについて丁寧に語り、そうやって少しずつ言語使用を洗練させてゆくことの社会的効用は高いし、民主主義国家の維持発展のためにも非常に重要であるといえる。もし日本の英語授業が、単に個人が "English" を習得できるかできないかだけに関わる "Teaching of English" なのだとしたら、翻訳はその目的とは無関係な営みかもしれない。しかし、もし日本の英語授業が、「英語」という科目名称で運営される日本の公教育の一部としての「英語教育」— 岡倉由三郎 (1911) がそれまでの「英学」とは峻別した意味で使った意味での「英語教育」— なのだとしたら、翻訳を教育することの社会的・国家的意義は認められるべきであり、翻訳をコミュニケーションの一種であることを認めない言語政策は、その目的の錯誤と粗雑な言語使用により批判されるべきであろう

　第三の考察は、「英語」の学習指導要領が、単一言語主義 (monolingualism) に基づくものであるか、複合的言語観 (plurilingualim) に基づくべきものかを教育関係者が明確に議論し、その議論を国民に提示すべきということである。外国語教育訳を全面否定する言説は単一言語主義を志向している。しかし日本国の公教育における英語教育で追求されるべきは、英語習得だけなのだろうか、それとも英語習得とそれに伴うことばへの気づきおよび言語使用全般における向上なのだろうか。

　もし教育を、設定された目標をいかに短時間で達成するかという競争だと認識すれば、目標を限定する方が合理的である。ことばへの気づきや言語使用全般における向上などといった複数の（しかも数値化しにくい）目標を立てることは、（それが何を意味するにせよ）教育の「競争力」の強化を損ねかねない。実際、文部科学省はこれまでも「日本人全体として、英検、TOEFL、TOEIC等客観的指標に基づいて世界平均水準の英語力を目指す」（2003年「行動計画」）や、「アジアの中でトップクラスの英語力を目指す」（2014年「有識者会議」）などと宣言し、英語教育をあたかも競争のようにみなしているように思える。

　だがもし公教育としての英語教育を、その地域に根ざした市民・国民形成のための営みとすれば、脱文脈化された指標でいたずらに他地域と競争を行う必要はなくなる。教育の目標（あるいは目的）を複数化したり、数値化しにくい

目標・目的も加えたりすることは、なんら問題ではない。現時点で「客観的」評価ができないからといって、教育内容を変更するのは本末転倒である。

　「全体の奉仕者」としての（教育）公務員が従事すべきなのは、単一言語主義に基づきとにかく英語ができる人々を育てることなのだろうか。それとも、複合的言語観に基づき、英語を母国語・母語ひいては他の言語と連動させながら、言語使用を洗練させ、成熟した社会・国家を形成する主体を育てることなのだろうか。教育に関する公務員は、市民・国民がこの選択に関して自覚的になれるよう、現在の自らの営みおよび取りうる選択肢を言語化する必要があるだろう。

　第四の考察は、日本は日本語から英語（および他言語）への翻訳という課題を有しているのではないかというものである。幕末・明治から約150年かけて、日本は翻訳調という過程を乗り越えて、欧米言語を平易な日本語に翻訳することができるようになった。これは欧米文化の受容であると同時に日本語を豊かにすることとなった。しかし、これで翻訳の課題が終わったわけではない。逆方向の翻訳、つまり日本語を平易な英語（および他言語）へ翻訳し、日本文化を深く伝えると同時に英語などの言語を豊かにする課題が残っている。もちろんこれまでも日本文化は英語などの言語に翻訳されてきた。しかし、その量は、英語などから日本語への翻訳と比べると非常に少なく、また質的にも英語などに翻訳しやすい部分がもっぱら翻訳されてきたのかもしれない。実際、英語学の泰斗である安井稔までもが、現実的助言であるにせよ、英語などに翻訳しにくい「やまと心の領域」を翻訳することは避けることを勧めているぐらいである（安井 2013）。だが精神医学の木村敏などは、日本人患者が使う主語のない表現を独仏英語に翻訳することの困難性を認めつつも、そういった西洋語に翻訳しにくい日本語的な表現を敢えて翻訳し、西洋語で形成されてきた常識を日本語からの翻訳で刷新することの人類的意義を訴えている（木村 2010）。

　学習指導要領での日本語忌避や、英語だけで学位が取れる大学・学部が奨励されている教育政策を額面通り受け取るなら、ひょっとしたら日本は20世紀の「翻訳主義」から、21世紀の「外国語主義」へと大きく転換しようとしているのかもしれない。しかし、翻訳主義を選択したのは、幕末・明治の日本人が日本国内の文化的分裂を恐れたからではなかったのか。英語教育において、日本語との対比や、日本語での肌理の細かい討議（「解釈」）を排除し、とにかく英語で授業を行うことは、英語習得に対して動機づけられている経済資本・文化資本・社会資本に恵まれた家庭の子弟は伸ばしても、そうでない家庭の子弟は伸ばせないことにつながらないだろうか。私たちが目指すべきは、新たな翻訳主義による教育 ── 必要に応じて英語を始めとした外国語を達意の日本語に翻訳することができるだけでなく、きわめて日本的な領域も理解可能な外国語

に翻訳することもでき、なおかつ、特に翻訳を必要としない場面では、その外国語を使いこなすこともできて、その複合的言語能力で国内外での成熟した社会形成に貢献できる人間を育てる教育 ─ ではないだろうか。

　以上、「訳」に関する概念分析を行い、その分析に基づく考察を行った。言語教育者が自らの営みを適確に言語化することは職業的矜持であろうし、言論によって営まれる民主主義を維持発展させるための義務でもあろう。概念分析に基づく言語教育論のより一層の普及を願い、この論を閉じる。

注

　(1) Multi-competenceに関するVivian Cookの詳しい解説は、彼のホームページから参照できる。

(http://homepage.ntlworld.com/vivian.c/SLA/Multicompetence/index.htm)

　(2) 翻訳研究で "target language" は「目標言語」と訳されることが多いが、「目標言語」は第二言語教育の文脈で「学習対象の言語」という意味で使われることが多いので、混同を避けるためここでは "target language" を「終点言語」と訳すことにする。言うまでもなく「訳の終点となる言語」の意味である。

　(3) 『翻訳通信』は2002〜2012年まで山岡が関係者に配信していた媒体(ただし2012年3月は山岡の死後の追悼号)でPDF版によるウェブ公開もされていた(筆者は準備号から111号までを保存している)。しかし、山岡の死後、遺族の意向で公開は取りやめられている。

　(4) 山岡は、翻訳の変化を『翻訳通信』81号で明治期と昭和期の翻訳作品を比較することで実証的に示している。

　(5) 予備校で長年教鞭をとった伊藤和夫(1997)も、「英文和訳」の機能性を認めつつも、それが英語の本質的な学習につながらず、あまつさえ機械的な訳出によって日本語の感覚を破壊することを批判している。同時に伊藤は、参考書で見事な翻訳の実例も示している。

　(6) ただ"Information"を「発語」、"Mitteilung"を「発意」とする翻訳も考えられないわけではない。

　(7) 本来は、この第三定義に続き、神経科学のダマシオの身体論を導入し、彼の「想い」(image) 概念を使ってさらに定義の概念分析を深める予定であったが、紙幅の関係で今回はその論考を割愛する。ゆえに、この第三定義はあくまでも本論文での最終定義であり、筆者の現時点での最終定義ではない。

　(8) もちろん提喩的に「英文解釈」という用語を使うことも可能ではある。ちなみにここでの「解釈」を英訳するとしたら、それは "interpretation" ではなく "interactive interpretation" あるいは "collaborative interpretation" と翻訳するべきだろう。

(9) 受験訳の批判は少なくないが、瞬時返答は「クイック・レスポンス」として、「トレーニング中心主義」（柳瀬・小泉 2015）の傾向の強い中高の現場でむしろ積極的に推進されている。限られた短時間の中で、できるだけ多くの英単語に対して、定められた正解の訳語を即答する訓練はしばしば見られる。またそこまでの強い時間制限は設けずに、正解訳語を再生させる営みは「単語テスト」として多くの高校で行われている。クイック・レスポンスはもともと通訳現場での訓練として英語教育界に紹介され普及したものであるが、特殊で極めて限定的な意味しかもたない専門用語を短時間でマスターしなくてはならない通訳現場ならともかく、裏の意味だけでなく表の意味にすらも多様な広がりをもつ基本単語を使いこなせるように教育すべき学校英語教育の現場で行うことは、語の意味理解でなく知覚についてだけ訓練し、それを「ことば（単語）の学び」としてしまう点で、有害無益であるのではないだろうか。筆者はこの論点を身体論の「想い」 (image) の概念から論考する予定だったが、本論文では紙幅の関係上、これ以上の言及は避ける。しかし中高の英語教育の実態を考えると、「クイック・レスポンス」や「単語テスト」についてどう考えるかというのは、非常に重要な問題である。

引用文献

Council of Europe (2001) *Common European framework of reference for languages: Learning, teaching, assessment.* Cambridge: Cambridge University Press.

Phillipson, R. (1992). *Linguistic imperialism.* Oxford: Oxford University Press.

伊藤和夫 (1997) 『英文解釈教室 改訂版』 東京：研究社

江利川春雄・齋藤兆史・鳥飼玖美子・大津由紀雄 (2014) 『学校英語教育は何のため？』 東京：ひつじ書房

大津由紀雄・窪薗晴夫 (2008) 『ことばの力を育む』 東京：慶応義塾大学出版会

岡倉由三郎 (1911) 『英語教育』 東京：博文館 （ウェブ上の「近代デジタルライブラリー」で全文閲覧可能）

木村敏 (2010) 『精神医学から臨床哲学へ』 京都：ミネルヴァ書房

クック、G. 著、齋藤兆史監修、北和丈訳 (2012) 『英語教育と「訳」の効用』 東京： 研究社出版

小林敏宏・音在謙介 (2007) 「『英語教育史学』原論のすすめ」拓殖大学『人文・自然・人間科学研究』 No.17, pp.34–67.

小林敏宏・音在謙介 (2009)「『英語教育』という思想」 拓殖大学『人文・自然・人間科学研究』 No.21, pp.23–51.

染谷泰正 (2010) 「大学における翻訳教育の位置づけとその目標」 『関西大学

外国語学部紀要』 No. 3, pp. 73–102.
三木谷浩史 (2012) 『たかが英語！』東京：講談社
安井稔 (2013) 『ことばで考える』東京：開拓社
柳瀬陽介・小泉清裕 (2015) 『小学校からの英語教育をどうするか』 東京：岩波書店
ルーマン, N. 著、佐藤勉監訳 (1993, 1995) 『社会システム理論 （上）（下）』 東京：恒星社厚生閣
ルーマン, N. 著、馬場靖雄・赤堀三郎・菅原謙・高橋徹訳 (2009) 『社会の社会（上）（下）』 東京：法政大学出版局

英文法は「分ければ分かる」か？
語彙的アスペクトに基づく動詞分類を教える試み

山岡 大基

広島大学附属中・高等学校

要約

「分ければ分かる」は学習に関する常套句であるが，英文法指導に関しては，むしろ「分ける」ことが批判される動向がある。それは一面では正当なことではあるが，一方で，やはり適切に「分ける」ことが生徒の学習を促進する場合もあるかもしれない。筆者は，英語動詞の分類に焦点を当て，一般的な学校文法よりも細かい，語彙的アスペクトに基づく分類を中学生に指導した。その結果，顕著ではないものの，生徒の学習に貢献する結果を得た。

1. 英文法指導と分類の是非

学校英語教育においては明示的な文法指導が比較的安定して維持されてきたと言える。しかし，「何を明示するか」については変遷があるようである。たとえば，文法現象を詳細に分類して教えることは，多くの論者が批判の的とするところである。予備校講師の小倉弘は，いわゆる「受験英語」に見られる種々の誤謬を指摘する中で，各々の項目の「本質」を捉えることの重要性を説いている（小倉, 1998）。同じく予備校講師の関正生も，英文法規則の「丸暗記」を批判し，「核心」から種々の表面的な規則を演繹する英文法理解を推奨している（関, 2015）。また，高校教員の萩野俊哉も，現在完了形やto不定詞の用法分類をhaveやtoの本質的な語義に還元して説明するなど，規則の列挙と暗記ではなく，各項目の原理を踏まえた指導を提唱している（萩野, 2008）。このように，文法を指導するうえで，分類したものを丸暗記させるのではなく，その本質の理解が重要であるという共通理解が英語教育界で広く形成されてきたと言ってよい。

一方で，あらゆる文法現象を統一的な原理に還元することは，必ずしも教育的とは言えない。極度に一般性を高めた規則は，少数の規則で多くの文法現象を説明できるが，抽象的すぎて第2言語学習者がそのままの形で利用することはできない。やはり，抽象化は「ある程度」に留めるのが指導上の知恵であり，逆に言えば，それは「ある程度の細分化」に価値を認めることと同義である。

そのように考えると，現状よりも細分化の度を高めた方が，かえって生徒の理解を促す場合がある可能性も示唆される。次節以降では「動詞の分類」を取り上げ，動詞の性質について一般的な学校文法よりも細分化して指導した実践について報告する。

2. 語彙的アスペクトに基づく動詞の分類と学習上の利点

学校文法では，目的語の有無によって「他動詞／自動詞」を分け，また，語義によって「状態動詞／動作動詞」を分けることが一般的である。これら2系統の分類法は相互に独立した基準によるため，英語動詞を［他／自］×［状態／動作］の4通りの組み合わせに分類していることになる。

一方で，英語学・言語学研究においては，より細かい分類がなされている。特に「状態／動作」の細分化として，たとえばVendler（1957）は，動詞と目的語・補語の組み合わせの語彙的アスペクトを「状態（state）」「活動（activity）」「達成（accomplishment）」「到達（achievement）」の4つに分類した。また，安藤（2005）は，Vendlerによる分類とほぼ対応するものとして，図1のような語彙的アスペクトに基づく動詞の分類を示している。

図1．安藤（2005）による語彙的アスペクトに基づく英語動詞の分類

さらに，影山（1996）は，Vendlerの分類を発展させた語彙概念構造を図2のように定式化している。これらの分類においては，学校文法では「動作動詞」とまとめられている動詞群が3種類に分けられている。

このように分類することの利点としては，たとえば，「バスがもうすぐ止まりそうだ」の意味でThe bus is stopping.とは言えても，「もうすぐ勉強するところだ」の意味でI am studying.とは言えないという現象が説明しやすくなることなどが挙げられる。学校文法に従えば，2例とも「自動詞＋動作動詞」と分類されて違いがないが，Vendlerの分類に従い，stopは「到達動詞」，studyは「活動動詞」と細分化すれば，現在進行形で近接未来を表すことができるのは到達動詞のみである，という説明が可能になる。また，現在完了形について，I have studied French for eight years. は，いわゆる「継続」用法とも「完了」用法とも解釈することができるが，I have studied French for two hours.は通常「完了」用

図２．影山（1996）による動詞の語彙概念構造の全体像

法の解釈しか許さない。このような違いも学習者にとっては理解の難しい点である。これについても，studyという1語のみにとらわれず，study French for eight years および study French for two hours という述語全体のアスペクトに着目すれば，前者は「完結的」（達成動詞）・「非完結的」（活動動詞）両様でありうるのに対し後者は「完結的」（達成動詞）でしかありえないために，現在完了形における解釈に差異が生じるという説明が可能になる。さらに，影山（1996）による定式化は，これらの動詞分類そのものの説明を平易にする。

3．語彙的アスペクトに基づく動詞分類を教える実践の結果と考察

以上のような見地から，中学3年生に対して動詞の分類を細分化して教える実践を行った。言語活動において生徒の使用する英文にテンス・アスペクトの混乱が多く見られたことから，他動詞／自動詞の区別，および目的語までを含めた「述語」としての語彙的アスペクトを意識させるために，取り立て指導（単元の主たる学習活動そのものではなく，主たる学習活動の進行中に必要に応じて臨時に行う指導）として上述の4分類を導入した。指導に当たっては，用語の面で「達成」と「到達」の差異が分かりにくいことから，便宜上，「状態動詞」「活動動詞」「達成動詞」「瞬時到達動詞」という用語を用いた。なお，当該の生徒の習熟度は，大部分がCEFRではおおむねA2レベルに位置すると推定され，実用英語検定では準2級程度の英語力を有する。また，英語学習に対する動機は比較的高く，実際に英語を使用する言語活動だけでなく，英語の仕組みを知的に理解する学習に対してもおおむね積極的に取り組む。

指導前には生徒の理解度を測るプレテストを実施した。指導は，4分類を導入したうえで，その知識をプレテストの各問に適用して理解を図る形式で行った。また，指導直後にプレテストと同形式のポストテストを実施して指導の効果を

確かめた。テストは6択式で，適当と思われる表現をいくつでも複数回答できる単文型空所補充問題とした。なお，今回の指導を受け，プレ・ポスト両方のテストに解答した生徒の数は68人であった。
　プレテストで見られた回答傾向として挙げられるのは次の3点である。

(1) 現在完了形と現在完了進行形の理解の不安定さ
(2) 日本語の語尾と英語のテンス・アスペクトの一対一対応
(3) 過去完了形の用法の不理解

このうち(3)については，そもそも過去完了形について体系的に指導しておらず，この項目そのものの理解が不十分であったので，本稿では考察対象としない。
　(1) については，次のような解答傾向が見られた。各選択肢に付した数値は，その選択肢を選んだ回答数の総回答数に占める割合である。

(a) ステイシーは，サンタクロースは彼女の祖父だと信じてきた。
　　Stacy (　　) that Santa Claus is her grandfather. （状態動詞）
　　①believes　6.3%　②is believing　2.5%　③**has believed**　**47.5%**
　　④**has been believing**　**17.5%**　⑤believed　5.0%　⑥had believed　21.3%

(b) テッドは子どものころからその作家が好きだ。
　　Ted (　　) the writer since he was a child. （状態動詞）
　　①likes　15.5%　②is liking　0%　③**has liked**　**50.0%**
　　④**has been liking**　**27.4%**　⑤liked　3.6%　⑥had liked　3.6%

(c) ジョージは教室で絵を描いている。
　　George (　　) a picture in the classroom. （活動動詞）
　　①draws　7.3%　②is drawing　69.8%　③has drawn　4.2%
　　④**has been drawing**　**18.8%**　⑤drew　0%　⑥had drawn　0%

(a)では現在完了形・現在完了進行形の両方が可能である一方，(b)では現在完了形のみが可能である。にもかかわらず，生徒は(b)でより強く現在完了進行形を選好している。また，(c)では現在進行形とともに現在完了進行形も可能であるが，後者を選んだ生徒は少ない。
　また，(2)については，(1)と連動する部分もあるが，次のような例が見られた。

(d) ジェーンは壁に触った。
　　Jane (　　) the wall. （活動動詞）
　　①touches　10.6%　②is touching　2.4%　③**has touched**　5.9%
　　④has been touching　1.2%　⑤**touched**　75.3%　⑥had touched　4.7%

(e) メアリーはそのレポートを10分で読んでしまった。
　　Mary (　　) the report in ten minutes. （達成動詞）
　　①reads　1.1%　②is reading　0%　③**has read**　40.7%
　　④has been reading　1.1%　⑤**read**　24.2%　⑥had read　33.0%

(d)では現在完了形も可能だが，「た」という語尾に反応したためか，単純過去形を選ぶ回答が圧倒的に多かった。対照的なのが(e)で，ここでは単純過去形も可能であるが，おそらく「しまった」という語尾の影響で，現在完了形だけでなく，誤答である過去完了形を選好する回答が多かった。
　これらの点に着目してポストテストを分析すると次のような例が観察される。

(f) その政治家の伝記を読んでいるが，とても面白い。
　　I (　　) the biography of the politician, and I find it quite interesting.
　　　　　　　　　　　　　　　　　　　　　　　　　　　　（達成動詞）
　　①reads　7.1%　②am reading　49.1%　③have read　7.1%
　　④**have been reading**　33.9%　⑤read　2.7%　⑥had read　0%

(g) その木から葉が全部落ちてしまった。
　　All the leaves (　　) from the tree. （活動動詞）
　　①fall　2.9%　②are falling　0%　③have fallen　47.6%
　　④have been falling　0%　⑤**fell**　40.0%　⑥had fallen　9.5%

(h) 式典が始まったので，もう部屋には鍵がかかっている。
　　The room is now locked because the ceremony (　　). （瞬時到達動詞）
　　①begins　4.2%　②is beginning　5.3%　③**has begun**　43.2%
　　④has been beginning　11.6%　⑤began　30.5%　⑥had begun　5.3%

　(f)は現在進行形・現在完了進行形のどちらもが可能な例であり，プレテストと比べると，より多くの生徒が現在完了進行形を選んでいる。(g)では，「しまった」という語尾にもかかわらず，現在完了形と並んで単純過去形も選ばれ，(h)では「た」という語尾に対して単純過去形よりも現在完了形が選好されている。

指導中，現在完了進行形や日英語対照について取り立てて説明することはなかった。しかし，動詞の分類について理解し，動詞の意味とテンス・アスペクトの関係を整理する中で，これらの事項についての理解も高まったと思われる。特に，日本語の語尾と英語のテンス・アスペクトを一対一対応させる傾向が弱まったのは，与えられた日本語ではなく，英語動詞そのものの意味を起点に英文の文法性を考えるようになったことが要因と考えられる。

　なお，プレテスト・ポストテストで使用した各31問の正答率（その問題に正答した生徒の割合。この場合，複数の可能な形のうち1つでも選ぶことができていて，かつ不可能な形は選んでいない場合を正答とみなした）を両テスト間で比較すると，全問の平均正答率ではプレテスト64.5%，ポストテスト66.8%であった。また，最も正答率の低い問題が，プレテストでは12.2%の正答率であったのに対し，ポストテストでは28.3%であった。これらのことから，全体として生徒の理解を「底上げ」する効果はあったように思われるが，統計的に有意と言えるほどの差は確認できなかった。

　ポストテスト実施時には，全生徒に，動詞を4分類する考え方を学習したことについての感想を自由記述で書くよう求めた。「よく理解できた」「説明は理解できたが，自分で使い分けるのは難しい」「難しいが役に立ちそう」という類の回答を，いちおうは学習に意義を見出した肯定的な感想と解釈するならば，75%が肯定的な回答であった。当然のことであるが，分類が役に立つと感じられれば生徒は分類を受け入れるのであろう。否定的な感想も含めて以下に数例を抜粋する。

・まだ難しい点もありましたが，参考書などには詳しくのっていないので，こういった解説はまた，やっていただきたいです。
・難しかったです。動詞の奥の深さに驚きを覚えました。
・思っていたより時制の使い分けについてはっきり理解できていなかった。
・動詞の細かい分類を習って余計にややこしくなったところもありました。
・わかりやすかったし，仕組みもわかった。

4. 英語研究を英語教育に活かすことについて－まとめに代えて

　今回の実践を行う中で，非常に印象的な場面があった。筆者の説明中，1人の生徒が，活動動詞と達成動詞の相違が分からないと疑問を呈した。筆者は事前に用意していた説明によって答えたが，なおもその生徒は分からないと言う。それに釣られるように，他の生徒も分からないと言い出した。筆者は即席で補足説明を付け足していったが，依然として生徒は食い下がる。それまで静かに説明を聞いていた生徒も自分なりの説明を試みるなど，にわかに教室が騒然と

し始めた。まったく主観的な表現ではあるが，生徒全員が「どうしても理解したい」と集中を高めていくようだった。そして，高揚しつつも張り詰めた空気の中，ようやくのこと，筆者が1つの説明を提示した瞬間，生徒の表情が一変。「やっと腑に落ちた」と言わんばかりに教室のあちこちでため息が聞こえ，誰からともなく拍手が沸き起こった。

　授業者として筆者の準備した説明が拙かったことに起因する出来事ではあったが，通常は中学生・高校生に教えることはない，やや専門的な知識を導入したことにより，生徒の知的好奇心を刺激した面もあったであろう。教え方ではなく教える内容の工夫により教科学習に資することができた一例でもあるように思う。まったく針小棒大の自画自賛ではあるが，英語教育内容学として追究すべき課題の一端を垣間見たように感じられる体験であった。

References

Vendler. Z. (1957). Verbs and times. *The Philosophical Review 66*(2), 143–160.
安藤貞雄 (2005) 『現代英文法講義』東京：開拓社.
小倉弘 (1998) 『受験英語禁止令』東京：研究社出版.
影山太郎 (1996) 『動詞意味論』東京：くろしお出版.
関正生 (2015)『丸暗記不要の英文法』東京：研究社出版.
萩野俊哉 (2008) 『英文法指導Q&A』東京：大修館書店.

「英語のプロソディ指導における3つの原則」
の提案とその理論的基盤

大和 知史

神戸大学

要約

本論は、現状の英語教育において十分に取り扱われていないプロソディについて、筆者らの提案する「英語のプロソディ指導における3つの原則」の教育的妥当性を論じることを目的とした。3つの原則の基盤となる音声学的記述を概説した上で、英語教育において十分に認識されていないプロソディ要素の相互関連性や不可分性がプロソディ指導において重要であると主張する。提案の3つの原則は、この相互関連性や不可分性を十分に加味しており、プロソディ指導のためのタスクや活動において十分に反映させる必要があることを論じ、活動例を提示した。

1. はじめに

　現在の英語教育において、「コミュニケーション重視」や「国際語としての英語」といった背景のもと、英語音声への関心は比較的高いと言える。中等教育において、コミュニケーション活動が多く取り入れられ、英語を使う場面は確実に増加している。

　しかしながら、そうした活動の中で用いられる英語の発音には十分な注意が払われていないことが多い。中学校・高等学校教員対象の調査においても、音声学や発音指導に関する十分な訓練を受けておらず授業で発音を取り扱っていないことが明らかとなっている（河内山ほか, 2011; 柴田ほか, 2008）。

　中でも、アクセント、リズムやイントネーションといったプロソディの側面は、そのコミュニケーションにおける重要性は認識されている一方、その事象が複雑であり、指導も困難であると認識されているが故に、現在まで看過されてきた音声要素であると言ってよい（Celce-Murcia et al., 2010; Chapman, 2007; Dalton & Seidlhofer, 1994; Gilbert, 2008, 2014）。

　そこで本論は、こうした現状を改善すべく、筆者らが提案している「プロソディの指導における3つの原則」について、その基盤となる音声学的記述を概説し、これまで十分に認識されてこなかった概念に触れることで、各原則の教育

的有効性について論ずることを目的とする。

　まず、プロソディ指導についての課題と現在日本人英語学習者が抱える問題点を確認する。次に、それらを解消すべく筆者らが提案している3つの原則が焦点化する英語音声の特徴について音声学の知見を概説した上で、鍵概念である各音声要素の相互関連性・不可分性の重要性について論じる。最後にまとめとして、この原則を用いたプロソディ指導の活用を提案する。

2. プロソディ指導の必要性と日本人英語学習者における問題点
2.1 プロソディ指導の必要性

　1980年代から2000年代にかけての欧米では、個別音中心のbottom-up approachからプロソディ重視のtop-down approachへと振り子が振れていた。しかしながら、近年では両者のバランスを取る方向に落ち着きつつある状況である（Goodwin, 2014; Grant (Ed.), 2014）。

　また、近年の学習者のゴール設定は、英語母語話者に近似することではなく明瞭な発音（intelligibility）になっている。Jenkins（2000）が提唱する非英語母語話者による発音のミニマムエッセンシャルズであるLingua Franca Coreにおいては、プロソディ要素の中でも核配置やチャンキングなどが挙げられており、それらの指導についての必要性は検討されるべきであるとしている。

　また、学習者が分節音を誤って発話するのとは異なり、プロソディ要素を誤って発話すると、聞き手はその誤りに対して直感的・反射的に反応してしまい、コミュニケーション上深刻な問題を引き起こすことがある（Wells, 2006）。また、Gilbert（2008）は、発音指導において明瞭性やリスニング能力への伸長のためにもプロソディの優先順位を高くすべきであるとして、"Without a sufficient, threshold-level mastery of the English prosodic system, learners' intelligibility and listening comprehension will not advance, no matter how much effort is made drilling individual sounds (p.8)"とまで述べている。

　このように、指導目標や課題としてプロソディ要素が取り上げられている状況や、社会言語学的機能や言語技能面も合わせて考えると、プロソディ要素の指導の必要性は十分にあると考えてよいであろう。

2.2 日本人英語学習者におけるプロソディの問題点

　日本人英語学習者における発音の問題点と言えば、分節音の/l/や/r/などを挙げることが多いが、プロソディの面でも、語強勢や文強勢、核配置など、様々な側面に問題を抱えていることが多く報告されている（南條, 2010; 斎藤・上田, 2011; Yamato & Mizuguchi, 2014; 渡辺, 1994）。中でも、松坂（1986）は、プロソディにおける「日本人学習者が注意すべき4点」として、以下のようにまとめ

ている。

1. 強形、弱形を使い分け、文強勢を自然なものにすること。
2. 文強勢と抑揚とちぐはぐにならないようにすること。
3. 音調核の位置を間違えないようにすること。
4. 下降調では、自分の声域のもっとも下まできちんと声を下ろすこと。日本人は、降りきらぬうちに声門閉鎖により発話をとめてしまいがちである。
（p.176）

これらの日本人英語学習者の課題点を解決するような指導や活動にはどのようなものが求められるであろうか。

現在流通している指導法や教材を見ると、個別音とプロソディの各要素がそれぞれ独立項目であるように扱われ、それぞれの音声要素が積み上げ式に並べられている例が多い。音声学の教科書のように、口腔図の確認から始まり、母音・子音の分節音素を確認した後、強勢・リズム・イントネーションなどのプロソディ要素が順に配列されている。それぞれの項目においては、ルールが多く記述されているため、指導者や学習者は、それぞれの要素が相互に関連している事実を見落とし、各種のルールに圧倒されてしまうことになる。分節音もそうではあるが、プロソディの各要素を一連のものとして（interrelated systemとして）捉える必要がある（Gilbert, 2008; 2014; Lane, 2010; Rogerson-Revell, 2011）。

2.1の指導の必要性と合わせ、本節に述べたように、日本人英語学習者にはプロソディ要素に問題を抱えているが、現状の指導状況や教材では十分に対応できていないことが分かる。そこで、それらの問題・課題を解決する一助として、筆者らは次節に見られるような3つの原則を提案することとした。

3. 「プロソディ指導における3つの原則」についての音声学的記述
3.1 「プロソディ指導における3つの原則」

先に述べた課題点を解決するため、筆者らはプロソディの各要素を一連のものとして取り上げることができるように、「プロソディ指導における3つの原則」を以下のように提案している（大和, 2015; 大和・磯田, 2015）。

プロソディ要素を関連づける指導の3原則
1. 母音のあるところに拍がくる。
2. 拍が2つ以上になれば、強弱をつける。
    a. 語強勢の形を確認
    b. 弱は曖昧に早く

　　　　　c. 強がおよそ等間隔でリズムを形成
　　3. 強い拍が複数になれば、その内の1つを目立たせる。
　　　　　a. 一番目立つ語が、音調核
　　　　　b. 原則は、イントネーション句の最後の内容語
　　　　　c. そこでピッチを大きく変化させる
　　　　　d. 別のところに来るということは意図がある

以下、本項では、それぞれの原則についての音声学的根拠に触れた後（3.1.1から3.1.3）、次項3.2において、英語教育では余り触れられていない要素同士の相互関連性・不可分性について述べる。なお、これらの音声学的記述の多くは竹林（1996）、牧野（2005）、渡辺（1994）に依拠している。

3.1.1　原則1:「母音のあるところに拍がくる」
　原則1は、音節構造について確認していることになる。竹林（1996）では、英語の音節構造を、次のように説明している。

> 母音を中心とした核部（nucleus）とその前後に配置された子音から構成される。（中略）一つの音節には必ず1個の核部（音節主音）がありそれは母音（二重母音・三重母音を含む）であり、非音節主音は子音（近接音を含む）が原則である（pp.303-304）。

こうした音節が1つで、あるいは2つ以上連なって、語が構成される。核部である母音のところが最も聞こえ度が高くなり、そこに拍があると確認できる。
　子音をC、母音（や音節主音）をVとした場合、/V/、/CV/、/VC/、/CVC/の組み合わせが考えられるが、日本語の音節構造の基本は/CV/であるのに対し、英語は特に子音で音節が終わる閉音節（closed syllable）を含めたすべての可能性がある。また、英語では子音連結として、音節の母音の頭と末にそれぞれ3つと4つまでの子音が連続して並ぶことができる（/CCCVCCCC/でstrengthsがその例）。
　こうした日英の違いを受け、日本人英語学習者は、閉音節や子音連結においても/CV/構造を持ち込んでしまい、母音を挿入してしまう傾向が多い。上述のように、母音を挿入することで聞こえ度が高く、そこに拍があると認識される。"strengths"が1拍であるのに対し、母音を挿入した「ストレンクス」が6拍に聞こえることになり、持続時間長もそれに伴い長くなる。日本人英語学習者による英語が打楽器を連打するように響くと言われるのはこのためである。

3.1.2 原則2:「拍が2つ以上になれば、強弱をつける」

　この原則は、語強勢について確認している。2つ以上の音節からなる語を単独で発音した場合、その中のある音節が卓立（prominence）を受け、他の音節よりも目立って発音される。

　語強勢の音声的性格は、ピッチの変化（pitch change）、経過時間（duration）、物理的強さ（intensity）、音色の4つの要因の複合体であるとされ（竹林, 1996）、知覚する上で、最も重要な働きをする要素はピッチの変化であり、その次に経過時間であると多くの研究で示されている（牧野, 2005; 南條, 2010; Roach, 2009; 渡辺, 1994）。

　語が連なることで、語強勢を受けた音節が複数、また弱音節が複数並ぶことになる。英語では、1つの強音節から次の強音節まででリズムの単位（脚）を形成することになり、脚の時間的長さを等しくしようとする力が働き、いわゆる等時性を持つことになる。このため、英語は「強勢拍リズム（stress-timed rhythm）」と呼ばれる。等時性を持つためには、弱音節は曖昧に早く発せられることになる。

　語強勢について、発音指導において、ピッチの変化や経過時間への認識が十分ではないことは、次の記述からもよく分かる。

> しばしば「アクセントがある音節を強く発音しなさい」という指示がなされるが、実際には、この指示はあまり有効ではない。それどころか、鈴木（1992: 44）は、日本人学習者の場合、「強く発音するように指示されると、力を込めるあまり、かえって短くなることがある」と警告する。（中略）ピッチの変化によってアクセントが作られるのは、日本語も英語も同じであるから、われわれは、特に音節の長さに注意を払い、アクセントがある音節を長く、アクセントがない音節を短く発音するように心掛ける必要がある（南條, 2010, pp.17-18）。

　また、リズム構造については、英語では各強勢間を等しい長さで発音するのに対し、日本語では各モーラ[1]を等しい長さで発音する「モーラ拍リズム（mora-timed rhythm）」であるため、日本語のリズム構造を持ち込んで発話してしまわないよう注意が必要である。

3.1.3 原則3:「強い拍が複数になれば、その内の1つを目立たせる」

　ある程度の長さの発話は、いくつかの短い単位に分割される。原則3は、この単位である、イントネーション句（あるいはイントネーション群、音調群、thought group、tone unitなどと呼ばれる）とその内部構造について確認している。

イントネーション句の構成としては、原則2に挙げた複数の脚からなり、前頭部・頭部・核・尾部を持つ。イントネーション句には第1強勢を持つ音節が複数あるが、その中でも最後に現れるものが最も卓立しているように感じられるため音調核（nucleus、focus wordなど）とみなされる。音調核は通常文法的には内容語が担うことが多く、「イントネーション句の最後の内容語が音調核となる」という原則が成立する。

　ピッチの変動は当然イントネーション句全体において起こるが、音調核のもつ音調（核音調）が最も著しく変動するため、英語イントネーションの中核であると言える（牧野, 2005, p.136）。

　音調核の持つ音調には、一般的に下降調・上昇調・下降上昇調・平坦調があり、それぞれに発話意図がある。最も一般的に用いられる下降調は「完結」・「断定」が基調であり、「未完結」・「不確実」を基調とするのはその反対の動きである上昇調に伴う発話意図である。未完結であるが故に、聞き手になんらかの反応を求める状況で用いられることが多い。それら2つの音調の組み合わせである下降上昇調は、「断定」と「不確実」の組み合わせによる控えめな印象を与え、「判断留保」などを表現する。また、平坦調は「未完結」、「継続」が基調となる。ただし、核音調は、話者の発話意図を表出するための一つの手段であり、文脈などに大きく依存するため、発話の解釈においては十分に注意が必要である。

　ここまでの強勢配置はいわゆる「ノーマル・ストレス[2]」と呼ばれるもので、「イントネーション句の中の最後の内容語に音調核が配置される」が原則となるが、文脈や情報構造などによって核配置が変わることがある。その際には、なんらかの話者の意図が働いているものとし、知覚の際には十分に注意が必要となる。

　これらの要素における日本語の特徴として、牧野（2005）は、「単語の連続を適宜イントネーション句に区切り、どの語を強調するかを示しながら発せられているが、強調されるのはイントネーション句の冒頭の語（文節）ということである（p.115）」と説明しており、イントネーション句の末が強調される英語とは鋭い対照をなしている。さらに、日本語では、語のアクセントでピッチの動きを既に使っているため（例: 橋と箸の対照）、イントネーション句の末尾でのピッチの動きで上記の音調を表現することになる（例: 橋と橋？では語アクセントのピッチの動きは変わらず、文末のピッチの動きで？を表現している）。このため、日本人英語学習者は、イントネーション句の区切りを不必要に多くすることや、核配置を誤り（斎藤・上田, 2011）、音調の使用についても句末に急激にピッチを上下させるといった傾向があるため、発話意図の誤解を生じる危険性があり（Yamato, 2004）、指導において十分に注意をする必要がある。

3.2 音声要素の相互関連性・不可分性

　これら3つの原則の背景となる英語音声の特徴は、音声学の文献を見ると分かることであるが、ではなぜそれが、プロソディ指導の原則としてこのように取り上げられなければならないのであろうか。そこには、音声指導の現状には問題点がある。「相互関連性」や「不可分性」といった考え方は、音声学的には自明であるが、英語教育における発音指導においては十分に認識されておらず、各音声要素を個別の項目として積み上げる形で導入・指導されていることが多いと思われる。本項では、各音声要素の「相互関連性」や「不可分性」について、3つの原則を貫く考え方として概説する。

　松坂（1986）は、プロソディの各要素の「相互関連性」について、次のように述べている。

> 　　かぶせ音素の勉強は、音節の研究から始めることとする。なぜなら、音節が受け皿となって、文や語句に強勢が置かれ、その強勢がリズムを作りだし、また抑揚の動きにきっかけを与えるからである（p.165）。

この指摘は、本論における原則1から3への流れと一致しており、各要素がそれぞれの要素の下支えとなっていることがよく分かる。

　次に、具体例を用いて、「相互関連性」と「不可分性」を確認したい。Roach (2009) や、牧野（2005）にあるように、一語発話の例を用いることにする。

　　(1) Yes.　　↘YES　　↗YES　　↘↗YES　　↗↘YES　　→YES

　(1) は1単語であり、一つのイントネーション句で、1文の発話である。この単語の音節は、1音節であり、中心となるのは母音の/e/である。そして、1音節の単語であるため、強勢はその音節に置かれ、当然この発話のリズムとしては強勢位置での一拍となる。ピッチはここで変動し、下降調・上昇調・下降上昇調・上昇下降調・平坦調を取りうる。

　次に、少し発話の長さを1語から句のレベルに広げた例 (2) を参照されたい。

　　(2) Where's the typewriter?
　　　　In the ↘CUPboard.（Brazil et al., 1980, p.57）

1つのイントネーション句であるこの句は3語、4音節から構成されている。第1強勢を持つ音節が3つあり、その中でも一番後ろにある内容語の第一強勢（cupboardの第一音節の母音/ʌ/）が核とみなされ、そこでピッチの変動が大きく

起こる。

　さらに、以下の例（3）は、文レベルでの発話になる。

> (3) /my NAME is ↘PAUla/ and I'm a STUdent at a uniVERsity in ↘BOSton.
> 　　　　　　　　　　　　　　　　　　　　　　（竹林・清水・斎藤, 2013, p.141）

　この文はandの手前で区切れ、2つのイントネーション句で発話されたとすると、一つ目の発話は4語、5音節から、二つ目は9語、15音節から構成されている。それぞれの句の一番後ろにある内容語の第1強勢（順に、Paulaの母音/ɔː/、Bostonの/ɔ/）が核とみなされ、そこでピッチの変動が大きく起こり、先ほどと同様各種の音調をとることによって発話意図が変わる。

　以上の3例から分かるように、語においてある音節を他の音節よりも際立たせる機能を持つのが強勢であるが、同様に文中のある語を他の語よりも際立たせるものが文全体のイントネーションにおける核音調の機能になる（竹林, 1996, p.423）。この例を見ると、「語の第1強勢と文の核は、同一の実態を指しているが、慣習上、語の中では「第1強勢」、文の中では「核」と呼び分けられているに過ぎない（南條, 2010, p.15）」ことが分かる。つまり、これがプロソディの各要素の「相互関連性」である。

　また、（1）のような単音節語の場合には、日本語も英語も、アクセントとイントネーションが共存するため、両者が「不可分」であることは明らかである。しかし、複数音節の場合や（2）のような句になると、日本語の場合には句末や文末のモーラにおいてイントネーションが変化するのに対し（例：「戸棚に?」であれば文末モーラの「に」において上昇が起こる）、英語であれば文の核のアクセントからイントネーションの動きが決まる（例: "in the cupboard?" であれば核である "CUP" から始められた上昇が最後まで続く）。このことは、英語の場合、イントネーションを考える際に、強勢を切り離して考えることは不可能であること、つまり「不可分性」を示していることにほかならない。

3.3 原則に基づいたタスク・活動のすすめ

　Rogerson-Revell（2011）は、各要素の「相互関連性」について、次のように述べている。

> it can make pronunciation learning more meaningful to explain that there is more to pronunciation than individual sounds and that these different components are inter-related and work together. (p.212)

各要素がどのように関連しているのかを指導の中で積極的に取り入れる必要があることが分かる。

　Gilbert（2008）が提案している"Prosody pyramid"は、音調群・音調核・第一強勢・その音節中の母音の4つを相互に関連させた枠組みで見せることができている例である。Gilbertは、典型例をtemplateとして学習者に定着を促し、それを基にしてさまざまなchunkを分析していく活動を提案し、教材に反映させている。

　また,「不可分性」を確認できる活動として、Grant（2010）には、次のような語や句・文を比較するタスクがある。左側の語強勢の組み合わせが、右側の文や句の強勢配置と一致することを確認するものである。靜（2009, 2012）も「ポンポンメソッド」という呼称で、同様のアプローチを取った練習を提案している。

語	句・文	強勢配置
engineer	He can hear.	・・●
quantity	Talk to me.	●・・
yourself	The shelf	・●
convert	She's hurt	・●
presented	He sent it.	・●・
progressed	The best	・●
permit	Learn it.	●・
conclusion	The blue one	・●・

（Grant, 2010, p.78）

以下、「プロソディ指導における3つの原則」に基づいた活動例を示す。
1. 母音のあるところに拍がくる。
　　（活動例1）単音節の拍・音調の確認（不可分性の確認）（Hancock, 2003, p.116; 磯田, 2010, pp.55-57）
　　一語発話からなる対話文を、拍と音調を確認しながら読む。

A:	Shh		B:	Near
B:	What		A:	Yeah
A:	Bear		B:	Run
B:	Bear		A:	Run
A:	Bear			
B:	Where			
A:	There			
B:	Far			
A:	No			

2. 拍が2つ以上になれば、強弱をつける。
　　（活動例2）拍と強音節の確認（語と句の相互関連性の確認）（磯田, 2010, pp.127-130）
　　ハミング・タップ・Kazooなどで音読をして確認

1.	What is your name?	Da da da Da
2.	How do you spell it?	Da da da Da da
3.	What is your last name?	Da da da Da Da

3. 強い拍が複数になれば、その内の1つを目立たせる。
　　（活動例3）核配置の確認（Gilbert, 2012, p.64-65）
　　AとBの対話で2番目のBが明らかとなっており、Aのセリフを考える。

1.　A: *Today is Monday.*
　　B: No, today is Tuesday.
2.　A: ＿＿＿＿＿＿＿＿＿＿＿＿＿＿＿＿＿＿
　　B: No, the wedding is on the fifth of April.
3.　A: ＿＿＿＿＿＿＿＿＿＿＿＿＿＿＿＿＿＿
　　B: I don't agree. we need more rain.

　　（活動例4）リズム、イントネーション句の確認（Grant, 2010, pp.88-89）
　　以下の対話の機能語のみ・内容語のみを聞かせて区切りを確認

A:　Is it possible to change my reservation to Los Angeles from Saturday to Sunday?
B:　Uhh, yes, there are two seats on the 9:30 flight on Sunday.
A:　What't the cost to change my ticket?
B:　The total cost with the change fee is 300 dollars. Do you want to change the reservation?

　このように、原則に基づいた上で、こうしたタスクや活動を行うことにより、プロソディの各要素の相互関連性や要素間の不可分性を加味したプロソディ指導が実現できる。

4. おわりに
　本論では、「プロソディ指導における3つの原則」を提案し、その音声学的根

拠を確認した。そこには、プロソディの各要素を繋ぐ相互関連性・不可分性を十分に加味する必要があり、それらを明確にしたプロソディ指導の活動やタスク作成が行われる必要があることを述べた。

この原則に基づいた具体的な活動・タスクの提案と、それらを用いた実践であるが、それらは本論では扱うことができなかったため、今後の課題としたい。

謝辞
本論は、JSPS科研費26381197の助成を受けたものである。

注
1. 「音節よりも小さな単位で、音節の長さ（音節量 syllable weightとも呼ぶ）の単位である（牧野, 2005, pp.108-109）」。日本語の長母音や二重母音は2モーラと見なされ、英語の音節の概念とは対応しない部分もある。
2. 渡辺（1994）は、映画や小説の朗読の音調核の位置を調べたところ、80%程度が音調群の最後の内容語に核があるノーマル・ストレスの状態であることを明らかにしている。

References

Brazil, D., Coulthard, M., & Johns, C. (1980). *Discourse intonation and language teaching.* Harlow, Essex: Longman.

Celce-Muricia, M., Brinton, D. M., & Goodwin, J. M., with Griner, B. (2010). *Teaching pronunciation: A course book and reference guide.* 2nd ed. Cambridge: Cambridge University Press.

Chapman, M. (2007). Theory and practice of teaching discourse intonation. *ELT Journal, 61*, 3–11.

Dalton, C., & Seidlhofer, B. (1994). *Pronunciation.* Oxford: Oxford University Press.

Gilbert, J. B. (2008). *Teaching pronunciation: Using the prosody pyramid.* NY: Cambridge University Press.

Gilbert, J. B. (2012). *Clear speech.* 4th ed. Cambridge: Cambridge University Press.

Gilbert, J. B. (2014). Myth 4 intonation is hard to teach. In L. Grant (Ed.), *Pronunciation myths: Applying second language research to classroom teaching.* (pp.107–136). Ann Arbor, MH: University of Michigan Press.

Goodwin, J. (2014). Teaching pronunciation. In M. Celce-Murcia, D. M. Brinton, & M. A. Snow (Eds.), *Teaching English as a second or foreign language.* 4th ed. (pp.136–152). Boston, MA: National Geographic Learning.

Grant, L. (2010). *Well said: Pronunciation for clear communication.* 3rd ed. Boston:

Heinle Cengage Leagning.

Grant, L. (Ed.). (2014). *Pronunciation myths: Applying second language research to classroom teaching.* Ann Arbor, MH: University of Michigan Press.

Hancock, M. (2003). *English pronunciation in use.* Cambridge: Cambridge University Press.

Jenkins, J. (2000). *The phonology of English as an international language.* Oxford: Oxford University Press.

Lane, L. (2010). *Tips for teaching pronunciation: A practical approach.* NY: Pearson Education Inc.

Roach, P. (2009). *English phonetics and phonology.* 4th ed. Cambridge: Cambridge University Press.

Rogerson-Revell, P. (2011). *English phonology and pronunciation teaching.* London: Continuum.

Wells, J. (2006). *English intonation: An introduction.* Cambridge: Cambridge University Press.

Yamato, K. (2004). Realisation of illocutionary force through English intonation by Japanese EFL speakers. *Prospect -A Journal of Australian TESOL-, 19*, 56–73.

Yamato, K., & Mizuguchi, S. (2014). Perception of prosodic cues by Japanese EFL learners. In N. Sonda & A. Krause (Eds.). *JALT2013: Learning is a Lifelong Voyage* (pp. 220–228). Tokyo: JALT.

磯田貴道 (2010) 『教科書の文章を活用する英語指導－授業を活性化する技108－』 東京: 成美堂

河内山真理・山本誠子・中西のりこ・有本純・山本勝己（2011）．「小中学校教員の発音指導に対する意識—アンケート調査による考察」『LET関西支部研究集録』, 13, 57–78.

斎藤弘子・上田功 (2011)「英語学習者によるイントネーション核の誤配置」『音声研究』 15, 87–95.

靜哲人 (2009) 『絶対発音力 マトリックス方式で脱日本人英語』 東京: ジャパンタイムズ

靜哲人 (2012) 『発音入門 音トレーニングドリル』 東京: アルク

柴田雄介・横山志保・多良靜也 (2008)「音声指導に関する教員の実態調査」『紀要』（四国英語教育学会） 28, 49–55.

鈴木博 (1992) 「言語技術としてのプロソディー」『言語』, 21, 38–45.

竹林滋 (1996) 『英語音声学』 東京: 研究社

竹林滋・清水あつ子・斎藤弘子 (2013) 『改訂新版 初級英語音声学』 東京: 大修館書店

南條健助 (2010)「音声学・音韻論と発音指導」大学英語教育学会（監）岡田伸夫・南出康世・梅咲敦子（編）(2010)『英語教育学大系 第8巻 英語研究と英語教育 ーことばの研究を教育に活かす』東京: 大修館書店 pp. 3–21.

牧野武彦 (2005)『日本人のための英語音声学レッスン』東京: 大修館書店

松坂ヒロシ (1986)『英語音声学入門』東京: 研究社

大和知史 (2015, March)「プロソディの捉え方とその指導」第24回広島大学外国語教育研究センターシンポジウム「英語の音声指導−その理論と教室内での実践方法−」, 広島大学外国語教育研究センター Retrieved from http://www.slideshare.net/otamayuzak/24-45541185

大和知史・磯田貴道 (2015, August)「核配置を重視したプロソディ指導−教科書本文を活用した指導法の提案−」自由研究発表 第41回全国英語教育学会熊本大会, 熊本学園大学 Retrieved from
http://www.slideshare.net/otamayuzak/jasele-kumamoto-sh22082015-51936245

渡辺和幸 (1994)『英語イントネーション論』東京: 大修館書店

自己調整可能な書き手／直し手の育成を目指した英語ライティング指導

山西 博之
関西大学

要約

自律的な書き手を育成することがライティングに限らず第二言語の指導の1つの目的であるといえる。本論では、比較的英語運用能力が高く、かつ1年間の英語圏での留学を経験したことで高い学習動機を有している関西大学外国語学部3年生に対して、彼らを自律的な学習者へと育成することを目指した実践例を紹介する。具体的には、学生自らが積極的にライティング活動に関与し、また他の学生が書いた英作文をより良いものに書き直すといった態度や習慣を付けるために、教員による直接的な添削をあえて行わず、学生同士の知識の共有や相互添削といった様々な「仕掛け」をこらした指導を行った。学生から寄せられた授業へのリフレクションのコメントを紹介しつつその効果を探るものとする。

1. 自己調整可能な学習者育成の必要性

　Andrade and Evans（2013）が "Developing self-regulated learners" という表現をもちいるように、第二言語ライティングの目的の 1 つは、「自己調整学習」（self-regulated learning）が可能な学習者を育成することである。Andrade and Evans は、「自律性」（autonomy）と自己調整学習に関して、両者は似たものであるが、自律性は「捕らえにくく」（elusive）、「多様性」（multiplicity）があるものとしている。それに対して、自己調整学習は、「学習者が自らの学習プロセスをコントロールすることでどのようにしてより良い学習者になるのか」、あるいは「教員がどのように学習者に学習方略を教え把握するのか」といったことに焦点があたっているため、「教育現場の教員にとって有用な考え方である」と説明している（p. 20）。

　Zimmerman（1989）によると、自己調整とは「学習者が、メタ認知、動機づけ、行動において、自分自身の学習過程に能動的に関与していること」と定義づけられる（訳は、伊藤, 2009, p. 3）。この定義における 3 つのキータームである「メタ認知」「動機づけ」「行動」の定義は、表 1 のとおりである。学習者がこの 3 つのキータームに関して自らの学習過程に能動的に関与するようになるためには、学習者自らの「成長」（小嶋・尾関・廣森（編）, 2010）が不可欠で

あるが、それを助けるための、教員による明示的・非明示的な「仕掛け」もあわせて必要であるといえる。つまり、いかに教員が学習者を自己調整された状態に導くかが重要であり、これは、池田（2008）がいう「他者調整」（other-regulated）という考え方や上述した Andrade and Evans（2013）の考え方とも合致するものである。

表1　自己調整学習におけるキータームの定義（伊藤，2009, p. 17）

メタ認知	動機づけ	行動
学習過程の様々な段階で計画を立て、自己モニターし、自己評価をしていること	自分自身を、有能さ、自己効力、自律性を有するものとして認知していること	学習を最適なものとする社会的・物理的環境を自ら選択し、構成し、創造していること

　そこで、本論では、教員による他者調整のための仕掛けを通して、自己調整可能な学習者（一般的な用語では「自律的」な学習者）を育成することを目指した取り組みを紹介する。具体的には、Andrade and Evans（2013）が、Zimmerman and Risemberg（1997）によって提案された自己調整学習の6要素である「動機」（motive）、「方法」（methods）、「時間」（time）、「物理的環境」（physical environment）、「社会的環境」（social environment）、「成果」（performance）を用いて示した、「自己調整可能な書き手」（self-regulated writers）を育成する枠組みに従った（詳細は2.3節の図2参照）。今回、教員はあくまで学習者への仕掛けを提供する役割に徹したため、ライティング指導で多く行われている添削指導などの教員主導の明示的なフィードバックを伴う指導は原則として行わなかった。
　なお、本論で扱う授業実践では、その目的・内容に呼応して、「書き手」（writer）だけでなく「直し手」（proofreader）に関しても、自己調整可能な学習者を育成することを目指した。

2. 授業の概要
2.1 カリキュラム上の位置づけと講義概要・到達目標
　本実践を行った関西大学外国語学部の学生は、1年次に必修科目の1つである「英語ライティング1」という科目において、1年間パラグラフライティングやエッセイライティングの基礎を学ぶ。その後、2年次にSA（Study Abroad）制度により英語圏または中国に1年間の留学をし、ライティングに関しては、各留学先大学のカリキュラムに従った授業を受ける。SA終了後の3年次には、それまで培ってきた英語ライティングの知識や技能を強化するために、「英語ライティング2」という選択必修科目（英語圏に留学した学生は必修扱い）を1年間履修することになっている。この科目は複数クラスで内容が統一されている「コ

ーディネート科目」であり、すべての「英語ライティング2」のクラスで統一の講義概要・到達目標のもとに授業が行われる。

　この「英語ライティング2」の講義概要と到達目標、および13のライティングトピックは以下の図1のとおりである。講義概要に示されているように、この授業は英語でのエッセイライティングだけでなく、同じトピックに関する日本語のエッセイも作成する「バイリンガルライティング」の授業である。エッセイ作成は辞書、その他のリソースをもちいずに隔週で行われ、その次の週では原則として他の学生が書いたエッセイをクラス内で議論しながらレビューし、推敲するという形で授業が行われる。そして、その後、レビュー回で議論した内容を踏まえ、自分がエッセイ作成回に提出したエッセイを、翌週までに授業外学習で書き直し、改訂版を提出するという一連のプロセスを経る。

【講義概要】
本授業では1年を通じて大量の英文を書き、これまでに培った英文ライティング力にさらに磨きをかけていきます。基本的には、①最初の授業で英文ライティングの基本的な枠組みについて復習し、②その後、2週ごとに指定のトピックについて英語と日本語でそれぞれエッセイを作成、これを次の週に語彙 (word choice)、文法 (grammar)、文体 (style)、構成 (organization)、内容 (contents)、および異文化語用論 (intercultural pragmatics) という6つの観点から見直し、推敲する、というスタイルで進行していきます。課題文はすべてパソコン上で作成し、インターネット経由で提出します。なお、作成標準時間は英文が1時間、和文が30分、語数は英文=300〜500語、和文=800〜1200字を目標語数とします。

【到達目標】
与えられたトピックについて、論理構成、文法的正確さ、および異文化語用論的な諸問題等に十分に注意を払いながら、所定時間内に一定語数以上の英文を作成できるとともに、作成した英文を客観的に見直し、必要に応じて適切に推敲できるようになること。

【トピック】[1]
［春学期］
Topic 1. Environmental pollution（環境汚染について）; Topic 2. Violence on TV（テレビにおける暴力について）; Topic 3. Young people today（最近の若者について思うこと）; Topic 4. Suicide（自殺について）; Topic 5. Sports（スポーツについて）; Topic 6. School education（学校教育について）
［秋学期］
Topic 7. Recycling reusable materials（資源の再利用について）; Topic 8. Money（お金について）; Topic 9. Divorce（離婚について）; Topic 10. Death penalty（死刑について）; Topic 11. Crime（犯罪について）; Topic 12. Part-time job（アルバイトについて）; Topic 13. Smoking（喫煙について）

図1　「英語ライティング2」の講義概要、到達目標、トピック

なお、この科目は上述のとおりコーディネート科目であるが、エッセイのレビュー回においては、講義概要を逸脱しない範囲で各担当教員の裁量に任されている。そのため、本論はレビュー回における実践に焦点を当てるものとする。

2.2 本論で対象とするクラス

「英語ライティング2」は全5クラス開講され、1クラスあたりの履修人数は約35名である。本論では、そのうち著者が2013年度の春学期の「英語ライティング2a」において担当した1クラス（履修学生数35名）の学生を対象とする。

2.3 レビュー回における「仕掛け」

図2は、Andrade and Evans（2013）が示した自己調整可能な書き手（self-regulated writers）を育成するための枠組みである。これは、上述のとおり、Zimmerman and Risemberg（1997）が挙げた自己調整学習の6つの要素を、Andrade and Evansがライティング指導用に修正したものである。

図2 自己調整可能な書き手を育成するための枠組み（Andrade & Evans, 2013, p. 16）

以下、この枠組みに従って「英語ライティング2a」の授業初回およびレビュー回での指導にて行った、自己調整可能な「書き手」（writer）と「直し手」（proofreader）の育成を目指した「仕掛け」を紹介する。

(1)「動機」（motive）…なぜ、あるいは何のためにライティングを行うのか（Why）

授業において、様々な社会的問題や学術的なトピックに対して論理的なエッセイを書く理由を明示的に示した。具体的には、卒業後は英語のプロフェッショナルとして様々な文章を「ちゃんとした大人の」英語で書く必要があること、あわせて日本語でも同様のことができる必要があることを自覚させた。また、

エッセイのレビューに関しては、社会に出た後、他人が書いた英語を読み、それをより良いものに直すことが期待されること（教員は当然のこととして、それ以外の職種でも「外国語学部卒」としての期待が高いこと）を伝えた。

(2)「方法」（methods）…どのようにライティングを行うのか（How）

どのように書けば良い文章になるかに関して、留学前の「英語ライティング1」で学習した基本的なパラグラフ／エッセイライティングの方法を授業初回で再度確認し、その発展的な内容についても染谷（1994）を紹介することで触れた。また、1年間の英語圏への留学（行き先はアメリカ2大学、イギリス2大学、オーストラリア1大学、フィリピン1大学）で学んだライティングの方法について、それぞれの留学先で学んだことをペア・グループワーク内で共有したり、学生を指名することでクラス全体に共有した。そうすることで、ライティングの作法や好みの多様性についても意識させた。

レビュー回では、クラスで1編のエッセイを選び学生一人ひとりが1カ所ずつ改善点を述べたり、ペアやグループで相互のエッセイを交換し、改善点を指摘・修正するといった活動を取り入れた。このような活動に並行して、担当者によるモデルエッセイの提示や書き直し例の提示を行ない、学生に自分たちのエッセイとの比較や自らによる改善点の指摘・修正との比較を行わせた。

(3)「時間」（time）…いつ、あるいはどのような時間制限下でライティングを行うのか（When）

隔週で英語60分、日本語30分という制限時間付きでエッセイ作成を行わせていることについて、限られた同じ時間内で繰り返しエッセイを書くことの効果を意識させた。また、その効果を学生自身が客観的に確認するための指標として、流ちょうさ（fluency; 同じ時間内で書くことのできた英語の語数、日本語の字数）や文章の読みやすさ（readability）、使用した語彙の難易度（word level）に関して、英語の場合は "Readability Calculator"（http://www.online-utility.org/english/readability_test_and_improve.jsp）や "Word Level Checker"（http://someya-net.com/wlc/）を、日本語の場合は「日本語テキストの難易度を測る」（http://kotoba.nuee.nagoya-u.ac.jp/sc/obi2/）を、それぞれ紹介し、エッセイを作成するたびに確認するよう促した。

加えて、レビュー回の議論内容を踏まえて自身のエッセイの改訂版を提出させる授業時間外活動では、毎回1週間後という締め切りを設定し、その期間内でできる限り完成度を高めたエッセイの書き直しを行うといった制限を課した。

(4)「物理的環境」（physical environment）…どこ、あるいはどのような作文環境下でライティングを行うのか（Where）

　各エッセイ作成には授業時間をそれぞれ 1 コマ分使用し、すべての学生にとって平等な、ライティングに集中できる環境を用意した。また、英語・日本語エッセイは1人1台の Windows PC の設置された教室内で、文章を作成する際にもっとも一般的に用いられる Microsoft Word®を使用して作成された。そして、エッセイの提出のみ授業専用のウェブサイトに投稿するという形式をとることで、日常からかけ離れた不自然な作文環境とならないように配慮した。

　エッセイのレビューにおいても、印刷した他の学生のエッセイに手書きでコメントや修正点を書き込むことに加え、Word ファイル上でコメント機能や変更履歴の記録機能を用いてコメントや修正点を記入させた。Word での作業を行った際には、専門の英文校正業者である Editage（http://www.editage.jp/）なども同様の機能を用いて校正を行っていることを例示し、それらが一般的に用いられている機能であることを伝えた。

(5)「社会的環境」（social environment）…誰と、あるいはどのような他者との協働環境下でライティングを行うのか（With Whom）

　「方法」においても紹介したように、留学先で様々なライティング指導を受けてきたクラスメートがいるという環境を利用し、それぞれの学生が持っている知識を積極的に共有させる雰囲気作りを行った。また、ペア・グループワークを通して、ライティングは教員に課題提出するだけでなく、「読み手」がいる活動であることを常に意識させた（ただし、この「英語ライティング 2a」の授業では、エッセイ作成そのものを協働で行うという機会の提供はできなかった）。

(6)「成果」（performance）…何をもってライティングの成功とするのか、あるいは何を用いてそれを確認するのか（What）

　「時間」の要素でも挙げた、客観的な指標で自らのエッセイを評価するリソースをいることで、学生自身がエッセイの成長を確認できるようにした。加えて、ペアやグループを組んだ学生同士でお互いのエッセイの良い点（自分も取り入れてみようと思った点）や改善点（自分であればこのようにするという点）を指摘させることで、他者の目を通した評価を得る機会を設けた。そして、最終的に、最後のレビュー回で授業初回に書いたエッセイを書き直すという課題を与え、自らの成長を実感できる機会を設けた。

3. 学生のリフレクション

　「英語ライティング 2a」の授業では、毎レビュー回において学生にリフレク

ションを書かせるとともに、授業の最終回で春学期全体のリフレクションを書かせた。これもZimmerman（1989）がいう「メタ認知」のための仕掛けである。

本論では以下に、春学期全体のリフレクション（原文のまま）をいくつかを抜粋することで、学生がこのような授業をどのようにとらえていたかを示す。

- 私はもとから文章を書くということが日本語の場合でも苦手でした。でも友達に添削してもらうことにより、より読者の存在に気を付けて文章を書くということができるようになったと思います。
- 自分で書いたエッセイをrewriteで読み直すと、同じ単語の繰り返しや、似たような文法、同じような意味の文、とにかく回りくどかったです。それに、人に添削されると、自分では読めると思って書いたところで、意味がわからないと言われたこともありました。ショックだったけれど、もっと読み手のことも考えるきっかけになりました。
- 一度書いた文章を書きなおすことでこんなにも違う文章になるのかと思った時や、あまり変わった感じがしないなと思うときなど様々だったが、一貫して、語数を増やすこともできたし、自分の中で完成度の高い文章を提出できた。
- 初めのころは時間内に決められた語数をクリアすることがあまりできませんでした。途中で提出をしてしまったり最後のまとめの部分が2行しかなかったりとしっかりエッセイを完成させることができませんでした。最近になってやっと余裕が出てきたり時間が余る日もありました。
- 1番最初の授業に書いたものを見たら、自分はちょっとは成長できたんじゃないかなあと思いました。まず、文字数が300語に達していなく、文章もうまくまとめきれていませんでした。今は、文字数は300語超えることができるようになりました。
- 春学期この授業を受けて少しは自分のライティング力がのびたかなあと思います。実際アカデミックな英語を書く機会が日常生活で今ほとんどない状態なのでこの授業は本当に役に立ったと思う。他の友達がどんなエッセイを書くのかも理解できたし他の友達のエッセイからいろいろ学ぶことができてそこがよかった点だと思う。また添削する機会もたくさんあったので自分で自分のできないところや欠点を探すことができました。
- 今まで時間をかけて辞書を見たりしながらエッセイを書くことはあったが、制限時間内で辞書を使わずにエッセイを書くことがなかったので、この授業は自分の本当の英語文章力を知る良い機会になったと思う。自分の表現したい単語がとっさに思いつかなかったり、同じ単語を何度も使ってしまう、いつも似たような構成になってしまうなど、問題点も多々知ることができた。また、他の生徒のエッセイを添削することで、自分では思いつかなかった表現や構成を知れたり、自分にも当てはまるような問題点に気づいたりした。

- 春学期のライティングの授業全体として特に恩恵を被ったと思うことは、各留学先ごとで習ったライティング方法をシェアできたことです。それぞれが異なった語彙や文章構成を学んできていて、それを分かち合うことでライティングの幅が大いに広がりました。
- 4か月前に自分が書いたエッセイを見るというのは、かなり新鮮だった。今の自分と比べると大きな変化がある。最初のうちは、語彙や情報を盛り込もうとしていて、全体的に、論理がしっかりしていない文章になっていた。接続詞が少なく、文章や段落の流れが悪く、最初のパラグラフでも、次からの段落につながるような上手な文章校正ができていない。それに比べて、今は、語彙は容易なものを使いがちであるが、全体の流れは読み手に分かりやすく書くようになった。

4. まとめ

　本論では、「自己調整学習」(self-regulated learning) という理論的背景に従い、1年間の留学経験のある学生を自己調整可能な書き手／直し手に育成することを目指した実践例を示した。その際に、「他者調整」(other-regulated) という考え方に基づき、学習者の成長を促す教員による様々な「仕掛け」を実践に取り入れた。その結果、学生のリフレクションのコメントからも確認できるように、学生は「〜ができるようになった」という実感を得ていた。これは、本論で紹介した授業実践における「仕掛け」が、学生の「自己効力感」(self-esteem) に働きかけた結果と考えられる。竹内 (2010) による「教育的介入としては、自己効力感の高揚にうまく働きかける（教員らによる）動機づけストラテジーの使用が大切」(p. 11) という指摘に沿うならば、本実践での「仕掛け」が「動機づけストラテジー」として有効に機能していたと考えることができるだろう。

　もちろん、池田 (2008) が指摘するように、学生の英語運用能力に応じて、学生に好まれる「他者調整」の方法や割合は異なるため、本論での実践における「仕掛け」がそのまま他の学生に適用可能ではない。大切なことは、自分が担当する学習者の様子を見極め、いかに彼らを自己調整可能な学習者へと育成できるか、その可能性や方法を考え、工夫していくことであろう。その一例として、本論が参考になれば幸いである。

注

1. 本授業には、シラバスの到達目標に示されている以外にもう1つ大きな目的がある。それは、留学を経験した学生によるアカデミックなトピックに関する日英語パラレルコーパス（バイリンガルコーパス）を作成することである（詳細は、山西, 2013; 山西・水本・染谷, 2013）。この目的における先行研究との比較を可能にするために、Topic 1〜11 は名古屋大学の杉浦正利教授ら

のグループによる NICE（Nagoya Interlanguage Corpus of English）プロジェクトで使用されたトピックを、Topic 12, 13 は神戸大学の石川慎一郎教授による ICNALE（The International Corpus Network of Asian Learners of English）プロジェクトで使用されたトピックをそれぞれ利用している。なお、「英語ライティング 2」の全クラス（5 クラス）において、エッセイ作成順は異なり、作成における順序効果を相殺するようにしている（図 1 に示されているのは入れ替え前の基本順序）。

参考文献

Andrade, M. S., & Evans, N. W. (2013). *Principles and practices for response in second language writing: Developing self-regulated learners*. New York: Routledge.

池田真生子 (2008).「アポイントメント制による英語語彙学習」竹内理（編著）『CALL 授業の展開：その可能性を拡げるために』(pp. 164–175). 松柏社.

伊藤崇達 (2009).『自己調整学習の成立過程：学習方略と動機づけの役割』北大路書房.

小嶋英夫・尾関直子・廣森友人（編）(2010).『成長する英語学習者：学習者要因と自律学習』（英語教育学大系 第 6 巻）大修館書店.

染谷泰正 (1994).「パラグラフライティングの技法とエッセイの構成法」『ライティングマラソン vol. 2』(pp. 121–176). アルク.

竹内理 (2010).「学習者の研究からわかること：個別から統合へ」小嶋英夫・尾関直子・廣森友人（編）『成長する英語学習者：学習者要因と自律学習』（英語教育学大系 第 6 巻）(pp. 3–20). 大修館書店.

山西博之 (2013).「バイリンガルライティング授業に対する学生の認識：「振り返りアンケート」のテキスト分析結果から」『JACET 関西支部ライティング指導研究会紀要』10, 57–62.

山西博之・水本篤・染谷泰正 (2013).「関西大学バイリンガルエッセイコーパスプロジェクト：その概要と教育研究への応用に関する展望」『関西大学外国語学部紀要』9, 117–139.

Zimmerman, B. J. (1989). A social cognitive view of self-regulated academic learning. *Journal of Educational Psychology, 81*, 329–339.

Zimmerman, B. J., & Risemberg R. (1997). Self-regulatory dimensions of academic learning and motivation. In G. D. Phye (Ed.), *Handbook of academic learning: Construction of knowledge* (pp. 105–125). San Diego, CA: Academic Press.

プラニングに焦点を当てた英語パラグラフ・ライティングの指導
―プロダクトとアンケートの結果について―

吉留 文男

徳山工業高等専門学校

要約

国立工業高等専門学校専攻科2年生（大学4年相当）を対象にプラニングに焦点を当てたパラグラフ・ライティング（以下、PW）の指導を行った授業実践を報告する。ライティングに関する事前アンケートによれば、調査協力者のパラグラフに対する意識が低いことが明らかになった。そこで、授業ではPWにおけるプラニングに焦点化し、プラニングに関する発想と表現を促す活動と目的言語の特徴に注目させる活動を行った。「(1) プラニングに焦点化したパラグラフ指導は学習者のプロダクトに効果を及ぼすか」、「(2) プラニングに焦点化したパラグラフ指導は学習者のパラグラフに対する意識に影響をあたえるか」、の2つの仮説を立て指導の効果を調査した。事前・事後英文プロダクトを検討し、さらに事前・事後のライティングについてのアンケート調査の結果を考察した。結果、指導の効果に関するデータは、調査協力者のプロダクト評価が向上し、ライティングに対する意識も高まったことを示した。

1. はじめに

　この調査では、英文アブストの作成を目的とする学生に対して、パラグラフ・ライティング指導を中心としたライティングの授業を実施した。調査対象者に実施したライティングに関する事前アンケート結果は、英文パラグラフの構成に関する意識の低さを示した。また、英文作成のタスクの授業において、課題タイトルを見て、すぐに英文を書き始める学生が多く観察され、方略的に課題タイトルに取り組む姿勢が見られなかった。本調査協力者のみがこのような傾向を示したとすれば問題であるが、同じアンケートを調査協力者外の学生に実施したところ、結果は協力者とほぼ同じ傾向を示した。さらに、ベネッセの「第2回子ども生活実態基本調査」によれば、「自分の考えを文章にまとめること」「自分の考えをみんなの前で発表すること」は小・中・高校生を通して、「得意」とする割合が低く、2～3割にとどまる。どの学校段階の子どもも考えをまとめ

る力、文章力、表現力があまり得意でないと感じているようである。」と報告されており（第 2 回子ども生活実態基本調査報告書、2009）、このような傾向は、今回の調査協力者に限られていないことを示唆しており、パラフラフについての知識だけでなく、パラグラフの作成に関する方略も習熟していない傾向があると考えられる。

　PW に関する指導を行う前提として、ライティングの先行研究からライティングとは何かについて整理をしておく。ライティングの構成要素に関して、Pincas（1962）は英作文を伝達・構成・文体の３領域に分け、書き手がペンを取った時には、ほぼ同時に、各の領域で何らかの選択・決定・表現活動をしなければならないと述べている。一方、沖原（1985）はライティングの指導形態の違いの観点から、ライティング指導を和文英訳とパラグラフ・ライティングの二つに分類した。和文英訳を語法や表現についての文字に関する練習とし、パラグラフ・ライティングを作文の内容・構成面を受け持つ練習形態と捉えている。つまり、ライティング指導目標は、構成要素である結束性、一貫性、パラグラフ相互の関係の知識を活用できるように指導することである。しかしながら、現実には、ライティングにおいて PW が広く行われていない実態がある。この原因として、柴田・横田（2014）は「言語知識と一貫性・結束性のある文章がかけることは別問題である。内容・文章構成・言語知識をすべて同時に扱おうとしている。指導のポイントが不明瞭にある、生徒を混乱させる。」と指摘している。つまり、ライティングにおいてライティング指導(指導形態)の混在した中で、PW 指導も行われていることが推察される。したがって、指導目標を明確にし、学習者に負荷をかけないプロセスを提供する必要がある。

　一方、母語(第１言語)に関するライティングの研究から、外国語学習指導に関する有益な知見を得ることができる。たとえば、熟達した書き手と経験の少ない書き手の研究は指導の手がかりとなる多くの示唆を与えている。前者の特徴として、「熟達した書き手は構成的プラニングを行う。文章のプランを発展させるために、トピックの知識の領域と修辞学的知識の領域の間で作業しながら、特定の修辞学的状況に合う独自の表象と独創的なプランを構築する。」（森他、1997）と報告されている。後者の特徴として、「経験の少ない書き手が広範囲な初期プラニングを行った際のプロトコルは、トピックの記述と内容知識が優勢である。書き手はキーポイントあるいは目的を明らかにしていない。」（森他、1997）と報告されている。また、Sasaki（2000）は「書き始める前に、専門家は全体像の構成を計画するのにより長い時間を使うが、初心者はより少ない時間を使う、そしてあまりグローバルなプランを作らない。」と述べている。さらに、Ellis&Yuan（2004）もライティングにおけるプラニングの役割について「プレタスクプラニングでは流暢性と統語の多様性では大きな効果があたったが、

正確性においてはプレッシャーのないオンラインプラニングが優れていた」とその有効性を支持している。以上のことを踏まえると、プラニングはライティング過程において重要な役割を果たしおり、メタ認知的知識を活用したプラニング指導が求められる。

　現在、ライティング指導ではプロセス・アプローチの方法が多く用いられ、その理論的な背景として、Flower & Hayes（1981）のモデルが言及される。このモデルは、計画、文章化、推敲の3つの段階からなり、それぞれの段階が複雑に絡み合いながら、徐々に文章を完成して行く過程と説明される。本研究においても、この理論に基づいて、ライティングの過程を考察していく。

　最近の PW 指導に関して、プロセス・アプローチの観点から、フィードバック、特に、ピアによるフィードバックの研究が多い。しかし、プラニングに焦点を当てた指導がパラグラフ・ライティングにどのような影響を及ぼすかの調査は少ない。ライティングは、計画、文章化、推敲と言った直線的な過程ではないと言われ、複雑で総合的な作業であることは言うまでもないが、プラニングの位置づけを明確にし、その機能に注目する必要がある。本論文では、プラニングの定義を「ライティングにおける伝達と構成の関わる領域とし、発想の仕方と発想した思想の表現方法に関する活動」とし、この定義に基づいてライティング指導を実施した。

2．調査方法
2.1 調査目的
(1)「プラニングに焦点化したパラグラフ指導は学習者のプロダクトに効果を及ぼすか」の検証
(2)「プラニングに焦点化したパラグラフ指導は学習者のパラグラフに対する意識に影響をあたえるか」の検証

2.2 調査協力者
　調査協力者は大学4年生に相当する国立工業高等専門学校専攻科2年生16名の学生（男子12名、女子4名）である。TOEIC IP の平均点は582点であった。

2.3 調査方法
　実験は、事前テスト、事後テスト、事前アンケート、事後アンケートから成り、期間は2014年10月から12月の3ヶ月間であった。

2.3.1 事前・事後アンケート

英文を作成する際のパラグラフに対する意識調査を実施した。アンケート項目は「英作文に関するアンケート（Noro, 2004）を引用した。本稿では6項目を分析の対象とした。

2.3.2 事前・事後テスト

課題は「英語を小学校で教えるべきか」（成田・日比野、2013）とし、事前調査と事後調査で英語を書かせた。作成時間は30分とし、語数を少なくとも90〜100語とした。和英辞書の使用を可とした。

2.3.3 指導方法・内容

指導の手順

高専専攻科におけるライティングの授業について簡単に述べる。授業の目標は、卒業論文のアブストラクトを英文で書けるようになることである。パラグラフ単位で自己表現ができる能力を育成することである。今回は後期15回の授業の9回を指導にあてた。1回から4回までの指導では、「発想と表現を促す活動」と位置づけ、メタ認知活動を活用した。一方、5回から8回までの指導では「目標言語の特徴に注目させる活動」とした。

具体的には、アイデア産出のためにクラス（16名）を小集団（4グループ）に分け、ブレンストーミング（BS）を通して、アイデアを生み出す作業を与えた。BSを始める前には、この活動のルールを説明し、円滑な活動ができる環境を作った。たとえば、BSの4原則である①「批判しない」②「自由奔放」③「質より量」④「連想と結合」をグループ内で確認させた（山井、2014）。トピック「ペット－猫と犬、どっちがベターか？」を提示し、自由なグループ討論活動をさせた。BS活動は多くの場面で経験していると考えられるが、グループのアイデア創出をより活性化するために上述した原則を確認させた。次に、BSで産出されたバラバラな情報を分類し、価値付け、系統化する作業をグループ毎に行わせ、それぞれのグループにポスト・イットカード（75mm－70mm)を配布し、トピックに対応する分類化を行い、アイデアに基づいて、それぞれのグループが主張を展開させた。

次に、BSと分類化の練習を終えた時点で、「十字モデル」（牧野、2012）を活用する。「十字モデル」とは、十字の横軸を意味構成として「対話」、「論証」を通じての論理的思考を、十字の縦軸に価値構成として「問い」、「発問」、「仮説」とした問題解決を視覚化して協同で議論していく活動である。グループ内で議論をしながら「十字モデル」で協同的に論文を組み立てる。この活動により具体的に論理的な主張を展開する枠組作ることが可能となり、学習者は抽象的

な問題を具体化する思考訓練となる。

　最後に、BS、アイデアの分類、十字モデルから産出されたものに基づいて、アウトラインを作成する。そのアウトライン作成の活動として、初めにキーワードを用いたアウトラインを作成させ、次に箇条書きのアウトラインを作成させる。たとえば、「学園祭は必要か？」のタイトルでテーマを与え、「必要かどうか」、「理由は」、「例は」、「結論は」といった中心の概念に関連する問いかけを行い、それぞれの問いに協力者はキーワードで応え、それぞれの主張を記述する。その後、より詳細な箇条書きを行い、パラグラフの構成、アウトラインでパラグラフを構成させた。以上の活動を一連のサイクルとしてパラグラフ作成のプロセスを認識させ、活用を促し、プラニング活動は終了となる。図1は指導過程のサイクルを示したものである。

　後半では、パラグラフに対する言語意識を高めるために、帰納的思考プロセスの指導を行った。この指導ではパラグラフモデルを提示し、パラグラフからキーワードやキーフレーズを抽出させる活動を通じてパラグラフの内容・構成を理解させる。この活動の目的は、学習者にパラグラフの構成に注意をむけさせ、気づきを喚起させることである。次に、抽出したキーワードを用いてパラグラフの内容・構成をマッピング化し、可視的にパラグラフの構造理解を深めさせる。アウトラインの復元活動として、マッピングした図を基にして、パラグラフ内容を自分の言葉で説明させる。具体的には、喫煙について'Personal decision or Public nuisance'という英文を与え、パラグラフのマッピング活動を行った。最後に、TOEFLのライティング教材からアウトライン作成の練習活動を実施した（Lougheed, 2011）。以上のプロセスがプラニングの帰納的な活動である（図2）。

　最後に、8回の指導終了後に事前テストと同一の事後テストを実施した。また、事後アンケートにも事前アンケートと同一のものを用いた。

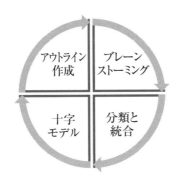

図1　発想と表現を促す活動

図2 目標言語の特徴に注目させる活動

2.4 データの分析方法
2.4.1 ライティングのプロダクトデータの評価方法

　今回の調査では、パラグラフ・ライティングにおけるプラニング指導の効果を見ることを主眼とした。そのために、評価尺度では一貫性に焦点を合わせた評価をするために3つの項目（主張・支持文・構成）とした（Williams, 1995）。さらに、それぞれの項目を4つの評価基準に細分化し評価したが、今回の調査では文法項目、語彙項目に関しては評価項目から除外した。

　ルーブリックの使用についてはその妥当性、有効性などの問題が指摘されている反面、現場における使いやすさの点から多くの教育現場で活用されている（Kuru, 2011）。また、「自由作文の採点には時間がかかり、主観的になりがちであるが、その弊害を少なくするためには、採点基準として作文力のどの要素をどの程度重視するか決めておくとか、複数の試験官が判断するとよい」（青木、1985）という観点を考慮し、評価の妥当性を高めるために3人の外国語指導教員（アメリカ人2名、イギリス人1名、日本人1名）で評価し、4人の平均値をデータの資料とし採用した。評価に当たって評価者に評価方法を事前に説明し、評価の公平性に配慮し、評価後に評価に対するコメントを求めた。

　今回のデータ分析については、プラニング指導の変容を調査することに焦点化したために、局所的な項目を評価対象から除いた。産出されたデータを評価尺度による方法を採用し、評価されたそれぞれの項目の平均値を統計的に分析した。分析の対象とした参加者が少数だったために、対応のあるサンプルの中央値の比較分析に用いられるノンパラメトリック検定（Wilcoxonの符号付き順位検定）を採用した。その後、パラグラフの構成要因の理解度を調べるために、それぞれの4つの評価基準表3、表4、表5（Assessment rubric: paragraph, 2006）に基づいで採点し、その平均値を事前・事後で比較し検討した。

2.4.2 ライティング・プロダクトデータの客観的指標

使用した客観的指数は、パラグラフ・ライティング英文の総語数、T-unit の総数、T-unit の平均の長さを用いて検討した（平野、1990）。流暢さと複雑さを客観的な指標として単純に適用することには問題があるかもしれない。しかし、調査協力者に制限時間 30 分間を設けて、事前・事後ライティングを実施した。限定された時間内にプロダクトされた総単語数の差や T-unit の平均語数はより多くの情報を伝えようとする結果として捉え、調査協力者の Fluency の一部として扱った（及川他、2008）。

2.4.3 調査について

アンケート調査は事前（14 名）と事後（16 名）に同一のアンケート調査を実施し、回答は次の①から⑤の 5 段階評価とした。

① まったくあてはまらない
② どちらかと言えばあてはまらない
③ どちらとも言えない
④ どちらかと言えばあてはまる
⑤ とてもよくあてはまる

アンケート調査はパラグラフ・ライティングに関係あると思われる 6 項目を分析対象とした。考察において、事前・事後アンケートの結果を相対度数で検討し、事前・事後のパラグラフに対する意識調査を実施した。さらに、回収されたアンケート項目とプロダクトに関するパラフラフの評価項目との関連について考察した。

(1) 事前・事後のプロダクト評価の変化（人数）
(2) 事前・事後のプロダクト評価値の比較
(3) 評価項目の比較変化
(4) 総語数と T-unit の平均値の比較、及び総語数の散布図
(5) 事前・事後のアンケート

以上(1)から(5)の項目を分析データとした。

3. 結果・考察
3.1 事前・事後のライティング・プロダクトについて

表 1 は、調査協力者 11 名の事前・事後プロダクトの評価値の変化を示したものである。事後の Main idea（MI）項目では、事前より事後の評価が高かったこ

とが分かる。一方、他の Supporting ideas（SI）、Organization（O）の2つの項目では、事前より事後の数が上がっていることが見られる。表2は、3つに分類したプロダクトの評価項目の事前・事後の平均値に基づいての評価値の比較を示した。表2は統計的な検定結果を示したものである。分析の対象となった項目に対して、Wilcoxon の順位和検定を適用した。その結果、2項目（SI, O）において有意差（$p<.05$）が確認された。これは事後プロダクト評価値が高くなったことを示している。しかし MI では統計的な有意差は確認されなかった。

表1 事前・事後のプロダクト評価の変化（人数）

	事前 > 事後	事前 = 事後	事前 < 事後
Main Idea	4	1	6
Supporting Idea	2	1	8
Organization	2	3	6

$N = 11$

表2 事前・事後のプロダクト評価の比較（評価値）

	事前	事後	z	p
Main Idea	3.00 (.58)	3.20 (.41)	-1.612	.107
Supporting Idea	2.50 (.76)	2.84 (.70)	-1.956	.050*
Organization	2.38 (.74)	2.75 (.79)	-2.046	.041*

注： *$p < .05$　$N = 11$; $M(SD)$

3.2 事前・事後のライティング・プロダクト評価値の比較

次に示す表3、表4、表5はそれぞれの項目に関して、細分化した評価基準を示す。

表3 Main idea の評価項目の比較変化（数）

評価項目(Main idea)	評点	事前	事後
is clearly stated in the beginning and is rehearsed at the end	4	14	18
is clearly stated in the beginning but not rehearsed at the end	3	19	17
is hinted at but no clearly	2	8	9
is unclear	1	3	0

表3が示しているように、MI は4つの項目で評価され、それぞれ4点から1

点までの評価がつけられる。事前、事後の数字は4人の評価者の総数を表す。例えば、表3の最初の項目に対して、事前に4点の評価が14個、事後に18個あったことを示す。したがって、表3からの解釈として、パラグラフの始めの部分でMIを述べているが、パラグラフのはじめと終わりの2箇所でMIに言及していないことが読み取れる。さらに、パラグラフ作成において、MIの表現方法を十分に理解していないと解釈できる。

表4 Supporting idea の評価項目の比較変化（数）

評価項目(Supporting idea)	評点	事前	事後
many detail sentences to support the main idea	4	6	13
some detail sentences to support the main idea	3	16	12
a few detail sentences to support the main idea	2	16	18
no detail sentences to support the main idea	1	6	1

表4のSIは、事前では「まったく主張を支持する文を示さない」評価6、「主張を支持する文が少ない」評価16と支持文を十分に表現できていないことを示している。一方、事後において、評価4、評価3にプラスの変化があることを示しており、前述した統計結果（表2）と対応する。さらに、十分な支持文を表現できない数が依然として多いことも示しており、MIを補強する支持文の表現が定着しにくいことを示している。

表5 Organization の評価項目の比較変化（数）

評価項目(Organization)	評点	事前	事後
well-organized with smooth transitions, a logical, effective progression	4	6	12
well-organized, has logical progression	3	10	12
Somewhat organized, somewhat logical progression	2	23	17
disorganized or confusing, not have logical progression	1	5	3

表5の評価項目は、事前・事後の評点が概ねプラスに上がっていると判断できる。理由として、評点3、4の合計が事前16から事後24に増え、評点1、2合計は事前28から事後20に減少しており、このことは表2の結果からも支持されるからである。しかし、論理的な主張の進め方をパラグラフの中で表現することは学習者にとって困難さがあることは、表5の事前評価から読み取れる。

同様に、この傾向は表10、表13のアンケートの意識調査の結果とも一致している。

3.3 総語数の変化とT-unitの平均値

ライティングのプロダクトに関する客観的指標として、英文の総語数、T-unitの総数、T-unitの平均の長さを用いた。表6は、総語数の平均値、標準偏差を示している。統計による事前・事後間に有意差は認められなかった。また、表7は事前・事後T-unitの記述統計量（平均値）を示している。総語数と同様に、統計による検定をおこなったが、事前・事後間に有意差は認められなかった。全体的な平均値として有意差は観察されなかった。

表6 事前・事後総語数の記述統計量（平均値）

	度数（人数)	最小値	最大値	平均値	標準偏差
事前	11	18.00	114.00	73.82	31.53
事後	11	37.00	135.00	84.64	27.65

表7 事前・事後T-unitの記述統計量（平均値）

	度数（人数)	最小値	最大値	平均値	標準偏差
事前	11	3.35	9.42	7.23	1.71
事後	11	4.78	9.09	6.78	1.21

図3は、各調査協力者の事前・事後に書いた作文の総語数の散布図である。事前より事後が上回っていることが図3から判断できる。教室での指導の結果、同一時間内により多くの語を産出したことになる。また、図3の散布図から中位の中の下位群に向上が見られる。

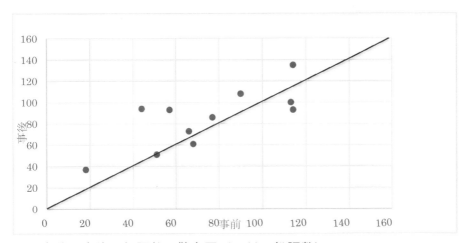

図3 事前・事後の総語数の散布図（*n*=11、総語数）

3.3 アンケート調査結果について

表8から表13は、調査協力者に事前・事後に行ったアンケートの調査結果である。ここではパラグラフに対する意識の変化を事前・事後の結果から検討する。表8「パラグラフの構成の仕方が分からない」という質問に対して、事前では71%が「あてはまる、どちらかといえばあてはまる」と回答しており、パラグラフの構成に対しての意識の低さを示している。事後の調査では56%が「あてはまらない、どちらかといえばあてはまらない」と回答し、指導により肯定的な変容が見られる。これはパラグラフ指導がこれまで十分にされていなかったことを示唆している。同時に指導後のパラグラフの構成に対する認識の変化を示した。表5のプロダクト評価項目の結果はこれを裏付ける数字ではないだろうか。

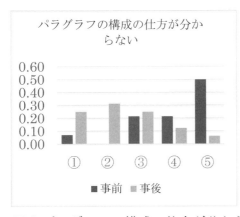

表8　パラグラフの構成の仕方が分からない

	事前		事後	
	度数	相対度数	度数	相対度数
①まったくあてはまらない	1	0.07	4	0.25
②どちらかと言えばあてはまらない	0	0.00	5	0.31
③どちらとも言えない	3	0.21	4	0.25
④どちらかと言えばあてはまる	3	0.21	2	0.13
⑤とてもよくあてはまる	7	0.50	1	0.06
合計	14	1	16	1

図4 パラグラフの構成の仕方が分からない

表9「トピックセンテンスの書き方がわからない」という質問に対して、事前では79%が「どちらかと言えばあてはまる、とてもよくあてはまる」と回答しており、トピックセンテンスに対する意識の低さが窺われる。事後では44%が「まったくあてはまらない、どちらかと言えばあてはまらない」と回答している。また、「どちらかと言えばあてはまる、とてもよくあてはまる」質問に対する回答が79%から31%に減少しており、トピックセンテンスに対する意識が高くなってきたと考えられる。このことは、表3のプロダクト評価項目の事後結果とも対応しており、指導の効果があったと解釈できる。本来、トピックセンテンスはパラグラフを作成する際に最も核になる文であり、これを欠いてパラグラフは成立しないと言えよう。パラグラフの作成ではパラグラフに関するメタ認知的知識の指導の効果と言える。

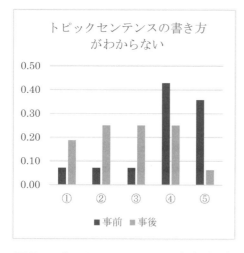

表9　トピックセンテンスの書き方がわからない

	事前		事後	
	度数	相対度数	度数	相対度数
①まったくあてはまらない	1	0.07	3	0.19
②どちらかと言えばあてはまらない	1	0.07	4	0.25
③どちらとも言えない	1	0.07	4	0.25
④どちらかと言えばあてはまる	6	0.43	4	0.25
⑤とてもよくあてはまる	5	0.36	1	0.06
合計	14	1	16	1

図5　トピックセンテンスの書き方がわからない

　表10「パラグラフ内の文の順序がわからない」という質問に対して、事前では71%が「どちらかと言えばあてはまる、とてもよくあてはまる」と回答し、パラグラフ内の文をどのように関連づけ、展開させるかという方法に習熟していない傾向を示す。一方、事後では51%が「まったくあてはまらない、どちらかと言えばあてはまらない」と回答している。また、「どちらかと言えばあてはまる、とてもよくあてはまる」の質問に対する回答が71%から37%に減少している点で向上したと解釈できる。しかし、約4割弱が「とてもよくあてはまる」という回答していることは、文の構成を表現することが学習者にとって難しい操作であることを示唆している。パラグラフ内の文のつなぎや文の順序に関する項目に対して、回答が二局化の傾向を示していることは重要な課題である。

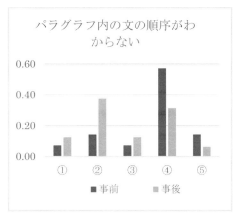

表10 パラグラフ内の文の順序がわからない

	事前		事後	
	度数	相対度数	度数	相対度数
①まったくあてはまらない	1	0.07	2	0.13
②どちらかと言えばあてはまらない	2	0.14	6	0.38
③どちらとも言えない	1	0.07	2	0.13
④どちらかと言えばあてはまる	8	0.57	5	0.31
⑤とてもよくあてはまる	2	0.14	1	0.06
合計	14	1	16	1

図6 パラグラフ内の文の順序がわからない

　表11「パラグラフのまとめの仕方がわからない」という質問に対して、事前では7%が「まったくあてはまらない、どちらかと言えばあてはまらない」と回答しており、パラグラフのまとめ方に習熟していない傾向を示したが、同じ質問に対して事後では44%と大きく肯定的に変化した。また、「どちらかと言えばあてはまる、とてもよくあてはまる」の質問に対する回答が65%から32%に減少しているが、パラグラフをまとめる方法に習熟していない学習者が依然として33％も占めている。この解釈として、パラグラフに関する修辞学的な知識が不足していることが推察できる。なぜならばパラグラフをまとめるという過程は、文の命題を関連づける作業だけでなく、パラグラフ構造の理解も前提にあるからだ。また、表11の相対度数の推移から判断すれば、パラグラフ構造の指導にさらに時間をかける必要があると推測される。

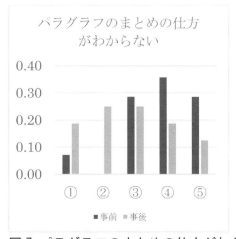

表11 パラグラフのまとめの仕方がわからない

	事前		事後	
	度数	相対度数	度数	相対度数
①まったくあてはまらない	1	0.07	3	0.19
②どちらかと言えばあてはまらない	0	0.00	4	0.25
③どちらとも言えない	4	0.29	4	0.25
④どちらかと言えばあてはまる	5	0.36	3	0.19
⑤とてもよくあてはまる	4	0.29	2	0.13
合計	14	1	16	1

図7 パラグラフのまとめの仕方がわからない

表12「書く内容が思いつかない」という質問に対して、事前では50%が「とてもよくあてはまる、どちらかと言えばあてはまる」と回答し、同様に事前で43%が「あてはまらない、どちらかと言えばあてはまらない」と回答している。この質問に対して、事前結果は二極化傾向を示した。一方、事後では63%が「まったくあてはまらない、どちらかと言えばあてはまらない」と若干プラスに変化をしている。また、「とてもよくあてはまる、どちらかと言えばあてはまる」は31%を示した。ここで興味深いことは書く内容について51%があてはまらないと回答していることである。半数の対象者が内容を持っていることから英文パラグラフでの表現方法に習熟していない傾向が示唆される。

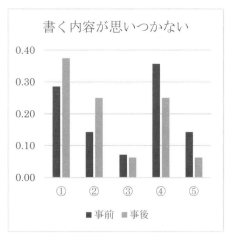

図8 書く内容が思いつかない

表12　書く内容が思いつかない

	事前		事後	
	度数	相対度数	度数	相対度数
①まったくあてはまらない	4	0.29	6	0.38
②どちらかと言えばあてはまらない	2	0.14	4	0.25
③どちらとも言えない	1	0.07	1	0.06
④どちらかと言えばあてはまる	5	0.36	4	0.25
⑤とてもよくあてはまる	2	0.14	1	0.06
合計	14	1	16	1

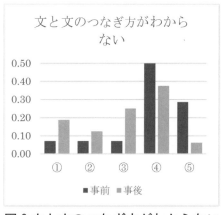

図9 文と文のつなぎ方がわからない

表13　文と文のつなぎ方がわからない

	事前		事後	
	度数	相対度数	度数	相対度数
①まったくあてはまらない	1	0.07	3	0.19
②どちらかと言えばあてはまらない	1	0.07	2	0.13
③どちらとも言えない	1	0.07	4	0.25
④どちらかと言えばあてはまる	7	0.50	6	0.38
⑤とてもよくあてはまる	4	0.29	1	0.06
合計	14	1	16	1

表13「文と文のつなぎ方がわからない」という質問に対して、事前では79%

が「とてもよくあてはまる、どちらかと言えばあてはまる」と回答し、同様に事前で 14%が「まったくあてはまらない、どちらかと言えばあてはまらない」と回答している。一方、事後では 32%が「まったくあてはまらない、どちらかと言えばあてはまらない」と事前と比較すれば大きな変化を示しているが、依然として 44%が「とてもよくあてはまる、どちらかと言えばあてはまる」と回答しており、学習者にとって文と文に関連性を持たせながら文を展開させることが難しいことを示した。この問題を改善するためには、文の命題と命題の関連性に注目させた学習過程を提示する必要がある。

4. 結語

本研究は、パラグラフ・ライティングの習得を目標にプロセスライティングのプラニングに焦点を当てた実践報告であった。「(1) プラニングに焦点化したパラグラフ指導は学習者のプロダクトに効果を及ぼすか」、そして「(2) プラニングに焦点化したパラグラフ指導は学習者のパラグラフに対する意識に影響をあたえるか」の2つの仮説を検証した。プロダクト分析、アンケート調査結果は、調査協力者のパラグラフ・ライティングの流暢性の向上、ライティングに対する意識の変容を示した。したがって、プラニングに焦点を当てた指導は、ライティング能力の向上につながる方法の1つと考えられる。

併せて、本研究の限界に触れておく。特に、プロセス・アプローチのモデルである計画・文章化・推敲の過程における文章化と推敲に指導の比重をかけなかったことがアンケート調査の結果から読み取れる。そのために英語の文と文をどのように展開させるかという課題が残ったことは当然かもしれない。また対照群を設けた調査でなかったことから、ライティング・プロダクトの変容がプラニング指導だけに起因すると結論づけることには限界があると思われる。ライティング過程の総合的な視点に基づく指導効果を検証する必要があろう。

Reference

Assessment rubric: paragraph (2006). Retrieved December, 2014, from https://mrsschlicksclassroom.files.wordpress.com/2014/09/paragraph-rubric1.pdf

Ellis, R., & Yuan, F. (2004). The effects of panning on fluency, complexity, and accuracy in second language narrative. *Studies in Second Language Acquisition*, *26*, 59–84.

Flower, L., & Hayes, J. R. (1981) A cognitive process theory of writing. *College Composition and Communication*, *32*, 365–387.

Kuru, Y., Otoshi, J., Masaki, M., & Kishi, K. (2011). Examining an EFL writing rubric in classroom use. *The Bulletin of the Writing Research Group, JACET Kansai*

Chapter, *9*, 13–24.

Lougheed, L. (2011). *Writing for the TOEFL iBT* (4th ed.). New York: Barron's Educational Series.

Noro, T. (2004). A study of the metacognitive development of Japanese EFL writers: The validity of written feedback and correction in response to learners' self-analyses of their writing. *ARELE*, *15*, 179–188.

Pincas, A. (1962). Structural linguistics and systematic composition teaching to students of English as a foreign language. *Language Learning*, *12*(3), 185–194.

Sasaki, M. (2000). Toward an empirical model of EFL writing processes: An exploratory study. *Journal of Second Language Writing*, *9*(3), 259–291.

Williams, J. M. (1990). *Style: Toward clarity and grace*. Chicago: The University of Chicago Press.

Yamanishi, H. (2011). A process approach to paragraph-writing instruction and college freshmen's writing development. *The Bulletin of the Writing Research Group, JACET Kansai Chapter*, *9*, 1–12.

青木昭六 (1985).『英語教育学 モノグラフ・シリーズ 英語の評価論』東京: 大修館書店.

大井恭子・田畑光義・松井孝志 (2008).『パラグラフ・ライティング指導入門 中高での効果的なライティング指導のために』 東京: 大修館書店.

沖原勝昭 (1985). 『英語教育学 モノグラフ・シリーズ 英語のライティング』東京: 大修館書店.

及川 賢・三富美悠紀・荒井智久・圓井あゆ・横須賀功 (2008). 「英作文を通して見た中学生の英語の発達」『埼玉大学紀要 教育学部』57(2), 171–181.

柴田美紀・横田秀樹 (2014).『英語教育の素朴な質問 教えるときの「思い込み」から考える』 東京：くろしお出版.

平野絹枝 (1990).「言語能力の客観的指標の妥当性：日本人 EFL 大学生の場合」『上越教育大学研究紀要』第2分冊言語系教育・社会系教育・芸術系教育 9(2), 65–77.

ベネッセ (2010).「第2回子ども生活実態基本調査報告書 2009年」http://berd.benesse.jp/berd/center/open/report/kodomoseikatu_data/2009/hon3_2_01a.html

牧野由香里 (2012).「十字モデルで協同的に論文を組み立てる」 関西地区FD連絡協議会 京都大学高等教育開発促進センター（編）『思考し表現する学生を育てるライティング指導のヒント』（pp. 32–53）.ミネルバァ書房.

望月昭彦 (2008).「プロセスライティングの有効性 ―大学生の場合―」『帝京大学文学部教育学科紀要』33, 37–45.

ブルーアー, J.T.(1997).『授業が変わる　認知心理学と教育実践が手を結ぶとき J・T・ブルーアー』(森敏昭・松田文子監訳).北大路書房. [原著. Bruer, J.T. (1993) Schools for thought: A science of learning in the classroom. Cambridge, MA: The MIT Press].

山井敏章(2014).『ブレーンストーミングとKJ法』http://www.ritsumei.ac.jp/~yamai/kj.htm

山村三郎・岩本一・ Lanaras, D. (2001).『WRITING IN ENGLISH FROM BASICS TO PARAGRAPHS　＜基礎からパラグラフ・ライティングへ＞』東京: 成美堂.

Teachers' responses to the Implementation of the Task-Based Language Teaching (TBLT) in Junior High Schools in China

Jing WANG
Xi'an International Studies University
Jun MAO
Ben Niu Senior High School

Abstract

The present study attempts to investigate teachers' responses to the implementation of TBLT in junior high schools in China. Fifty-nine junior high school teachers participated in the investigation with five-point Likert scale questionnaires. The findings indicate that most of teachers involved in this study express favorable attitudes to TBLT and teachers' attitudes towards TBLT change according to their teaching experience and training background. It is hoped that the findings will provide useful suggestions and recommendations for the effective implementation of TBLT in the future English education in China.

1. Introduction

In 2001, the Chinese Ministry of Education released the new "English Curriculum Standards (ECS)." Different from the old teaching syllabus which devoted much attention to memorization and comprehension of language with less emphasis on use of language, the new ECS emphasizes the cultivation of students' integrated communicative competence. There are nine levels of competence-based targets, specified in "can-do-statements". In order to achieve its goals, it advocates a kind of teaching approach in which language is learned through experiences, practices, activities, interactions, cooperation and exploration. This teaching approach is Task-Based Language Teaching (TBLT).

The new ECS is carried out from top to bottom by the Chinese Ministry of Education. As a national programmatic document, it brings great impact to teachers' daily teaching. However, during its implementation, there is a gap between teachers and the educational department. To a large extent, teachers' reactions to TBLT do not get enough attention. Teachers are the practitioners of the educational reform, who are most familiar with the actual teaching situation. And their decisions are treated as a critical determinant of whether an innovation is implemented and how it is implemented (Doyle & Ponder, 1977; Hurst, 1978). Without sufficient participation by teachers, the educational reform will turn out to be very challenging.

Therefore, the present study attempts to investigate teachers' responses to the implementation of TBLT in junior high schools in China. It is hoped that the findings will provide useful suggestions and recommendations for the effective implementation of TBLT in the future English education in China.

2. Research background and research questions
2.1 The general view of TBLT

Task-based language teaching refers to an approach based on the use of tasks as the core unit of planning and instruction in language teaching. Some of its proponents (e.g., Willis 1996) present it as a logical development of communicative approach. It has become prominent in second/foreign language learning since the 1980s. At that time, a number of researchers and curriculum developers proposed that second/foreign languages could be effectively taught through a task-based approach and some researchers have even called for syllabuses consisting entirely of tasks. So far, much has been introduced about the theory and implementation of TBLT, such as definition of task, task cycle, task design, different types of tasks, task sequencing, task difficulties and so on. Contrasted with form-based approaches, task-based language teaching approach entails the specification not of a sequence of pre-selected or pre-planned language items, but of a sequence of communicative tasks to be performed in the target language (Willis, 2000). In line with Willis, Nunan (2001) also states that in TBLT, the starting point for designing language courses is not an ordered list of linguistic items, but a collection of tasks.

2.2 TBLT in China

In recent years, a number of researchers, syllabus designers, and educational innovators have called for a move in language teaching towards task-based approaches to instruction (Prabhu 1987; Nunan 1989; Long & Crookes 1991; Crookes & Gass 1993a, b). They have carried out a series of in-depth theoretical or empirical studies on TBLT. However, much of the research into task-based language teaching has focused on adult classes in ESL contexts.

In China, task-based approach was first adopted in Hong Kong through the relevant curriculum guidelines: in primary schools in 1997 (see Carless, 2004) and in secondary schools in 1999 (see Mok, 2001). At first, Wu (1997) started a systematical research about task difficulties and task conditions in TBLT. Later, Xia and Kong (1998) introduce and analyze the teaching approach of TBLT. Wang (1999), Wang, Luo and Wang (1999) analyzed the situation of EFL teaching in China and suggest that EFL teaching should adopt a new teaching approach. Lu (2012) began to do an experiment of using TBLT in senior high school (1998-2001), junior high school (1999-2001) and primary school (2000-2001). He tried to find out the problems of TBLT implementation in actual classroom. Then, since the Chinese Ministry of Education had proposed the task-based language teaching in "English Curriculum Standards (2001)", the whole nation unfolded a great upsurge for TBLT research. Hundreds of classroom teachers have been trying TBLT, though in different fashions. Numerous articles and reports have been published, though not all research-based (Cheng & Luo, 2009).

To sum up, current research about TBLT in China undergone the process of theory – practice – reflection. Carless (2002) pointed out that TBLT instruction is argued to be more reasonable and credible in terms of theoretical foundation. The large scale top-down curricular revisions may not directly impact actual language teaching practice (Adams, & Newton 2009). Adamson and Davison (2003) explain that in the case of top-down curricular innovation, stakeholders including schools and teachers can choose several different types of responses, ranging from explicit rejection of the innovation to "creative co-construction" in which the stakeholders adopt and localize the principal elements of the innovation. While schools and teachers may not explicitly reject government level policies, they may nevertheless choose to minimally adopt selective elements of the innovation, with relatively little change to their current pedagogical practices. In Table 2-1, several empirical researches' findings were collected in order to get a general viewpoint about the suitability and implementation of TBLT in China.

According to Table 2-1, we can obtain the following findings:

1) As a newly imported approach, most teachers express favorable attitudes to TBLT. Some teachers have applied it in their daily teaching. The effectiveness of TBLT is well embodied in teaching of speaking.
2) TBLT has not been widely implemented in actual classroom yet. There are still many difficulties and problems when implementing TBLT, such as teachers' knowledge of TBLT, students' learning attitudes, evaluation

Teachers' Responses to the Implementation of the Task-Based Language Teaching (TBLT) in Junior High Schools in China

Table 2-1 Previous studies about the suitability and implementation of TBLT in China

Researcher	Subjects	Method	Main findings
Carless (2007)	11 secondary school teachers 10 teacher educators	Semi-structured interview	• A weak version of task-based teaching is likely to be most suitable for schooling. • TBLT should be adapted to be a flexible 'situated version of TBLT,' in which culture, setting and teachers' existing beliefs, values and practices interact with the principles of TBLT.
Long (2007)	98 middle school teachers 481 middle school students	Questionnaire Observation Interview	• Most teachers and students have the affirmative attitudes to TBLT. • Learner autonomy, students' motivation and communicative competence have been developed. • Teachers' knowledge on TBLT, teaching competence, teaching conditions and examination system restricts the implementation of TBLT.
Zhang (2008)	93 middle school teachers 863 students	Questionnaire Observation Interview	• TBLT has a positive effect on students' interest and language proficiency, but there are many factors such as teacher's insufficient knowledge of TBLT theory and the shortage of teaching resources that curb its implementation. • It was not widely used in the Pearl River Delta.
Liang (2008)	27 junior high school teachers	Questionnaire Observation Interview	• It is believed to have a positive effect on students' oral English but little on their written English. • In rural schools, the shortage of teaching resources and teachers' training influenced the implementation of TBLT. Though most of teachers hold positive attitudes towards TBLT, they have not got a scientific and systematical knowledge of TBLT theory.
Wang (2010)	100 senior high school teachers 200 senior high school students	Questionnaire Interview Observation	• Misconceptions: use task-based approach only, the stereotype of performance, task is equal to grammar practice, the aim of the TBLT is to complete the task. • Difficulties: the limitation of TBLT itself, teachers' pressure when adopting TBLT, students' passive learning attitudes, lack of effective evaluation system. • Barriers: limited time for tasks in class, lack of language learning environment and curriculum resources, lifeless atmosphere in class, unsystematic teaching.

system, shortage of teaching materials, etc. In rural schools, shortage of teaching materials and equipment impose restrictions to its implementation.

3) Despite the fact that most of the teachers express favorable attitudes to TBLT, the traditional structure-based teaching approach still plays a vital role in English teaching.

4) The great majority of current investigations were launched in a single area. Trans-regional studies are rare. Although there are many studies starting from teachers' perspective, influence of teachers' experience on TBLT implementation is seldom mentioned.

With these in mind, two research questions were raised as follow:

RQ 1: What perception do teachers have towards TBLT?

RQ 2: Will teachers' attitudes towards TBLT change according to their teaching experience, training and district?

3. Method
3.1 Participants

At the beginning, the participants in this investigation consisted of 59 Junior high school English teachers from Jiangsu, Shaanxi and Guangxi Provinces in China. These participants have been divided into several groups according to their teaching experience and training. The data is shown in the following Table 3-1 below.

Table 3-1 Participants grouped by experience and training.

Group		No.	%
Experience	1~4 years	10	16.9
	5~10 years	24	40.7
	11~15 years	15	25.5
	16~30 years	10	16.9
Training	Formal training	33	55.9
	Self-study	22	37.3
	Without training	4	6.8

3.2 Instrument

A questionnaire (see Appendix) of teachers' responses to the implementation of task-based language teaching in junior high school in China was used as the instrument and employed to collect data in the present study.

This questionnaire was designed on the basis of findings summarized from many empirical studies.

There are two sections in this questionnaire. Part I was about teachers' personal information like gender, age, teaching grade, academic qualification, teaching years and training experience. Part II was the main part composed of three separate parts: the first part was 17 statements regarding TBLT. The participants indicated their opinions in terms of a five-point Likert Scale. Every statement has five choices ranging from disagree to agree. The second part comprises two single-choice questions and four multiple-choice questions. And the third part consists of two open-ended questions about the influence of TBLT and suggestions on how to implement TBLT successfully. The final questionnaire was designed on the basis of five points of view: 1) teachers' attitudes and familiarity with TBLT (items 1, 6, 8, 14, 17); 2) the implementation of TBLT (items 2, 9, 18, 21); 3) the effects and merits of the implementation of TBLT (items 3, 4, 7, 10, 13, 19); 4) the difficulties and problems during the implementation of TBLT (items 12, 15, 16, 20, 22, 23); 5) impact and influence on teachers' daily teaching after the implementation of TBLT (items, 5, 11, 24).

3.3 Procedure

All the participants were required to answer the questionnaires and submitted them to the present authors and all the answers were analyzed in a statistical way.

4. Results and Discussions
4.1 Attitudes according to Various Circumstances

As shown in the following tables, the mean score which is over 3 indicates that teachers have positive attitudes to the relevant statements about TBLT. On the contrary, the value of mean which is less than 3 means that teachers have negative attitudes to those statements about TBLT.

4.1.1 Attitudes according to Teachers' Experience

From Table 4-1 we can see that there are no significant differences according to teachers' teaching experience. There are no obvious differences between 5~10 years and 11~15 years groups. However, the 1~4 years group is quite different from the 16~30 years group. From the data for the first statement "I know a lot about TBLT", we can conclude that the 1~4 years group is more familiar with TBLT than the 16~30 years group. And the younger group is also more approval of the implementation and

Table 4-1-1 Differences in teachers' attitude to TBLT: Experience

Item	1~4 M	1~4 SD	5~10 M	5~10 SD	11~15 M	11~15 SD	16~30 M	16~30 SD	p
1 Teachers' attitude and acquaintance with TBLT									
I know a lot about TBLT.	4.10	0.54	3.96	0.82	4.07	0.78	**3.60**	1.16	0.57
TBLT should combine language form and meaning.	4.70	0.23	4.58	0.51	4.47	0.41	4.30	1.12	0.63
TBLT aims to make students experience the communicative meaning and function of language.	4.30	1.12	4.54	0.52	4.73	0.35	4.30	0.46	0.41
TBLT is a student-centered and task-oriented teaching model.	4.60	0.49	4.83	0.14	4.73	0.35	4.50	0.50	0.40
The relevant training about TBLT promotes my understanding and implementation of it.	4.00	1.78	4.42	0.60	4.47	0.55	4.20	0.84	0.56
2 The implementation of TBLT									
The implementation of TBLT is feasible.	**4.00**	0.67	4.17	1.10	4.13	0.55	**3.80**	0.4	0.71
I often use task-based approach in my daily teaching.	**4.40**	0.75	4.08	0.69	4.13	0.56	**3.60**	0.71	0.18
3 The effects and merits of the implementation of TBLT									
The implementation of TBLT improves students' test score.	**4.00**	1.11	4.17	0.75	3.53	1.41	**3.40**	0.27	0.09
TBLT promotes students' English competence.	**4.00**	1.56	4.25	0.72	4.20	0.60	**3.70**	0.9	0.43
TBLT arouses students' enthusiasm in learning English.	**4.40**	0.93	4.21	0.95	4.67	0.24	**3.70**	1.12	0.07
TBLT increases students' learning interest.	**4.10**	1.66	4.13	1.07	4.33	0.52	**3.50**	1.39	0.27
The effect of TBLT is hard to be embodied from the exam.	**3.10**	1.66	2.96	1.95	3.13	1.70	**3.60**	1.82	0.66
4 The differences and problems during the implementation of TBLT									
I think the class size will affect the implementation of TBLT.	3.90	2.77	4.25	1.93	4.27	0.92	4.30	0.9	0.88
It is hard to deal with the relationship between TBLT and education system.	3.50	1.39	3.46	1.82	3.13	1.84	3.50	2.5	0.87
TBLT is discordant with the current system of assessment.	**4.00**	1.56	**4.00**	1.48	3.80	1.89	**4.00**	0.89	0.96
5 Impact and influence to teachers' daily teaching after the implementation of TBLT									
The traditional teaching approach still plays the vital role in daily teaching.	**4.30**	1.12	**3.54**	2.26	**3.40**	1.97	**3.70**	1.12	0.40
Comparing with the traditional approach, task-based approach increases my workload.	4.20	2.18	4.21	1.39	4.60	0.40	4.20	1.73	0.72

merits of TBLT. Despite younger teachers have more favorable attitude to TBLT and often use it into practice, they indicate that the traditional teaching approaches still play the vital role in their daily teaching. On the contrary, senior teachers do not think so.

Generally speaking, young teachers are at the first stage of English teaching. They haven't formed their own teaching style yet. Most of them are easier to accept new teaching approach than senior teachers. The most likely reason for the results above is that the evaluation system of teaching restricts the implementation of TBLT. The core of the current evaluation system is students' test score. When the implementation of TBLT results in the poor points of some students' performances, teachers would use the traditional teaching approach instead of TBLT again. This may be why they have favorable attitude to TBLT but still use traditional teaching approach in daily teaching. To the 5~10 and 11~15 group, the similar background and familiarity with new teaching materials makes them form the similar attitudes to TBLT.

For those teachers who have taught English for 16~30 years, they can be divided into two kinds. One kind consists of teachers who are more agreeable with new teaching theory and approach. They know well about teaching and are confident to employ new teaching approach in their daily teaching. However, the other kind of teachers mainly teaches with experience. They are conservative in choosing the teaching approach.

4.1.2 Attitudes according to Teachers' Training

Table 4-1-2 reveals that there is a significant difference between the two groups ($p < .05$). To the statement "TBLT promotes students' English competence", teachers who had formal training are more confirmative than teachers who learned TBLT by themselves. However, we can see that, to the remaining statements, there is no obvious disparity between the two groups. In addition, no matter teachers had formal training or not, both of the two groups have the feeling that using task-based approach increases their workload.

This could be explained by the following reasons:

1) Under the background of new "English Curriculum Standards (ECS)", the educational department in charge organized a series of formal training, such as lectures given by foreign language researchers, introduction of the new teaching approach and how to teach with new teaching material, demonstration lessons, and so on. These trainings aim to update teachers'

Table 4-1-2 Differences of teachers' attitude to TBLT: Training

Item	Formal (n=33)		Self (n=22)		t	p
	M	SD	M	SD		
1 Teachers' attitude and acquaintance with TBLT						
I know a lot about TBLT.	4.09	0.34	3.73	1.35	1.55	0.13
TBLT should combine language form and meaning.	4.64	0.43	4.45	0.45	1.04	0.32
TBLT aims to make students experience the communicative meaning and function of language.	4.64	0.43	4.41	0.54	1.34	0.23
TBLT is a student-centered and task-oriented teaching model.	4.76	0.25	4.73	0.30	0.08	0.83
The relevant training about TBLT promotes my understanding and implementation of TBLT	4.42	0.69	4.23	0.95	0.47	0.42
2 The implementation of TBLT						
The implementation of TBLT is feasible.	4.12	0.92	4.00	0.48	0.38	0.61
I often use task-based approach in my daily teaching.	4.24	0.63	3.95	0.71	1.26	0.20
3 The effects and merits of the implementation of TBLT						
The implementation of TBLT improves students' test score.	3.88	0.80	3.73	1.26	0.44	0.58
TBLT promotes students' English competence.	**4.33**	0.60	3.82	0.92	1.98	**0.03**
TBLT arouses students' enthusiasm in learning English.	4.33	0.73	4.18	1.11	0.72	0.56
TBLT increases students' learning interest.	4.15	0.88	4.00	1.14	0.71	0.58
The effect of TBLT is hard to be embodied from the exam.	3.00	1.85	3.33	1.71	1.12	0.37
4 The difficulties and problems during the implementation of TBLT						
I think the class size will affect the implementation of TBLT.	4.42	1.06	4.05	1.85	1.01	0.25
It's hard to deal with relationship between TBLT and examination-oriented education system.	3.55	1.82	3.45	1.50	0.41	0.80
TBLT is discordant with the current system of assessment.	4.03	1.34	3.95	1.66	0.45	0.82
5 Impact and influence to teachers' daily teaching after the implementation of TBLT						
The traditional teaching approach still plays the vital role in daily teaching.	3.67	2.04	3.64	1.58	0.11	0.94
Comparing with the traditional approach, task-based approach increases my workload.	4.36	1.18	4.36	1.19	0.03	1.00

teaching idea and improve the quality of teaching. However, lectures and theoretical introduction of new curriculum are most common training organized for teachers. Teachers can get general knowledge and theory of new things through these kinds of training. But the practical training and guidance about how to implement these new ideas into practice is insufficient.

2) The new ECS advocates TBLT, and the majority of current textbooks are arranged based on task. Through these ways, teachers can more or less get some information about TBLT. They can also get general knowledge from educational journals, internet and so on.

3) Though there are many kinds of training, quite a few of them are considered substandard. So, the quality of training needs to be improved. After training, there lacks effective evaluation system to assess the training and to examine what teachers have learned.

4.2 Teachers' Suggestions to Implementation of TBLT

In the last part of the questionnaire, most of teachers have written their suggestions to the implementation of TBLT. They are listed according to the emergency and importance.

1) Ameliorating evaluation mechanism

Evaluation is a crucial procedure during English curriculum reform. It includes formative and summative evaluation. Effective evaluation adds values to the supervision and inspiration for the implementation of new English curriculum and teaching method meanwhile it can also accelerate teachers' and students' development. The purpose of English education is to cultivate students' competence in communication, innovative skills and scientific values. So the evaluation should be based on the learning process and self learning abilities, which is diversified evaluation system containing evaluation for the process and results. Teachers believe that a good evaluation system should be built. Instead of summative evaluation, such as test score, it is called for using formative assessment system and pay attention to students' and teachers' learning progress.

2) Establishing collaborative planning system

Teachers usually work individually and do not always have opportunities to benefit from the collective expertise of their colleagues. Accordingly, it is necessary to establish collaborative planning system. On the one hand, it shortens teachers' time and energy for preparing lessons so as to ease their heavy teaching load. On the other hand, team-work helps teachers learn many appropriate teaching strategies and get a large collection of teaching resources.

3) Providing formal training regularly

The educational department in charge should provide teachers formal training about curriculum reform, teaching approaches and some other educational reforms regularly. Participating in training courses is useful for improving both their language competence and teaching profession. They should also organize teachers to observe other teachers' teaching which can help teachers introspect their disadvantages and learn good points from others through contrast. Teacher themselves should update their mind continuously.

4) Selecting appropriate teaching approach

There is no one teaching approach which can suit every teaching situation. Though TBLT is treated as a good teaching approach, there are still many problems when implementing it in China. At the same time, traditional teaching approaches are not as bad as we think. Therefore, integrate TBLT with traditional teaching approaches will be the best way to English teaching. Teachers are able to select appropriate teaching approach in accordance with their students' ability, teaching content and so on.

5) Creating student-centered teaching environment

The new English curriculum emphasizes that teaching is students-centered. All the teaching should take students' needs, learning ability and future development into consideration. Teachers will play the role of director, controller, assessor, organizer, prompter and participant. It's necessary to change teacher-centered class to student-centered one.

6) Providing better teaching equipment and environment

Teaching resources, especially multimedia, aid classroom teaching a lot. They are more attractive and make the language more understandable. Some undeveloped region should increase educational input to ensure students' learning. The school should enrich the teaching equipment to meet the teaching needs. Providing better classroom environment is to make a pleasant and an attractive place for students to be absorbed in language learning. It is believed that if classroom environment is better improved, the better results from the teaching work will also be achieved.

5. Conclusion

From the statistical data analysis, we can obtain the following conclusions.

First, as a popular teaching approach which has been introduced into China for about ten years, most of teachers involved in this study express favorable attitudes to TBLT. Compared with traditional teaching approaches, they think TBLT is very useful in attracting students' interest and helpful to promote students' communicative competence. However, different from the previous studies, some of teachers no longer worship TBLT blindly. They begin to reexamine and summarize the feasibility of implementing TBLT in junior high schools through practice in real class. They realize that TBLT does not always fit all the teaching content. It seems that TBLT is more effective in teaching of reading and speaking while less effective in the teaching of listening and writing. They also find that in EFL China, it is quite hard to carry out the large-scale implementation of TBLT. Teachers are inclined to combine TBLT with the traditional approaches in their daily teaching. On the basis of traditional teaching approaches, they can employ TBLT in teaching some specific lessons or implement it in partial of the class.

Second, the differences among teachers' teaching experience and training are significant. In other words, teachers' attitudes towards TBLT will change according to their teaching experience, training and district.

Among four groups according to experience, younger teachers are more familiar with TBLT than senior teachers. However, both 1-4 and 16~30 years group teachers are inclined to use traditional teaching approaches more than TBLT. There are no obvious differences between 5~10 and 11~15 years group. Both of the two groups prefer to employ TBLT.

From the aspect of training, teachers who had formal training are more affirmative about TBLT than those who only learnt it by themselves or had no training.

Acknowledgements

This research is supported by the Education Planning Program of the 12th Five-year Planning Funded by Shaanxi Provincial Education Department (No. SGH13185) in China.

References

Adams, R., & Newton, J. (2009). TBLT in Asia: Constraints and opportunities. *Asian Journal of English Language Teaching*, *19*, 1–17.

Adamson, B., & Davison, C. (2003). Innovation in English language teaching in Hong

Kong primary schools: One step forward, two steps sideways? *Prospect*, *18*, 27–41.

Carless, D. (2002).Implementing task-based learning with young learners. *English Language Teaching Journal*, *56*, 389–396.

Carless, D. (2004). Issues in teachers' reinterpretation of a task-based innovation in primary schools. *TESOL Quarterly*, *38*, 639–662.

Carless, D. (2007). The suitability of task-based approaches for secondary schools: Perspectives from Hong Kong. *System*, *35*, 595–608.

Cheng, X.T., & Luo, S.X. (2009). Localizing TBLT in China: China's Response to TBLT. Crookes, G.V., & Gass, S. (1993a). *Tasks and language learning: Integrating theory and practice*. Clevedon: Multilingual Matters.

Crookes, G.V., & Gass, S. (1993b). *Tasks in a pedagogical context: Integrating theory and practice*. Clevedon: Multilingual Matters.

Doyle, W., & Ponder, G. (1977). The practicality ethic in teacher decision making. *Interchange*, *8*, 1–12.

English Curriculum Standards (2001). The Ministry of Education in the People's Republic of China.

Hurst, P. (1978) *Implementing innovatory projects*. London: The British Council/ World Bank.

Long, M., & Crookes, G. (1991). Three approaches to task-based syllabus design. *TESOL Quarterly*, *26*, 27–55.

Long, M. (1996) The Role of the Linguistic Environment in Second Language Acquisition. In W. C. Ritchie and T. K. Bhatia (eds.). *Handbook of second language acquisition*. San Diego: Academic Press.

Mok, A.H.M. (2001). The missing element of rational pedagogical reform: a critical analysis of the task-based learning English language syllabus. *Asia Pacific Journal of Teacher Education and Development*, *4*, 189–211.

Nunan, D. (1989). *Syllabus design*. Oxford: Oxford University Press.

Nunan, D. (2001). *Second language teaching and learning*. Beijing: Foreign Language Teaching and Research Press & Heinle and Heinle/Thomason Learning Asia.

Prabhu, N. (1987). *Second language pedagogy*. Oxford: Oxford University Press.

Willis, J. (1996). *A framework for task-based learning*. Harlow: Longman.

Willis, J. (2000). The maturing of constructivist instructional design: Some basic principles that can guide practice. *Educational Technology*, *35*, 5–23.

蔡兰珍（2001）任务型教学法在大学英语写作中的应用《外语界》，4，41–46.

陈慧媛，吴旭东（1998）任务难度与任务条件对EFL写作的影响《现代外语》，2，29–41.

程晓堂（2004）《任务型语言教学》北京：高等教育出版社.

邓德权（2005）《英语课程标准》（实验稿）的两大问题，《基础教育外语教学研究》，8，59–62.

方文礼（2003）外语任务型教学法纵横谈《外语与外语教学》，9，20–23.

龚亚夫・罗少茜（2003）《任务型语言教学》北京：人民教育出版社.

李震（2004）任务型语言教学应用于我国基础英语教学的适应性《基础教育外语教学研究》，5，24–29.

梁艳群（2008）广西南宁市农村初中任务型英语教学调查研究，广西师范大学.

卢学文,(2012) 浅析任务型教学在中学英语教学中的应用《中学英语园地:教学指导》，4，54–55.

汪建华（2010）新课标背景下任务型教学的问题与对策，南京师范大学.

王蔷（1999）面向21世纪义务教育阶段外语课程改革的思考与意见《基础教育外语教学研究》，2，47–51.

王蔷・罗少茜・王蕾（1999）基础教育阶段外语学科素质教育问题初探《中小学外语教学》，11，1–4.

魏永红（2004）《任务型外语教学研究—认知心理学视角》．华东师范大学出版社．

吴旭东（1997）外语学习任务难易度确定原则《现代外语》，3，35–45.

夏纪梅・孔宪辉（1998）难题教学法与任务教学法的理论依据及其模式比较《外语界》，4，35–41.

张雨辉（2008）任务型语言教学在珠三角中学英语教学实施现状调查，湖南师范大学.

Appendix: Sample of the Questionnaire of teachers' responses to the implementation of task-based language teaching in junior high school in China

I would like to ask you to help me by answering the following questions concerning the teachers' responses to the implementation of task-based language teaching (TBLT) in junior high school in China. Please give your answers sincerely. This will be used only for my research, not for any other purposes. Thank you very much for your help.

Part I Personal information

Part II Questionnaire

I would like you to indicate your opinion after each statement by circling the number that best indicates the extent to which you agree or disagree with the statement.

1=disagree   2= somewhat disagree   3= uncertain   4= somewhat agree
5= agree

1. I know a lot about TBLT.	1	2	3	4	5
2. The implementation of TBLT is feasible.	1	2	3	4	5
3. The implementation of TBLT improves students' test score.	1	2	3	4	5
4. TBLT promotes students' English competence.	1	2	3	4	5
5. The traditional teaching approach still plays the vital role in daily teaching.	1	2	3	4	5
6. TBLT should combine language form and meaning.	1	2	3	4	5
7. TBLT arouses students' enthusiasm in learning English.	1	2	3	4	5
8. TBLT aims to make students experience the communicative meaning and function of language.	1	2	3	4	5
9. I often use task-based approach in my daily teaching.	1	2	3	4	5
10. TBLT increases students' learning interest.	1	2	3	4	5
11. Comparing with the traditional approach, task-based approach increases my workload.	1	2	3	4	5
12. I think the class size will affect the implementation of TBLT.	1	2	3	4	5
13. The effect of TBLT is hard to be embodied from the exam.	1	2	3	4	5
14. TBLT is a student-centered and task- oriented teaching model.	1	2	3	4	5
15. It is hard to deal with the relationship between TBLT and the examination-oriented education system.	1	2	3	4	5

16. TBLT is discordant with the current system of assessment.   1 2 3 4 5
17. The relevant training about TBLT promotes my understanding and implementation of TBLT   1 2 3 4 5

Please complete the following questions as appropriate. If there are any other choices not listed here, please write it down in the brackets.

18. In my daily teaching, I _____
    A. use TBLT entirely
    B. combine TBLT with the traditional teaching approach
    C. use traditional approach entirely
    D. teach according to my experience without caring for the teaching approach

19. Compared with the traditional teaching approach, TBLT is more effective in the teaching of _____
    A. listening   B. speaking   C. reading   D. writing

20. _____ is the most difficult part when I implement the TBLT. (Multiple choice)
    A. Designing the task
    B. Introducing the topic and task
    C. Organizing students to complete the task
    D. Analyzing the language items
    E. Designing the activities of practicing.
    F. Others (   )

21. I consider _____ when I design and choose the task. (Multiple choice)
    A. teaching content
    B. Students' ability
    C. the authenticity of tasks
    D. objective conditions (time, social culture, etc.)
    E. others (   )

22. In the process of organizing students to complete the tasks, I think _____ is/are the most difficult. (Multiple choice)
    A. dividing students into groups according to certain standard
    B. managing the relationship between fluency and accuracy of language during students' completion and presentation of the task
    C. making students be the center of the class
    D. grasping the time and rhythm of the class, make sure the class goes on smoothly
    E. others (   )

23. I think _____ restrict(s) the implementation of TBLT. (Multiple choice)

    A. unfamiliarity of task-based language teaching

    B. there is no time and energy to study the new approach because of the heavy teaching load

    C. teachers' ability can't meet the requirement of TBLT

    D. students' level can't meet the requirement of TBLT

    E. the discrepancy of the assessment system and TBLT

    F. teaching equipment and environment

    G. task-based approach is not as effective as the traditional approach

    H. others (   )

Please answer the following questions according to your opinion.

24. Compared with the traditional teaching approach, what is the strongest impact and influence brought to your daily teaching after the implementation of TBLT?

25. What is your suggestion to the implementation of TBLT in China?

                                                                     Thank you.

コミュニケーションの「ツール」を超えて
—人文学的「知」からの問いかけ—*

中尾 佳行

広島大学

要約

グローバリゼーションは、教育と言語の領域に浸透してきた。教育は人間の成長に、言語は文化の形成に直結する。グローバリゼーションの動向は国家政策、文科省行政等と結びつき、リンガフランカとも称される英語は、「グローバル人材養成」の一環として、その意義付けと教育のあり方が問い直されている。グローバリゼーションは、プラスの面(国境を越えて多文化の理解や共生の考えを促す)とマイナスの面(世界を経済競争において勝ち組か負け組みかに二極化する)を併せ持つ。人文学的「知」は、多様な価値の幅があり曖昧でもある境界線に立ち、今のみでなく未来をも想像できる力である。人文学的「知」はグローバリゼーションにどう立ち向かっていけばよいだろうか。外国語としての英語は、コミュニケーションの基盤であると同時に、人間の思考や感性を形成する基盤でもある。実用主義と教養主義に二分できない所以である。本稿では、広島大学教育学部がこれまで取り組んできた英語教育内容学の構築、教科専門と教育方法学を車の両輪とした研究開発を、実用主義と教養主義を繋ぐ「中間」の学として、見直してみたい。

1. 問題の所在

　グローバリゼーションは、ついに教育と言語の領域に浸透してきた。教育は人間の成長に、言語は文化の形成に直結する言わば聖域である。グローバリゼーションの動向は国家政策、大学のアドミッションポリシー、文科省行政等と深く結びついている。リンガフランカとも称される英語は、今「グローバル人材養成」との関係で、その意義付けと教育のあり方が大きく問い直されている。英語は、大学の変革の目玉として、外国語教育、教養教育、専門教育、キャリア教育等、複数領域に跨って、再編対象となっている。グローバリゼーション—均一性重視—の状況下では、人文学的「知」—個別性重視—はどのように位置付けられるのか、その「知」の領域自体が大きく揺さぶられている。人文学的「知」の歴史的な積み上げを縦糸とすると、そこに容赦なく押し寄せてくる

諸種の今日的問題は横糸で、中でもグローバリゼーションは最大の荒波と言えるだろう。国家としての境界を超えるグローバリゼーションは、多文化の理解や共生の考えを促すと共に、世界を経済競争において均質化し、それで利益を得るか、押しつぶされるかで二極化してもきている。人文学的「知」は、多様な価値の幅があり曖昧でもある境界線に立ち、過去を見直し、今を観察し、そして未来をも想像できる力である。人文学的「知」はグローバリゼーションにどう立ち向かっていけばよいか。グローバリゼーションとの緊張関係において、人文学的「知」は断片化と分散を強めていくのか、いやその多様性と曖昧性に活路を見出すのか、それとも反発して、新たな価値観や世界を生み出すのか。

外国語としての英語は、コミュニケーションの基盤であると同時に、人間の思考や感性を形成する基盤でもあるという二重性を持っている。実用主義と教養主義に二分できない所以である。本稿では、広島大学教育学部がこれまで教員養成の一環として取り組んできた英語教育内容学(以下、「内容学」)の構築を、人文学的「知」の一つである英語学と英米文学を基礎学とし、私の授業実践の一端を紹介したい。[1]

2. コミュニケーションの「ツール」を超えて：英語教育内容学(「内容学」)の構築

2.1. 英語教育を巡る歴史的背景

今「グローバル人材養成」との関係で、英語教育の在り方が大きく問い直されている。いや、この枠組みの中で再編されつつある、と言った方がよいであろう(「グローバル人材育成戦略」(2012年6月4日グローバル人材育成推進会議審議まとめ)、[2]「グローバル化に対応した英語教育改革実施計画」(文科省、2013年12月)[3])。英語教育の目的論争は、明治の岡倉由三郎の「実用的価値」(実用主義)と「教育的価値」(教養主義)に端を発し、平泉・渡部大論争を経、決着の付けられないまま、「コミュニケーション」として脱構築され、爾来この流れは今日のグローバル人材養成に連なっている(岡倉由三郎(1911)『英語教育』、平泉渉・渡部昇一(1995)『英語教育大論争』[4])。学習指導要領(中学校・高等学校、文科省)においては、コミュニケーションを重点として、次のように変遷している：「コミュニケーション」(1989) →「実践的コミュニケーション能力」(1998, 1999) →「コミュニケーション能力」(2008, 2009)。有識者会議、教育再生会議、文科政策は、英語を話し、英語で交渉でき、国の境界を越えて活躍する人材養成を重点化し、コミュニケーションの「ツール」としての側面が肥大化してきている(中高での英語による授業の推進、外部試験 TOEFL/TOEIC の活用等)。

幅のある曖昧な語「コミュニケーション」の中に「実用主義」と「教養主義」

は対立を脱却し、新たな価値を生成したのであろうか。今、社会のグローバル化の波を受けて、コミュニケーションの一側面「ツール」としての面が日増しに顕在化してきているように思える。英語の Can-do リスト「——できる」の診断指標が、今や到達ゴールとしても再編されているのは、スキル重視のよい証拠である。関係代名詞の習得をゴールとすると、その上に何がくるだろうか。人間性の成長はどのように見えてくるのであろうか。この流れに終始する限り、英語の母語話者に対する劣等感と淡い憧れ意識から脱却できないであろう。真に「グローバル人材」とは国境を越え、互角に対してこそである。

　外国語としての英語は、単にコミュニケーションの「ツール」だろうか。「ツール」であると同時に人間の思考や感性を広げ、深め、ひいては人間形成を導いていくものでもある。[5] 言語はそもそも知的な道具であり、語彙あるいは文法の学習自体既に教養的でもある。単純に「実用」と「教養」に割り切れない。この点に関係し、江利川(2014: 114)は(1)のように指摘している。

　　(1) 外国語を学ぶことで日本語を吟味し、鍛練し、それによって外国語力をさらに高めるための土台がより強くなる。

2.2.「内容学」の構築：実用主義と教養主義の統合

　価値観の多様化にさらされ、学問が現代化・高度化している今、我々に求められているのは、いずれか一つの主義に単純に割り切るのではなく、両者の幅のある境界線を意識し、その上で両者を有機的に総合する力の育成である。Either A or B ではなく、Both A and B である。

　広島大学教育学部の「内容学」は、従来この Both A and B を目指して開発してきた。この古くらからの方法が、今益々新しくなっているのかもしれない。「内容学」は、一口で言えば、専門性を、教育実践と関係づけ（学習者の発達段階に沿って）、その質を落とさず、易しく再構築（加工・修正）することである。「内容学」は、実用と教養、両主義の中間、繋ぎの学である。

2.3. 外国語を学ぶ3つのステージ

　外国語を学ぶ3つのステージに置いて見ると、「内容学」は、「学ぶことを学ぶ」こと、3つのステージ、①What、②How、③Why の中間に位置付けられる。

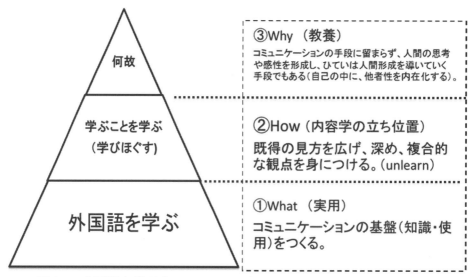

図1: 外国語を学ぶ3つのステージ

　まずは、what でコミュニケーションの基盤を作り（実用主義）、次に how で既得の見方をアンラーン(unlearn)、学びほぐし、[6] 広げ、複合的な観点を身に付けていく。最後に why で、何故外国語を学ぶ必要があるのか（教養主義）を追究する。文学部との差が必ずしも明確ではないが、一つの専門知を深めればよいではなく、学習段階と価値に関係付け、個人の人間としての成長に繋げていく、分析的というよりは総合的スタンス、ということで、差があるだろうか。

2.4.「内容学」構築の取り組み：その理念と方法を探る

　広島大学教育学部では、2000 年の「学校教育学部」と「教育学部」の再統合を契機として、基礎学と教育学の融合の問題が大きくクローズアップされ、その実践、内省、改善が試みられ、今日に至っている。「内容学」構築の問題は、中国地区国立大学教育学部に共通した問題として、定期的に会合を開き掘り下げられた。2001 年 8 月 8 日に開催された第 27 回全国英語教育学会」（統一体第 1 回全国英語教育学会）(広島研究大会)、「問題別討論会(6)：英語教育内容学の構築に向けて」において、その研究成果の一端を発表した。英語学、英文学、文化学の立場から、「内容学」構築の現状と課題点を報告した。

　専門性を教育実践（学習段階）と関係付けて再構築し、教科専門領域と教科教育領域の関係を従属関係にするのではなく、両者を教員養成のためのパートナー、車の両輪として捉え直した。そこで提案した「内容学」は、(2)のように、大きく 3 つの軸、「英語学力内容学」、「英語教育課程内容学」、「英語教材研究内容学」からなる。（『広島研究大会発表要項』　松畑煕一 2001: 260-62；縄田裕幸

2001: 263-66 参照、他に、松浦伸和・中尾佳行・深澤清治・小野章・松畑熙一 (2002) 参照。)

 (2) 1. 学力内容学
   「英語学力とは何か」についての原理的考察及び実技能力の育成
   (専門知、学際知に基づく学力構成要素の解明（体系的・網羅的というよりは、学習段階・発達に合わせて選択的・集中的）；母語の習得と外国語学習の違い、等) Cf. 白井恭弘(2008)参照。
  2. 教育課程内容学
   教育のシラバス・プロセスからみた英語学の個別領域的内容学
    (音声、語彙・文法、談話、歴史等に関する言語項目の選択と配列、等)
  3. 教材内容学
   各領域ごとの教材のあり方と実際的な教材開発
   (わくわくとするような学問の深さ、楽しさの道筋を創る。)
   (教材を使う教師ではなく、教材を作る教師を育てる。)

2.5. 協議を通して浮かび上がった「内容学」の課題点

「内容学」は、内容に関わる学で、あまりにも当たり前の「学」であるが、やってみればそう簡単ではない。中国地区での協議の中で(3)の課題点が浮かび上がってきた。

 (3)・日本人英語学習者にとって特にどの言語項目の「学びほぐし」が大事であるかの判断が難しい。
  ・学習のどのタイミングで「学びほぐし」をやったらよいか、学習者のレディネスの判断が難しい。
  ・内容を総合的に扱うのでメタ言語を統一することが難しい。（Subject は「主語」、「主体」、「主観」？；theme は「主題(vs.題述)」、「主題または被動作主（vs.動作主、経験者、等)」、「テーマ（vs.文学作品のプロット、人物造型)」？)
  ・専門性の質を落とさないで、易しく説明することが難しい。（内容を消化していないとできないことである。)
  ・学ぶことを学ぶことの評価は質的となり、本当に身に付いたかどうかを評価することが難しい。
  ・理論の解説という域に留まることなく、人格陶冶の論理にどう繋げたらよいかが難しい。

・個々人の開発に留まりやすく、研究者が結束し、公共価値化すること
が難しい。

3.「内容学」構築の試み：私の授業実践を通して

　「学力内容学」の一つの実践例として、「言語はそのコンテンツを表すだけではなく、その理解の仕方も表す」という点に焦点を当てた。一見簡単に見える事例の背後に、言語のどのような広さ、深さが潜んでいるか、英語と日本語を比較対照しながら考察していく。ここでコンテンツというのは、客観的に見れば同一の事態ないし出来事であること、理解の仕方というのは、話者のその事態・出来事に対する見方・感じ方（の違い）である。言い換えれば、客観的に見れば同一の事態であっても、話者の捉え方によってその表現形式（構文）が異なることに着目する。能動文と受動文がその一例である。出来事は一つであるが、その理解の仕方が、この二つの構造の違いに反映している。また日本語の「イギリス人が学校にきた」、「イギリス人は学校にきた」の＜が＞と＜は＞の違いもそうである。言語と文化を切り離して、言語で文化を表すという視点が強調され、言語自体の中に文化（分化）が含まれるという視点は、必ずしも十分に認識されていないように思える。

　コンテンツだけでもそれを英語からどう読み解き、またどう言い表すかは、大問題であるが、本稿では、そのコンテンツを踏まえた上で、話し手は言語を使う時、世界の知覚の仕方を表している、話し手は世界の知覚を表す時、自己を表している、ということを問題にしていく。言い換えれば、言語は話し手の主観を除外しては考えられないのである。この言語の個別性の追究こそ人文学的「知」の所以である。「人材を育てる人材」を育てる上で、「学ぶことを学ぶ」内容学は、教師が生徒に言語の全体像の道筋を示す、即ち、彼・彼女がわくわく、ドキドキする機会を豊かにする、不可欠の学である。

　以下、5つの事例を取り上げ、考察する。

3.1. "I go to school at eight."の at eight は家を出る時間、学校に着く時間？

　"I go to school at eight."は、小学校で使用されている *Hi, Friends 2* において、一日の行程を表す時の表現である。生徒の質問、「at eight は家を出る時間、学校に着く時間？」に先生は答えられなかった。生徒にとってはまさに現実的な問題、先生は活字理解に留まっていた。[7]「英語教育文法」（2015 年 2 月 10 日に実施、3 年生開講科目）の期末試験で、この問題にどう対応するかを訊いた。下記にその解答例を示そう。

27. He went to school at seven a.m.において、「7時」は家を出た時間か、それとも学校に着いた時間か。いずれか一方であると想定すれば、その選択（家を出た時間、学校に着いた時間）とそれを選択した理由を述べよ。あるいはいずれも文脈によって可能であると想定すれば、その文脈を示して何故双方の解釈が可能であるかを説明せよ。またどの時間かを明示するためにもっと適格な表現があればそれも示せ。

He went to school at seven a.m. の後の文脈が学校で何かしているものだったら7時に学校に着いたこととして読みとれる。一方で、He went to school at seven a.m. の後に学校までの道のりが続くものであれば7時に家を出たこととして読みとれる。

例) He went to school at seven a.m.
 ・He first went to the gym to practise basketball.
   (→7時に着いた)
 ・He find a wallet that was dropped by someone.
   (→7時に家を出た)

私は両方可能だと考える。
Ⓐ〈家を出た時間の場合〉
 夫：Why isn't Tom here?   Tom→息子。
 妻：He went to school at seven a.m. — 朝ご飯のテーブルにて。
Ⓑ〈学校に着いた時間〉
 先生：When did Tom come to school?   友人A→いつも学校に早く来てる子ども。
 友人A：He went to school at seven a.m.

私があげた例で考えると、Ⓐは自然だがⒷが少々不自然かもしれない。Ⓑの友人の発言を、He came to〜、にすればより自然になるだろう。Ⓐでは、He left for school へ、にすればより自然だろう。

> 文脈によってどちらも可能である。
> 背景の情報として、彼がいつも6:30には家を出なければならないのに
> ねぼうしてしまった場合には、家を出た時間、
> いつも遅刻する彼が早おきしたのなら学校についた時間。
> relevance（関連性）の原理によって、聞き手にとって最も有益な
> 情報となるよう解釈すると考えられる。

ほぼ全員が、文脈次第で「家を出る時間」も「学校に着く時間」もいずれも可能であると答えた。この問題は動詞のアスペクト（相）に本質的に関わるが、この点の指摘は皆無であった。図2に動詞のアスペクトを示す。

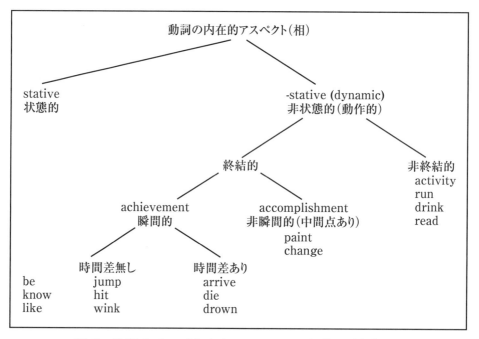

図2：動詞のアスペクト（Vendler 1967 を基に改編）

"go"単独では非終結的で、activity 動詞に分類されるが、"go to school"と着点が付加されると、accomplishment verb に移行する。エンドポイントがあり、しかも行為は段階的、その行為には中間点があると想定される。同じエンドポイントが

あっても中間点が背景化しているarrive等のachievement verbとは一線を画する。"go to school"のアスペクトは図3のようになる。

図3：go to school のアスペクト

進行形にすれば、(その移動が物理的であれ心理的であれ) 経路に限定されるが、単純形の場合、話者の立場からすれば、"go to school"のアスペクトにおいて、どこに焦点を置くかで(4)の解釈が成り立つ。

(4) a.行為を全体まで看取って言う：着点
    b.行為の全体をまとめて言う（学校について、授業を受ける）：着点
    c.行為の起点に焦点を置いて言う：始点
    d.学校まで近いので、どっちであろうと大して時間はかわらない：未分化

この表現は、聞き手に対して前後の文脈を明確にして使わないと、曖昧性は避けられない。言語習得の初めの段階で、動詞のアスペクトを峻別するだけの語彙が無い場合には、このような未分化性のある言い方になり易い。日本語の「学校に 8 時に行く」も同様に曖昧性が残る。どっちの時間、と聞き返せばよいだけの問題だが、暗黙知にとどまり疑いをはさまないと、誤解する危険性がある。成人した話者は、「出る」、「着く」、"leave for"、"get to"、"arrive at"等の語句を使って、概念を分化し、曖昧性を避けることができる。ところで"I go home at four."は「学校を出る時間」それとも「家に着く時間」であろうか。

語彙的アスペクトは統語的なアスペクト（進行相、完了相）に比し、十分に扱われず、英語教育の一つの盲点と言える。

3.2. "She walked to school."は何故「学校に歩いて行った」？

"She walked to school."を日本語に訳してみよう。「彼女は学校に歩いていった」。"to"のところが「行った」と、動詞になる。このことがピンとこないとしばしば質問を受ける。英語は行為の最後までを見通し、一つの動詞を前置詞（機能語）に圧縮している。語彙的な動詞が想定される箇所に、文法的な語が来ており、文法化している（語彙的な機能が文法的な機能へと移行すること）、と見なせる。日本語は、一つひとつの行為をまるで辿るように言語化している。

英語の前置詞は、日本語では、テ、ニ、オ、ハの格助詞ではなく、動詞に対

応している。この動詞性は、動詞＋前置詞句であれ、句動詞であれ（この場合動詞＋不変化詞）、当てはまる。

    (5) a. He walked to the park.

       （彼は公園へ歩いて行った。）　　（下線は筆者）

     b.　He kicked down the tree.
       （彼は木を蹴り倒した。）

二つの構造は、統語的には違いが見られるが、その概念構造は(6)のように共通基盤を持つ。

    (6) 動作の様態　＋　動作

　英語の場合、「動詞」は「動作の様態・方法」に関係し、「前置詞・不変化詞」は「動作」に関係する。動詞"walked"は歩くという方法を表し、前置詞"to"は動作「行く」を表す。同様に動詞"kicked"は「蹴る」という方法を表し、不変化詞"down"は動作「倒す」を表す。日本語は動詞を連ねて表され、英語の動詞が連用形に、英語の前置詞・不変化詞が終止形になる。日本語は、上述の概念構造をより直接的に（あるいは身体化して）言語に反映していると言うことができる。[8]
　"to"が"through"になれば、（公園を）「歩いて通り抜けた」、となる。"down"が"up"になれば、（木を）「蹴り上げた」、となる。前置詞ないし不変化詞を変えることで様々な「動作」を表すことができる。他方、"walked"を"ran"とすれば、（公園へ）「走って行った」となる。"kicked"を"cut"とすれば、（木を）「切り倒した」となる。このように動詞を変えれば「動作の様態・方法」を変えることができる。ところで(7)の英文を日本語に直すとどうなるだろうか。

    (7) She may have married with some kids.
       （彼女は結婚して何人か子供を生んだかもしれない。）

　英語学習の初期段階ではそれぞれ句として一塊(holistic)で覚えていけばよいが、学習段階が進んでくると、その仕組みを理解し、再生効率を上げていかなければならない。学習が進むと共に、何故前置詞が日本語で動詞のように訳されるのか、英語と日本語で何故品詞が一対一に対応しないのか、と疑問が膨らむだろう。このような段階の時、上述の概念構造を明記し、前置詞にある動詞

性を意識させることは意味があることのように思える。

3.3. "I can see a mountain."は、どうして「山が見える」？

認知主体である話者はどのように言語化されるだろうか。"I can see a mountain."は、例えば(8)のように日本語に訳される。

(8) a. 山が見える。
　　b. わたしには山が見える。
　　c. ぼく/わたし/わしには山が見える。

aが特定の文脈を作らない限り最も自然な訳であろう。話者である「自分」は見えない。見えるのは目の前の山である。見えた状況をそのままになぞっている。山を見ている自分を遠くから他者化して眺めているのではない。英語は、逆に見ている自分を遠くから観察しているように表し、それが認知主体"I"の明示を導いている。1人称代名詞との関係で言えば、日本語は状況の中に動作主を没入させるが、英語は人物中心で場の中から動作主を顕在化している。bのように話者を明示する場合、他の人との対比が強められる。英語の"I"は、それを新情報として強く発音しない限り、対比的な意味は生み出されない。cは、聞き手が誰であるかによって、「自分」を表す言葉を柔軟に使い分けている。英語は聞き手が誰であれ、一定の"I"である。（認知主体の考察は本多(2013)が有益であった。）

話者をどう表すかを Shakespeare の *Macbeth* で見てみよう。*Macbeth* は、英国ルネッサンスを代表するシェイクスピアの4大悲劇の一つで、1605年（頃）に初上演されている。マクベスは、魔女の国王になるという予言めいた言葉に翻弄され、野心が膨らんでいく。妻の積極的な勧めもあって、遂にダンカン王を殺して自分が王位につく決断する。(9)の台詞はダンカン王を殺害する直前の独白である。

(9) If it were done when 'tis done, then 'twere well
　　 It were done quickly. If the assassination
　　 Could trammel up the consequence, and catch
　　 With his surcease success; that but this blow
　　 Might be the be-all and the end-all here,
　　 But here, upon this bank and shoal of time,
　　 We'd jump the life to come. But in these cases　*Macbeth*, Act 1, Sc 7, 1–7

大場訳(2004)は(10)の通りである。

(10) やってしまって、それでやったことになるのなら、早くやった方がいい。暗殺というこの大きな網が将来を一網打尽にたぐり寄せる、あの男の息の根を止めて、成功をもぎ取る、それができるのなら、ただのこの一撃で一切合切のけりがつくというのなら、この世で、そうだこの世でだ、時の海に浮かぶこの狭い砂州の現世で、それなら来世のことなど構うものか。だがこうした話には

ダンカン王の殺害という事態は一つであるが、それをどのように理解しているかが、認知主体ないし動作主の表し方に投影している。英語は能動態にすれば主体のIが示されることから、主体を隠すために受動態が選択されている("If it were done when 'tis done, / then 'twere well / It were done quickly. If it is done, 'twere well it were done quickly")。他方日本語はそもそも主体を表さないのが通例であることから、能動態のままである。代名詞"it"（この場面は、劇の新たなSceneの導入部であり、"it"の先行詞は示されてはいない）、上位的な動詞"do"、("murder"ではなく)"assassination"（OEDの初出例(1605)で、当時の聴衆には漠然とした印象しかなかったであろう）、抽象語"consequence", "surcease", "success"、一連の語（"assassination", "consequence", etc.）に見る[s]の音象徴（あくどいことを企んでいる）も、隠蔽の一環にあるものである。"We'd jump the life to come."についても、主体は、日本語では訳出されていない。"I"ではないことを日本語では意識しにくい。この"we"は、マクベスはもはや国王になっていると想像してroyal weを使ったのか、殺害を一般化して行動原理とするのか、それとも殺害を強く勧める妻と一緒になって「我々」なのか。[9] "I"と"we"とではダンカン王殺害に対する決断の仕方は違うのである。

　ダンカン王の殺害後、妻にそのことを伝える時には、マクベスは(11)のように言い表す。

(11) Macb. I have done the deed.　　Didst thou not hear a noise?
　　　Lady M.　I heard the owl scream and the crickets cry.

Macbeth, Act 2, Sc 2, 14-5

大場訳は、(12)の通りである。

(12) 終わった。なにか聞こえなかったか？
　　　ふくろうの悲鳴とこおろぎの声だけ。

マクベスは、能動態で認知主体の"I"を明確に表している。妻の前で主体を隠す必要がない、と言えるが、殺害前の葛藤とはうってかわって開き直った印象も与える。日本語訳「終わった」は、認知主体が現れない上に、更に他動詞を自動詞に替えている。日本語では、マクベスのダンカン王殺害前と同様に、主体は状況の中に背景化している。

逆に、日本語原典は英語にどのように翻訳されるだろうか。宮沢賢治:「雨ニモマケズ」(昭和6年11月3日)の翻訳を、話者ないし行動の動作主の表し方から見直すと、どのようなことが見えるだろうか。最初の 13 行のみ(13)〜(16)に引用する。

(13) 雨ニモマケズ
　　 風ニモマケズ
　　 雪ニモ夏ノ暑サニモマケヌ
　　 丈夫ナカラダヲモチ
　　 慾ハナク
　　 決シテ瞋ラズ
　　 イツモシヅカニワラッテヰル
　　 一日ニ玄米四合ト
　　 味噌ト少シノ野菜ヲタベ
　　 アラユルコトヲ
　　 ジブンヲカンジョウニ入レズニ
　　 ヨクミキキシワカリ
　　 ソシテワスレズ

Pulvers (2008)
(14) Strong in the rain
　　 Strong in the wind
　　 Strong against the summer heat and snow
　　 <u>He is healthy and robust</u>
　　 Free of all desire
　　 <u>He never loses his generous spirit</u>
　　 Nor the quiet smile on his lips
　　 <u>He eats four go of unpolished rice</u>
　　 Miso and a few vegetables a day
　　 <u>He does not consider himself</u>
　　 In whatever occurs…his understanding

Comes from observation and experience
And he never loses sight of things

Iwata, et al. (2011)
(15) Unbeaten by rain
Unbeaten by wind
Unbowed by the snow and the summer heat
Strong in body
Free from greed
Without any anger
Always serene
With a handful of brown rice a day
Miso and a small amount of vegetables suffice
Whatever happens
Consider yourself last, always put others first
Understand from your observation and experience
Never lose sight of these things

YouTube: http://www.youtube.com/watch?v=AieSqkpawG4
(16) I will not give in to the rain.
I will not give in to the wind.
I will have a healthy body
that won't give in to the snow or to summer's heat.
I will not have desire.
I will not get angry.
I will always be smiling quietly.
I will eat four cups of brown rice,
miso and a bit of vegetables each day.
I will not count myself.
I will look, listen and understand well,
and I won't forget.

原文最後の「サウイフモノニ ワタシハナリタイ」はいずれも"I"で表されているが、原文に認知主体が表されていないところでは、英訳において解釈に差が見られる。つまり賢治が認知主体を客体化したところでは、英訳は一致しているが、その他の箇所は、英訳は少なくとも 3 つに分かれている。最初の英訳は、

認知主体に距離を置き、まるで遠きにある理想的な存在でもあるかのように、3人称"he"で捉えている。真ん中のものは、最初こそ主体が背景化しているが、後では2人称で、相手に面と向かって励ますように表され、最後の訳は、最初の例と同様行為の主体者（話者、動作主）を明示しているが、しかし、3人称ではなく1人称の代名詞"I"で一貫している。法助動詞の"will"でも分かるように、一連の行為は話者の主観であることが客体化されている。

3. 4. She will do. の will の意味は？

　この文の文脈はこうである。ある女性が会社の秘書の職に応募。面接試験の後、社長さんは社員にこう言ったのである。

　　(17) She will do.

「英語言語科学序説」(2014年度前期、大学院博士前期課程の授業)において、学生にこの意味を尋ねた。種々の意見が出た。自分で応募したのだから、「この女性はやる意志がある」、やる意志があるのだから当然「この女性はやるだろう」。社長さんだから、「彼女にやらせる」と命令している。条件がらみで「秘書ならこなせる」（Cf. 安藤、2005:301）。更には、「"She is sufficient."、イディオムだ」。たかだか3語なのに、なかなか厄介である。何か一つを取れば何か一つを失っているよう妙な感覚を覚えるのは私だけだろうか。

　英語の法助動詞は形こそ小さいが、立ち止まって見直すと、その中身は極めて濃厚で、複雑である。このことを理論的に深めてみよう。

　まず「語」とは何だろうか。英語法助動詞は「語」である。「語」は、一言で言えば、概念の凝縮である。概念を凝縮しておかないと、「鳥」を言う時に、いちいち「羽があって、空を飛んで、卵を産んで雛をかえして・・・」を見た、と言わねばならないのである。しかし、異なった言語に対応させた場合、その凝縮の仕方は一対一に対応するとは限らない。英語の法助動詞はまさにそのような事例である。先の"She will do."でも見て取れるように、英語の法助動詞では多岐に渡る概念を凝縮的に一語で表すが、日本語ではそれぞれを分析的に別々の形で表す。法助動詞は、英語では凝縮の思考プロセス、日本語では分析的な思考プロセスをとることにおいて一貫性がある。異言語間でどこか凝縮的でどこが分析的かは、興味のつきない問題だが、ここでは深入りしないことにする。

　法助動詞の凝縮表現には、分析的な表現では容易に表せない独特の含み、雰囲気、曖昧性、一言で言えば、感性が込められている。そしてこの独特の含みは、意識的に言語化される専門分野ではなく、殆ど自覚されることのない日常言語に生起することが、かえって問題を難しくしているように思える。この凝

縮と分析の違いは、日本人英語学習者に対しどのような影響を与えるであろうか。

　Sweetser (1990)は、英語の凝縮の思考プロセスを、次のように説明した。法助動詞は、元々は動詞で、語彙的な機能から文法的な機能へシフトした文法化の一つである。概念の共通項（彼女の言葉でスキーマ）、"may"なら、「妨げるものがない」を介して、3つの領域（カテゴリー）に跨り、メタファー的に拡張している。

　　(18)　[1]「—してもよい」(socio-physical world→root modality)
　　　　　　John may go.
　　　　[2]「—すると考えてもよい」(epistemic world→epistemic modality)
　　　　　　John may be there.
　　　　[3]「—する許可をください」(speech act world→speech act modality)
　　　　　　May I ask you where you are going?

彼女は、"may"のイメージ・スキーマを図4のように示している。

図4：may のイメージ・スキーマ（意味の共通項）＝「無障害」

Sweetser (1990: 60)は、子供の法助動詞の習得もこの発達順序に沿っている、と指摘している。[10]

　「メタファー的拡張」のみではピンとこなかった学生が多数いた。メトニミー（時間的因果関係）で(19)のように補完すると、彼らは間髪入れず理解できた。

　　(19)　　動作主志向　——＞　話者志向　——＞　間主観的（聞き手志向）
　　　　He must …　（彼は・・・すべきだ、だから）・・・するに違いない；
　　　　　　　　　　　　　　　　　　　　　　　　　　　　　　しなさい
　　　　He may …　（彼は・・・してもよい、だから）・・・するかもしれない；
　　　　　　　　　　　　　　　　　　　　　　　　　　　　していただけますか
　　　　He cannot ….　（彼は・・・できない、だから）・・・したはずがない；
　　　　　　　　　　　　　　　　　　　　　　　　　　　　　　だめです

He will ...　　（彼は・・・するつもりだ、だから）・・・すると思う；
　　　　　　　　　　　　　　　　　　　　　　　　　してもらえますか、
　　　　　　　　　　　　　　　　　　　　　　　　　しなさい、させよう

法助動詞の語源・スキーマとその意味発達は表1のようにまとめられる。

表1：法助動詞の語源・スキーマと意味発達

法助動詞の語源・スキーマ	root odality	epistemic modality	speech act modality
can：（知っている）—>できる<潜在能力>、<個人的>	できる	することがあるか？はずがない（否定）	してもらえますか（依頼）、しなさい（命令）
could：<婉曲的>			
may：（肉体的に強い）—>できる—>してよい<無障害>、<社会的>	してもよい	かもしれない	していただけますか（依頼）、（してもよいのだから）するでしょう（命令）
might：<婉曲的>			
must：（できる）—>（してよい）—>しないといけない<絶対・回避不可能>	しないといけない	にちがいない	するんだ（命令）、是非—して下さい（推奨）
shall：（借金がある）—>負う—>法・規則により・・・する義務がある<束縛>	と定める、決意する、させる	運命的に必ず実現する	しましょうか（意向）（提案）（勧誘）、やろう（約束）、やるぞ（脅し）
should　：控えめな義務<個人的>	べきである	のはずだ	した方がいいのでは（願望、示唆、推奨、忠告）
will：しようと欲する<意志>	つもりである	する癖がある、性能がある、する力がある、まずすると思う	してもらえますか（依頼）、したらどうですか（招待）、しなさい、させる

			（命令）
would：＜婉曲的＞			
dare：勇気がある	あえてする		
need：必要＜切迫＞	する必要がある		
ought to：控えめな義務＜一般的、社会的＞	するのが正当	と考えても道理	するのが道理、やってもらえます、やってみたら（願望、示唆、推奨、忠告）

　冒頭の"She will do."はこのような法助動詞のダイナミックな流れ(3 つのカテゴリー)の中に置くと、どうなるだろうか。聞き手の意味の取り方の差異は、その3 つのうち、どこを前景化し、どこを背景化するかの問題ではないだろうか。私があえて選ぶなら「彼女に決めた」とでも訳そう。[11]

　因みに下記は、「英語学概説 I」の授業（2013 年後期 2 年生開講科目）で、最初の授業で行った法助動詞に対する事前テスト解答である。（法助動詞の多義性とその理由を問うた。）

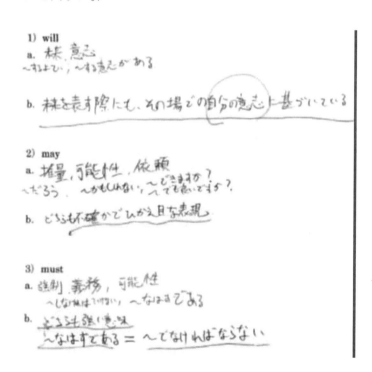

「英語学概説 I」の授業（2013 年後期 2 年生開講科目）において Sweetser に依拠した指導を行った。下記は、指導後に行った同学生の事後テスト解答である。

> 15. 英語の法助動詞は一語に様々な意味が凝縮されるのに対し、日本語では分析的に違った言語形式で表される（下記の例、参照）。このことについて、次の問いに答えよ。
>
> 1) 何故英語は＜凝縮的＞表現で、他方何故日本語は＜分析的＞表現なのか、あなたの考えを述べよ。英語において、法助動詞の意味は、一つの基概念である root sense「〜しなければならない義務」から違いない確信"、さらに"〜してください勧奨"へと主観的なものへと派生していくのに対して、日本語ではもともと違う語と認識しているから。
>
> 2) 1)の差異は日本人学習者の英語の法助動詞習得にどのような影響を与えると考えられるか。
> 例えば must には3つの意味がある、といったように、関連性をみつけず、違った形式で理解してしまう。
>
> 3) 2)において日本人学習者に困難をもたらす場合、どのように対応すればよいか。
> 派生した意味の結果ではなく、派生していく過程に注目して学習する。
>
> 例：
> You must see a doctor. 「あなたは医者にみてもらわないといけない。」
> He must be in the office now. 「彼は今研究室にいるに違いない。」
> This is a nice cake. You must eat it. 「是非とも食べてください。」

事前テストでは Sweetser の言う 3 段階の意味（発話行為の意味層が分別されていない）及びその発達の順序性（root modality→epistemic modality→speech act modality への発達過程）が十分に認識されていないが、事後テストでは、その点への意識が相当度向上（「派生した意味の結果ではなく、派生していく過程に注目して学習する」）していることが分かった。

3.5. "The cat would be around to the right. Perhaps she could go along under the eaves."は、過去あるいは現在、誰の言葉？

literature という語は、19 世になって初めて今の「文学」の意味が生み出された(OED s.v. literature 3.a)。原義は「文字で書かれたもの」で、それまでは哲学、宗教、科学等、全てが包含的に含まれた。このことは文学自体が背後に哲学、宗教、科学等、諸科学と接し、それぞれを吸収し発展してきていることの所以でもある。文学自体このような諸科学の境界線上に存在する。

Hemingway の短編小説、 Cat in the Rain (1925)の"The cat would be around to the right. Perhaps she could go along under the eaves."に焦点を当てる。アメリカ人夫婦がイタリアのホテルに滞在している。アメリカ人の妻は、ホテルの部屋から下に雨の中の猫が目に飛び込んでくる。探そうと外に出る。妻はわくわくするよ

うな何か新しい世界を探求しているように見える。はたしてこの妻は自分をわくわくとさせた猫を捕まえることができたのか否か、読み手の想像力に委ねられる。

　物語は、アメリカ人夫婦が海に隣接したイタリアのホテル、その2階に滞在しており、人気のいない周りの状況、雨が降っている、という叙述から始まる。窓辺にアメリカ人の妻が寄って外を見ていると、窓の下、テーブルの下に、雨にぬれまいとして、猫がうずくまっている。

> (20) The American wife stood at the window looking out. Outside right under their window a cat was crouched under one of the dripping green tables. The cat was trying to make herself so compact that she would not be dripped on.

猫を探そうとアメリカ人の妻は、部屋から階下へと降り、ホテルの支配人の前を、彼の献身的とも言える態度に好意をいだきながら、通り過ぎ、ドアを開ける。雨は益々激しく降ってきている。

> (21) Liking him [hotel-keeper] she opened the door and looked out. It was raining harder. A man in a rubber cape was crossing the empty square to the café. <u>The cat would be around to the right. Perhaps she could go along under the eaves.</u> As she stood in the doorway an umbrella opened behind her. It was the maid who looked after their room.

不注意な読者は、下線部を語り手の地の文のように取り、「猫は右側にぐるっと回ったところにいるだろう。おそらく彼女は軒下に沿って行くことができた。」と意味不明の訳をするだろう。もっと言えば、次の"she"で始まる文と同じように、語り手による状況説明として取るであろう。法助動詞や法副詞を手立てとして、語り手が登場人物、アメリカ人の妻の心情に大きく寄り添い、あたかも一体化しているように読み取らないといけないのだが、自由間接話法（伝達動詞が省かれた間接話法）に習熟していない学習者は、それを見過ごしてしまうだろう。この話法は、日本語に対応させると、「猫は右にぐるっとまわったところにいるはずだわ。おそらく私は軒下に沿っていけるわ。」のように現在時制になり、また代名詞は直接話法のように「私」になる（尤も日本語の認知主体ないし動作主は、3.2で見たように、日本語では他者との対比がない限り、省略するのが通例である）。日本語ではまるでその場にいるように直示性が浮き立たされる。アメリカ人の滞在する部屋は2階で、地上と階上の境界線、彼女が部屋で立つ位置は窓際で、部屋と外の境界線（windowの語源はwind's eyeである）、

軒下は、雨にぬれるか濡れないかの境界線（メタファー的には危険を伴うかもしれない新たな冒険と安全ではあるがマンネリ化した結婚生活の境界線）、そして懸案の話法は、自由間接話法で[12]、語り手の言葉と人物の言葉の境界線である。（タイトルにある"Cat"も通例可算名詞であるものが、不可算名詞で用いられ、いわば可算・不可算の境界線に置かれている。「猫」は掴めそうで掴めない、境界線上のテンションを表すとも言える。） *Cat in the Rain*に見る＜境界線＞の厚みをそこに収斂する様々な言語特徴と関係付けながら読み解いていくことが求められる。話し言葉だけでは、また書き言葉でも説明的文章だけでは容易に味わえない、文学テクストの醍醐味である。学習者がこのようなテクストの厚みに接することも、思考や感性を豊かに形成する上で不可欠であるように思える。[13]

4. 日英語に見られる認知モードの傾向性

上記の 5 つの事例を通して見ると、それぞれは決してばらばらではなく、一定の方向性のあることが浮かびあがってくる。中村[芳久](2004: .33-48)が指摘する I モードと D モードの特徴、それぞれが関係し合って構築するネットワークのようなものが観察される。中村は、日本語は I モード(Interactional mode of cognition)、英語は D モード(Displaced mode of cognition)の認知プロセスを強く反映する、と述べている。但し、両言語においてこのモードの切り替えがあることも指摘する。更に興味深いことに、英語の古英語から現代英語への発達、そして子供の言語の発達も、I モードから D モードへのシフトとして見なされるとも述べている。それぞれのモードは図 5、図 6 のように示される。

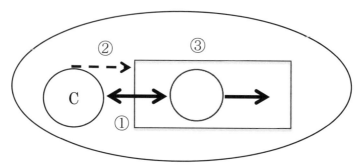

図5：I モード　(Interactional mode of cognition)

外側の楕円：認知の場(domain of cognition, context, or environment)
C：認知主体(Conceptualizer)
　① 両向きの二重矢印：インタラクション（例えば地球上のCと太陽の位置的インララクション、四角の中の小円は対象としての太陽）
　② 破線矢印：認知プロセス
　③ 四角：認知プロセスによって捉えられる現象（例えば太陽の上昇）

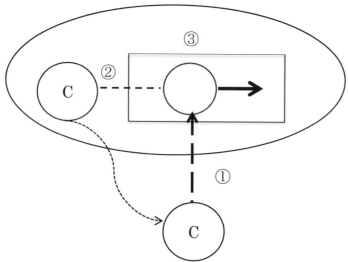

図6：D モード　(Displaced mode of cognition)

認知主体 C が脱主体化によって認知の場の外に出るため、①の認知主体と対象の直接的なインタラクションは存在しないかのようである。②の認知プロセスもあたかも客観的な観察の目のようである。③の見え（認知像）としての事態は、認知主体から独立して存在する客観のように見えることになる（「太陽の上昇」がそうであるように）。

中村(2004: 38)は、「環境によりよく適応するために、あるいは転じて環境をよりよく支配するために、人間という種はこのような認知操作を発達させたのではないか。」と言う。

I モードと D モードの言語現象での現れは表 2 の通りである。

表 2：I モードと D モードの言語現象での表れ（中村(2004: 41)）

	I モード	D モード
a.1 人称代名詞	多様	一定
b.主観述語	あり	なし
c.犠声語・擬態語	多い	少ない
d.直接、間接話法	ほぼ直接話法のみ	間接話法も発達
e.主体移動表現	通行可能経路のみ	通行不可能経路も可
f.過去時物語中の現在時制	多い（e.g.「る」形）	まれ
g.間接受け身	あり	なし
h.与格か間接目的語か	与格（利害の与格）	間接目的語（受け手）
i. 題目か主語か	題目優先	主語優先
j.R/T か tr/lm か	R/T	tr/lm
k.非人称構文	あり	なし
l.代名詞省略	多い	まれ
m.終わり志向性	なし	あり
n.アスペクト（進行形・「ている」）	始まり志向：始まりが基準点で、始まりの後	終わり志向：終わりが基準点で終わりの前
o.動詞 vs.衛星枠付け	動詞枠付け	衛星枠付け
p.(英語の)中間構文	直接経験表現	特性記述表現

注：R=Reference point; T=Target; tr=trajector; lm=landmark

それぞれのモードが言語にどのように投影されるか、網羅的に示されているわけではないが、この両モードを想定しておくと、これまで疑問に思っていたことが次々と氷塊していくように思える。中村が指摘したように、このモードが、言語の歴史的発達にも、また言語習得にも適用できる点は、今後の更なる発展が期待される。

3.1 は、事態把握の未分化表現と事態を分化して表す分析的表現を問題にした。

動詞の未分化性に注目したが、表 2. c の「擬声語・擬態語」の未分化的な凝縮表現に類似する。これは言語の習得段階で日本語にも英語にも表れる現象である。3.2 は、日本語では動詞を一つひとつ繰り返し、英語は日本語の 2 番目に当たる動詞を前置詞・不変化詞に圧縮する現象である。これは表 2. o に対応する。3.3 は、認知主体（話者）あるいは行為の動作主を言語化するか否かを問題にした。表 2.b に部分的に関係するが、このことをズバリ訊くパラミターは設けられてはいない。表 2.b は「主観述語」で、「寒い！」は、I モードを反映し、主客合一的、他方 D モードに対応させると、主客を峻別して、"I'm cold." あるいは " It's cold."となる。（他にも、表 2. a と l を参照。）認知主体を表示するか否か、あるいは状況中心でその主体を背景化するか、それとも人間中心（あるいは行為の動作主中心）でそれを客体化するか、を独立したパラミターとして設定してもよいのではないか。3.4 は法助動詞について、英語と日本語を対応させた。日本語は場面に合わせて、別々に違った形式で表現し、他方、英語は、動詞由来に依拠し、動作主を中心に意味発達、一つの語の中に違ったカテゴリーを凝縮している。3.3 で述べたように、状況中心で動作主を背景化していく日本語と人間中心で動作主が重視される英語の違いで、それぞれ I モード、D モードに対応する、と考えられる。3.5 の話法における、現在時制（登場人物の経験）と過去時制（語り手の報告）の違いは、表 2. d に対応する。

5．L1 と L2 の概念融合

　英語学習において、日英語の違いを表層的な言語対立としての見るのではなく、4 で見た認知モードの違いとして捉え、その違いが言語に反映すると見てきた。第二言語学習において、L1 である日本語と L2 である英語が緊張関係に置かれることは、Fauconnier (1994) や Fauconnier and Turner (2003)が言うところの「メンタル・スペース」が複合化することであり、また概念融合することでもある。認知モードの違いはこの「メンタル・スペース」の違いに他ならない。[14] 外国語として英語を学習する際に、このモードの切り替えをいかに柔軟にしていけるかが、つまり両モードの中間点に立つことが、英語のコンテンツだけでなく、その理解の仕方にまで踏み込んでいける鍵を握っているように思える。3.3 の法助動詞を例に示すと、図 7 のように示される。

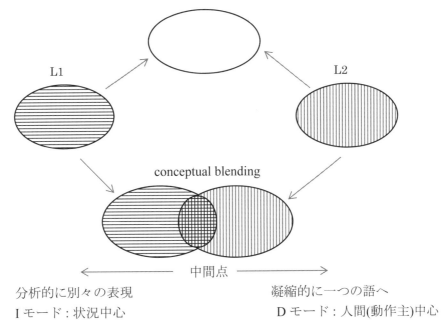

図7：2つの認知モードの概念融合(conceptual blending)

6. 終わりに

　グローバリゼーションの荒波の中で、英語は共通言語として益々その重要性が高まっている。コミュニケーションのツールとしての面が強調されるのも当然のことである。しかし、「人材を育てる人材」を育てるには、言語はコミュニケーションのツールであると同時に、それを超えて人間の思考や感性を形成する基盤でもあることを、踏まえておかないといけない。本稿では、ツールとしての側面をいかに超えていくかを、人文学的「知」からの問いかけとして、即ち、多様な価値の幅があり曖昧でもある境界線の立ち位置から、問い直した。

　広島大学教育学部で教員養成の一環として開発してきた「内容学」を、外国語学習の3つのステージ、コミュニケーションの「基盤を学ぶ」、「学ぶことを学ぶ」、そして「思考や感性を広げ、深め、人間形成に繋げていく」、の中間に位置付けた。「学ぶことを学ぶ」の「内容学」を、実用主義と教養主義の繋ぎの学として再構築した。

　私自身の「内容学」実践の一端を紹介した。言語はコンテンツを表すだけでなく、話者の理解の仕方も表すことを、5点の事例を基に考察した。最後の事例では、literature（文学）の大事さ、それを通してしか学べないようなテクストの厚み、解釈の層の問題を強調した。日英語の理解の仕方の違いは、決してばら

ばらにあるのではなく、一定の認知モードに従ってあるのではないかということを指摘した。日本語において傾向性が高い認知プロセス、Iモードと、英語において傾向性が高い認知プロセス、Dモードを一つの切り口として示した。誰でもがすぐに分かるような表現を取り上げたが、立ち止まって見直してみると、それは決して単純ではない。それは人間の認知の広がりや深さに大きく関わっていた。このような切り口は、グローバリゼーション状況下において、人文学的「知」がこだわっていく、一つの方向性であろう。[15]

「内容学」の構築は、わくわく、ドキドキした、言語の発見的喜びの探求に他ならないと考えている。この喜びを英語を学ぶ多くの人たちと共有したいものである。

注

* 本稿は、2015年8月9日に開催された第8回広島大学英語文化教育学会での講演を部分的に改訂したものである。このような場を設けて頂いたことに対し同学会の会長、深澤清治先生、そして英語文化教育学講座の主任、柳瀬陽介先生にここに記して感謝申し上げます。

  私の日頃の授業において、学生諸君はいつも真摯に応えてくれた。本論に彼らの応答の一部を掲載することを快諾してくれた。彼らの協力に心からお礼申し上げたい。

1. グローバリゼーション状況下での人文学的「知」の追究という視点、及び英語教員養成の在り方は、第87回日本英文学会特別シンポジアム（於　立正大学、5月24日）「大学の抱える今日的問題と人文学的「知」の追究の狭間で―英文学会からの問いかけ―」において、その概略を示した。同シンポジアムの企画者である大石和欣氏による論考、大石（2015）と講師の一人、下河辺美知子氏による著述、下河辺（2015）は、同状況化での人文学的「知」の立ち位置を鋭く洞察し、有益であった。同シンポジアムの講師である、河野真太郎氏からは、新自由主義の動向、中村哲子氏からは、大学で再編対象となっている外国語教育の問題点、そして原田範行氏からは、グローバリゼーション状況化での"literature"の概念の問い直し、グローバリゼーションの功罪、そして学会がどう組織的にそれを乗り越えていくかという視点が参考になった。これについては、第87回大会Proceedings、*The 87th General Meeting of the English Literary Society of Japan 23-24 May 2015*, 90-99を参照のこと。

2. 「グローバル人材育成戦略」（2012年6月4日グローバル人材育成推進会議審議まとめ）：
   （要素Ⅰ）　語学力，コミュニケーション能力
   （要素Ⅱ）　主体性・積極性，チャレンジ精神，協調性・柔軟性，

責任感・使命感
　（要素Ⅲ）　異文化に対する理解と日本人としてのアイデンティティ
3. 初等中等教育段階からグローバル化に対応した教育環境づくりを進めるため、小学校における英語教育の拡充強化、中・高等学校における英語教育の高度化など、小・中・高等学校を通じた英語教育全体の抜本的充実を図る。
4. 平泉：「暗記の記号体系・・・・実用上の知識として・・・外国語、主として英語の実際的能力をもつことがのぞましい。」
渡部：「英語教育はその運用能力の顕在量ではかってはならず、その潜在力ではからなければならない。」
5. 『教育基本法』(2006)（教育の目標）第二条
　　五　伝統と文化を尊重し、それらをはぐくんできた我が国と郷土を愛するとともに、他国を尊重し、国際社会の平和と発展に寄与する態度を養うこと。
6. 鶴見(2011: 95-96)：Unlearn「学びほぐす」
7. この構文の扱いが小学校の外国語活動において問題になっていることについて、同僚の深澤清治先生、築道和明先生、松浦伸和先生、柳瀬陽介先生、兼重昇先生、樫葉みつ子先生から、有益な情報を得た。ここに記して感謝したい。
8. Kamita (2014)は修士論文において、概念構造（動作の様態＋動作）の観点から英語教科書に出現する句動詞の分析を行っている。
9. 「英語言語科学演習」（2014年度後期、大学院博士前期課程の授業）において、院生の柿元麻理恵さんから、「夫婦」を表すのではないかという、指摘を得た。
10. "may のスキーマ化の発展過程は次のように図式化できる。

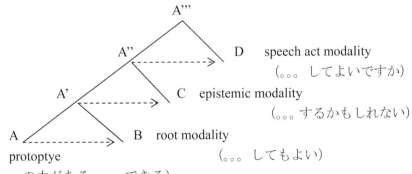

AとBの共通項（スキーマ）がA'、A'とCの共通項がA"、A"とDの共通項がA'"で、A'からA'"へと漸次スキーマが抽象度を増し、高次化している。中村[渉](2004:200)を"may"の意味発達過程に当てはめてみた。スキーマ理論

については Langacker (2000, 2008)と山梨(2000, 2012)を、法助動詞の意味論については澤田(1993, 2006)を参照した。

11. Takano (2014)は修士論文で、中高の教科書を調査し、"will"の意味頻度を検出している。(未来時制は prediction に含まれている。)

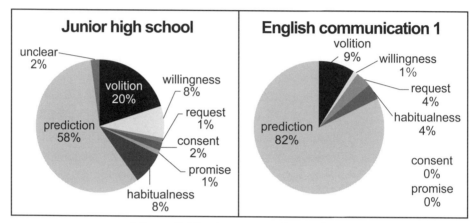

Figure 8. The frequency of meanings in *will*

Cf. Biber et al. (2007: 496): Figure 6.14 Frequency of volition/prediction modals with intrinsic and extrinsic meanings

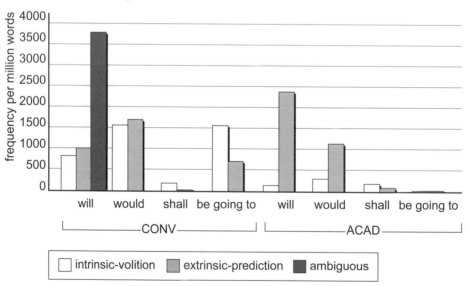

12. Leech and Short (1981)は話法を、語り手の「報告」(report)に対するコントロールの強弱で分類している。

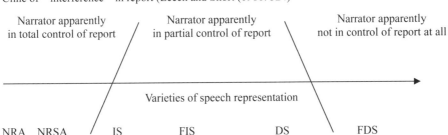

Cline of 'interference' in report (Leech and Short (1981: 324))

Notes: NRA (Narrative report of action), NRSA (Narrative report of speech action), IS (Indirect speech), FIS (Free indirect speech), DS (Direct speech), and FDS (Free direct speech).

13. 大江健三郎(1988: 92)：「文学の期待の地平が歴史的な生の実践の期待の地平よりもすぐれているのは、それが実際の経験を保存するばかりか、実現されなかった可能性を予見し、社会的行動の限定された活動範囲を、新たな願望、要求、目標に向かって押し拡げ、それによって未来の経験の道を開くからである。」

14. Language 1 と Language 2 の「概念融合」の考え方については、認知言語学の造詣の深い能登原祥之氏から示唆を得た。本論では、2 言語の境界線上に立つことの大切さを指摘したが、今後言語現象の実相に基づいて検証する必要がある。

15. 勿論言語と文化の違いを認識するだけでは不十分であろう。それを超えて、延長線上にどのようなヴィジョンを打ち立てるかが求められる。バイラム(2015)が提唱する「市民性形成」はその一つの方向性であろう。本稿はそのようなヴィジョンに向けての入り口にすぎない。

References

Biber, Douglas, Stig Johansson, Geoffrey Leech, Susan Conrad, and Edward Finegan. (2007). *Longman Grammar of Spoken and Written English.* London: Longman.

Fauconnier, Gilles. (1994). *Mental Spaces: Aspects of meaning construction in natural language.* Cambridge: Cambridge University Press.

Fauconnier, Gilles and Mark Turner. (2003). *The Way We Think: Conceptual Blending and the Mind's Hidden Complexities.* New York: BASIC BOOKS (A Member of the Perseus Books Group).

Iwata, Catherine et al. (2011). Translation Copyright © 2011 by Catherine Iwata,

Fredrich Ulrich, Orlagh Olagh O Ulrich, Bartos, Minaeri Park, Mokmi Park, Helen Bartos, Sophie Sampson, Kotomi Okbo, Eva Tuunanen, Alessanra Lauria, Sophie Sampson, Miwa Block, Nancy Oancy OO, Jasmina Vico & Yasuko Akiyama. (http://www.pictio.co.jp/museum/work/3613)

Langacker, Ronald W. (2000). "A Dynamic Usage-Based Model." In Michael Barlow & Suzanne Kemmer, eds. *Usage-Based Models of Language.* CSLI Publications Center for the Study of Language and Information, Stanford, California, 1-63.

Langacker, Ronald W. (2008). *Cognitive Grammar: A Basic Introduction.* Oxford: Oxford University Press.

Leech, Geoffrey and Michael Short. (1981). *Style in Fiction.* London: Longman.

Muir, Kenneth. ed. (1962). *Macbeth.* London: Methuen.

Patrick, John. et al. ed. (1987). *The Complete Short Stories of Ernest Hemingway.* New York/London: Scribner.

Sweetser, Eve. E. (1990). *From Etymology to Pragmatics.* Cambridge: Cambridge Unviersity Press.

Simpson, J. A. and E. S. C. Weiner eds. (1989). *The Oxford English Dictionary.* 2nd ed. Oxford: Clarendon Press.

Vendler, Zeno. (1967). *Linguistics in Philosophy*. Ithaca and London: Cornell University Press.

安藤貞雄. (2005).『現代英文法講義』東京：開拓社.

大江健三郎. (1988).『新しい文学のために』東京：岩波書店.

岡倉由三郎 (1911).『英語教育』(kindai.ndl.go.jp/info:ndljp/pid/812330/115)

江利川春雄・斎藤兆史、鳥飼玖美子・大津由紀雄・内田樹. (2014).『学校英語教育は何のため？』東京：ひつじ書房.

大石和欣. (2015). 「人文学の瓦礫と天使」『読書人』(2015.5.22).

加美田祐也(Kamita, Yuya). (2014). *Semantic Structures of English Phrasal Verbs with Up and Down: From a Cognitive Linguistic Perspective*. MA Thesis, Hiroshima University.

澤田治美.(1993).『視点と主観性—日英語助動詞の分析』東京：ひつじ書房.

澤田治美. (2006).『モダリティ』東京：開拓社.

下河辺美知子. (2015).『グローバリゼーションと惑星的想像力：恐怖と癒しの修辞学』東京：みすず書房.

白井恭弘. (2008).『外国語学習の科学：第二言語学習論とは何か』東京：岩波書店.

高野櫻子(Takano, Sakurako). (2014). *Modal Auxliaries in Junior and Senior School English Textbooks: With Special Reference to their Frequency and Semantics*. MA Thesis, Hiroshima University.

鶴見俊輔. (2011).『教育再定義への試み』東京：岩波書店.
日本英文学会.(2015). 第87回大会 Proceedings、*The 87th General Meeting of the English Literary Society of Japan 23-24 May 2015*, 90-99.
中村芳久. (2004).「第1章　主観性の言語学：主観性と文法構造・構文」『認知文法論II』3-51、東京：大修館書店.
中村渉. (2004).「第5章　他動性と構文I：プロトタイプ、拡張、スキーマ」『認知文法論II』169-204、東京：大修館書店.
バルバース，ロジャー (Pulvers, Roger). (上杉隼人訳) (2008).『英語で読み解く賢治の世界』東京：岩波書店.
平泉渉・渡部昇一. (1995).『英語教育大論争』東京：文春文庫.
本多啓. (2013).『知覚と行為の認知言語学』東京：開拓社.
マイケル・バイラム著. 細川英雄監修　山田悦子・古村由美子訳. (2015).『相互文化的能力を育む外国語教育』(*From Foreign Language Education to Education for Intercultural Citizenship: Essays and Reflections*) 東京：大修館書店.
松浦伸和・中尾佳行・深澤清治・小野章・松畑煕一. (2002).「英語教育内容学の構築（１）―その理念と方法―」『日本教育大学協会外国語部門紀要』創刊号、3-31.
宮澤賢治.「雨ニモマケズ」青空文庫. (http://www.aozora.gr.jp/cards/000081/files/45630_23908.html)
宮澤賢治.「雨ニモマケズ」You Tube (http://www.youtube.com/watch?v=AieSqkpawG4)
山梨正明. (2000).『認知言語学原理』東京：くろしお出版.
山梨正明. (2012).『認知意味論研究』東京：研究社.

執筆者一覧
（目次順・敬称略）

石井　達也	（広島大学大学院教育学研究科院生）
石原　知英	（愛知大学経営学部准教授）
大野　英志	（倉敷芸術科学大学産業科学技術学部准教授）
小野　　章	（広島大学大学院教育学研究科教授）
柿元　麻理恵	（広島大学大学院教育学研究科院生）
菊池　繁夫	（関西外国語大学英語キャリア学部教授）
熊田　岐子	（奈良学園大学人間教育学部講師）
地村　彰之	（広島大学大学院文学研究科教授）
川野　徳幸	（広島大学平和科学研究センター教授）
佐藤　健一	（広島大学原爆放射線医科学研究所准教授）
高橋　俊章	（山口大学教育学部教授）
中川　　篤	（広島大学大学院教育学研究科院生）
中川　　憲	（安田女子大学文学部教授）
西原　貴之	（県立広島大学人間文化学部准教授）
能登原祥之	（同志社大学文学部准教授）
平山　直樹	（尾道市立大学芸術文化学部准教授）
福元　広二	（広島修道大学商学部教授）
松谷　　緑	（山口大学教育学部教授）
水野　和穂	（広島修道大学人文学部教授）
守田　智裕	（広島大学大学院教育学研究科院生）
柳瀬　陽介	（広島大学大学院教育学研究科教授）
山岡　大基	（広島大学附属中・高等学校教諭）
大和　知史	（神戸大学大学教育推進機構准教授）
山西　博之	（関西大学外国語学部准教授）
吉留　文男	（徳山工業高等専門学校一般科目教授）
Jing Wang	(Associate Professor at *Xi'an International Studies University*)
Jun Mao	(Lecturer at *Ben Niu Senior High School*)

（2016年3月現在）

あとがき

　この本は、2016年（平成28年）3月で広島大学を定年退職される中尾佳行先生に対して、中尾先生とともに研究の道を歩んできた学友、共に日々教育活動に奮闘してきた同僚、そして先生の薫陶を受けた卒業生および現役の大学院生が、先生の御退職を記念し、先生への感謝を込めて、各自の研究成果を持ち寄ったものに、中尾先生ご自身がご執筆された論文を加えたものである。

　中尾先生は、広島大学教育学部へ1969年（昭和44年）に入学された。学部では、高橋久先生からシミオン・ポターの英語学、マーク・トゥエインの『ハックルベリー・フィンの冒険』を、中谷喜一郎先生からはオットー・イェスペルセンの英語史、ウィリアム・シェイクスピアの『ハムレット』そして『英語学ライブラリー』（研究社）を学ばれた。五十嵐二郎先生からは英語教育方法学を学ばれた。当初先生は中学校の英語教師を目指されていた。しかし、中谷先生から言われた「教師は英語を生徒の100倍は知っておかねばならない」が、先生の魂に火をつけられたそうである。先生は英語学と文学の言語への興味が高じて、1973年（昭和48年）に文学研究科へ進まれた。文学研究科では、桝井迪夫先生の指導のもと、ジェフリー・チョーサー（Geoffrey Chaucer）による作品の言語研究を始められ、特にその言語の曖昧性に注目され、それが語りの意味の全体像を読み解く鍵語を担っていることを精力的に検証された。同研究科で、河井迪男先生から18世紀の小説と言語学の動向も学ばれことは、以後「語り」の視点を通して中世と近代を相互交流的に見ることに繋がったと思われる。最近では認知言語学を理論的基盤として、チョーサーの言語の再構築を試みられてもいる。先生は、2004年に『Chaucerの曖昧性の構造』（東京：松柏社.ix + 451 pp.）という論文で九州大学大学院比較社会文化研究科より博士（比較社会文化）を取得された。主任指導教員の中世英語文学の研究者、田島松二先生とは、研究内容から学者としての人間性に至るまで何度も議論されたそうである。さらに言えば、このような先生の研究動向は、オックスフォード大学でノーマン・デイヴィス先生から中世英語文献を読むフィロロジーを、シェフィールド大学でノーマン・ブレイク先生とデイヴィッド・バーンリー先生から言語学と文体論を基盤としたチョーサー学を学ばれたことが、大きな推進力となっていると思われる。学会でも大いに活躍をされ、特に日本英文学会、近代英語協会、英語コーパス学会、英語史研究会では、学会誌編集委員や運営委員など重要な役割を果たされ、さらに日本中世英語英文学会では会長をお務めになった。隔年で開催されるThe New Chaucer Societyの国際学会において、2006年以降継続的に発表されているのも注目すべきであろう。

このように非常に専門的な研究をされている一方で、先生は教育の問題を追究する場に一貫して身を置かれてきた。先生は広島大学文学研究科博士課程後期を単位取得退学されたのち、山口大学教育学部、広島大学学校教育学部、そして広島大学教育学部及び同大学院で教鞭を取られた。さらに2006年（平成18年）から4年間にわたり、広島大学付属三原中学校校長・小学校校長・幼稚園園長をお務めになられた。また、広島大学大学院教育学研究科英語文化教育学講座（通称「教英」）におかれては、英語学という観点から英語教育をどのように充実させるかを常に考えられ、英語教育内容学の構築に多大な尽力をされてきた。特にその背後には、いつも英語史、文学の言語研究（文体論）、言語学の理論基盤（特に認知言語学）が感じられた。「ことばにこだわる」（何故この言い方をしたのか、他の言い方もできたのに）、「（学習者はともかく）教師は理論とパフォーマンスを繋ぐことができないといけない」は、先生の口癖であったように思える。このように、先生は、英語学、英米文学、英語教育学という従来的な学問の枠組みを超えて、英語教育の問題を捉える大切さを伝えられてきた。

　先生は第一線で研究をされ続け、業績一覧にあるように数多くの著書や論文を執筆されてきた。しかし、先生はその研究力と教育力だけでなく、その人間味あふれるお人柄でも多くの学生を引き付けてきた。先生は常に細かな心配りと控え目な物腰で学生の教育にあたられてきた。他のゼミ所属であっても、中尾先生を慕う学生は非常に多い。

　4月より、先生は福山大学に勤務される傍ら、放送大学での客員教授も続けられ、認知言語学や英語史の指導にあたられるという。

　そんな中尾先生からいただいた学恩に少しでも応えるために論文集を刊行したいと多くの者が考えた。中尾先生からのご了承を得て、広島大学の柳瀬陽介が発起人、県立広島大学の西原貴之が事務局長となり、論文集の編集委員会を立ち上げた。山口大学の松谷緑先生、神戸大学の大和知史先生、尾道大学の平山直樹先生、広島大学附属中・高等学校の山岡大基先生、と柳瀬と西原が査読委員として査読をした。査読委員の先生方にはここで改めて御礼を申し上げたい。

　出版にあたっては、株式会社渓水社の木村逸司代表取締役をはじめとした皆様に大変お世話になった。学術出版の志を貫く渓水社からこの本を出版できたことを私たちは誇りに思っている。

2016年3月

編著者

中尾佳行先生業績

中尾佳行先生略年譜

1950（昭和25）年4月　　広島県三原市にて出生
1969（昭和44）年4月　　広島大学教育学部中学校教員養成課程外国語入学
1973（昭和48）年3月　　同上卒業
1973（昭和48）年4月　　広島大学大学院文学研究科博士課程前期英語学英文学専攻入学
1974（昭和49）年9月　　連合王国オックスフォード大学留学（文部省派遣留学生）
1975（昭和50）年6月　　同上修了
1976（昭和51）年3月　　広島大学大学院文学研究科博士課程前期英語学英文学専攻修了
1976（昭和51）年4月　　広島大学大学院文学研究科博士課程後期英語学英文学専攻入学
1980（昭和55）年3月　　広島大学大学院文学研究科博士課程後期英語学英文学専攻単位取得退学
1980（昭和55）年4月　　山口大学教育学部講師
1984（昭和59）年4月　　山口大学教育学部助教授
1990（平成2）年9月　　連合王国シェフィールド大学在外研究
1991（平成3）年6月　　同上修了
1995（平成7）年4月　　山口大学教育学部教授
1998（平成10）年10月　　広島大学学校教育学部教授
2000（平成12）年4月　　広島大学教育学部教授
2001（平成13）年4月　　広島大学大学院教育学研究科教授
2004（平成16）年11月　　博士号（比較社会文化）取得（九州大学）
2013（平成25）年4月　　放送大学広島学習センター客員教授
2016（平成28）年3月31日　　定年により広島大学大学院教育学研究科を退職

【学内における活動】

1999（平成11）年4月〜　　『広島大学学校教育学部紀要』紀要編集委員会副委員長
2000（平成12）年3月
2002（平成14）年4月〜　　広島大学大学院教育学研究科総務委員会副委員長
2004（平成16）年3月

2006（平成18）年4月〜 2010（平成22）年3月	広島大学附属三原中学校校長，小学校校長及び幼稚園園長
2011（平成23）年4月〜 2012（平成24）年3月	広島大学大学院教育学研究科総務部会副部会長

【学界及び学会における活動】

1973（昭和48）年4月	広島英語研究会(ERA=The English Research Association of Hiroshima)会員
1980（昭和55）年4月	日本英文学会会員 The New Chaucer Society会員 中国地区英語教育学会会員
1985（昭和60）年4月	近代英語協会会員 日本中世英語英文学会会員 日本中世英語英文学会西支部会員 日本中世英語英文学会東支部会員
1990（平成2）年4月	英語史研究会会員
1993（平成5）年4月	英語コーパス学会会員 英語コーパス学会運営委員
1994（平成6）年4月	山口大学英語教育研究会会員
1995（平成7）年4月	日本英語学会会員
1998（平成10）年10月	広島英文学会『英語英文学研究』編集委員
1999（平成11）年4月	英語史研究会運営委員
2002（平成14）年3月	広島英語研究会(ERA=The English Research Association of Hiroshima)の学術誌ERA編集委員
2002（平成14）年4月〜 2006（平成18）年3月	近代英語協会編集委員
2009（平成21）年4月〜 2011（平成23）年3月	日本中世英語英文学会会長
2010（平成22）年4月〜 2012（平成24年）3月	日本英文学会中国四国支部紀要編集委員会委員長
2011（平成23）年4月〜 2014（平成26）年3月	近代英語協会理事
2011（平成23）年4月〜 2015（平成27）年3月	日本中世英語英文学会Studies in Medieval English Language and Literature編集委員
2011（平成23）年4月	英語コーパス学会『英語コーパス研究』編集委員

2014（平成26）年9月　　　日本認知言語学会会員
2014（平成26）年4月〜　　日本英文学会編集委員会顧問
　2019（平成31）年3月

中尾佳行先生著作一覧

【著書】

1. 「英詩の多変量解析の試み―BlakeとChaucerを例として」（中尾佳行・松尾雅嗣）河井迪男編.『桝井迪夫先生退官記念　英語英文学研究』東京：研究社, pp. 83–92, 1983.
2. 「チョーサーの曖昧性の用法―selyの曖昧性について」松元寛編.『松元寛先生退官記念　英米文学語学研究』東京：英宝社, pp. 401–7, 1988.
3. 'The Language of Romance in *Sir Thopas*: Chaucer's Dual Sense of the Code' Michio Kawai ed. *Language and Style in English Literature: Essays in Honour of Michio Masui,* The English Research Association of Hiroshima. Tokyo: Eihosha, pp. 343–60, 1991.
4. 「パーソナル・コンピュータによる*Sir Thopas*の言語の計量的研究」斉藤俊雄編.『英語英文学研究とコンピュータ』東京：英潮社, pp. 177–94, 1992.
5. 'Chaucer's Discourse Ambiguity in *Troilus and Criseyde*: Book V 1009-50' 湯浅信之編.『河井迪男先生退官記念　英語英文学研究』東京：英宝社, pp. 45–52, 1993.
6. *A New Concordance to 'The Canterbury Tales' Based on Blake's Text Edited from the Hengwrt Manuscript* (Norman F. Blake, David Burnley, Masatsugu Matsuo, & Yoshiyuki Nakao eds.) Okayama: University Education Press, 1994. iii + 1008 pp.
7. *A New Rime Concordance to 'The Canterbury Tales' Based on Blake's Text Edited from the Hengwrt Manuscript* (Norman F. Blake, David Burnley, Masatsugu Matsuo, & Yoshiyuki Nakao eds.) Okayama: University Education Press, 1995. ix + 535 pp.
8. *A Comprehensive List of Textual Comparison between Blake's and Robinson's Editions of 'The Canterbury Tales'.* (Akiyuki Jimura, Yoshiyuki Nakao, & Masatsugu Matsuo eds.) Okayama: University Education Press, 1995. v + 520 pp.
9. 'Social-Linguistic Tension as Evidenced by *Moot/Moste* in Chaucer's *Troilus and Criseyde*' Masahiko Kanno, Masahiko Agari, & Gregory K. Jember eds. *Essays on English Literature and Language in Honour of Shun'ichi Noguchi.* Tokyo: Eihosha, pp. 17–34, 1997.
10. 'Causality in Chaucer's *Troilus and Criseyde:* Semantic Tension between the Pragmatic and the Narrative Domains' Masahiko Kanno, Gregory K. Jember, &

Yoshiyuki Nakao eds. *A Love of Words: English Philological Studies in Honour of Akira Wada.* Tokyo: Eihosha, pp. 79–102, 1998. vi + 303 pp.

11. 「Chaucerの*Troilus and Criseyde* における法助動詞の意味の凝縮性—根源的意味（root sense）と認識的意味（epistemic sense）の融合性に着目して」菅野正彦・山下弘・河崎征俊・浅川順子・白井菜穂子共編.『中世英文学の伝統—*Essays in honour of Tadahiro Ikegami*』東京：雄松堂出版, pp. 441–54, 1998.

12. *A Comprehensive Textual Comparison of 'Troilus and Criseyde': Benson's, Robinson's, Root's, and Windeatt's Editions* (Akiyuki Jimura, Yoshiyuki Nakao, & Masatsugu Matsuo eds.) Okayama: University Education Press, 1999. vii + 298 pp.

13. 「Chaucerの*moot/moste*の意味論：外的要因の未分化性」大庭幸男編.『言語研究の潮流—山本和之教授退官記念論文集』東京：開拓社, pp. 231–46, 2000.

14. 「Chaucerの*Troilus and Criseyde*における「声」のambiguity」都留久夫編.『虚構と真実—14世紀イギリス文学論集』東京：桐原書店, pp. 133–44, 2000.

15. *A Comprehensive Textual Comparison of The Parliament of Fowls: Benson's, Robinson's, Root's, Brewer's, and Havely's Editions* (Akiyuki Jimura, Yoshiyuki Nakao, & Masatsugu Matsuo eds.) 広島大学大学院文学研究科論集61号特輯号, 2001. iv + 100 pp.

16. 「Chaucerの*Troilus and Criseyde*におけるambiguityの構造：読者から観た関係性の度合いの考察」中尾佳行・地村彰之共編.『伝統と独創—菅野正彦教授退官記念論文集』東京：英宝社, pp. 225–59, 2001. 333 pp.

17. *A Comprehensive Textual Comparison of Chaucer's Dream Poetry* (Akiyuki Jimura, Yoshiyuki Nakao, & Masatsugu Matsuo eds.) Okayama: University Education Press, 2002. v + 173 pp.

18. *A Comprehensive Collation of the Hengwrt and Ellesmere Manuscripts of The Canterbury Tales: General Prologue* (Akiyuki Jimura, Yoshiyuki Nakao, Masatsugu Matsuo, Norman F. Blake, & Estelle Stubbs eds.) The Hiroshima University Studies, Graduate School of Letters Volume 82, Special Issue, No. 3, 2002. iv + 100 pp.

19. 'The Semantics of Chaucer's *Moot/Moste and Shal/Sholde*: Conditional Elements and Degrees of Their Quantifiability' Toshio Saito, Junsaku Nakamura, & Shunji Yamazaki eds. *English Corpus Linguistics in Japan.* Amsterdam/NewYork: Rodopi, pp. 235–47, 2002.

20. 'Modality and Ambiguity in Chaucer's *trewely*: A Focus on *Troilus and Criseyde*' Yoko Iyeiri & Margaret Connoly eds. *And gladly wolde he lerne and gladly teche: Essays on Medieval English Presented to Professor Matsuji Tajima on His Sixtieth Birthday.* Tokyo: Kaibunsha, pp.73–94, 2002.

21. 「Chaucerの曖昧性の構造—*Troilus and Criseyde* 3.12-25 'God loveth …' を中心に」菅野正彦編.『"FUL OF HY SENTENCE" 英語語彙論集』東京：英宝社, pp. 21–33, 2003.
22. 「つなぎの重要性—英語教師に求められる専門性」岡紘一郎編.『英語教育学研究—金田道和先生退官記念論文集』. 広島：渓水社, pp. 85–102, 2003.
23. 『Chaucerの曖昧性の構造』東京：松柏社, 2004. ix + 451 pp.
24. 'A Project for a Comprehensive Collation of the Hengwrt and Ellesmere Manuscripts of *The Canterbury Tales*: The General Prologue' (Yoshiyuki Nakao, Akiyuki Jimura, & Masatsugu Matsuo) Junsaku Nakamura, Nagayuki Inoue, & Tomoji Tabata eds. *English Corpora under Japanese Eyes*. Amsterdam/New York: Rodopi, pp.139–50, 2004.
25. 'Chaucer's *Semely* and Its Related Words from an Optical Point of View' Osamu Imahayashi & Hiroji Fukumoto eds. *English Philology and Stylistics: A Festschrift for Professor Toshiro Tanaka.* Hiroshima: Keisuisha, pp. 24–40, 2004.
26. 「HenrysonのCresseid」多ヶ谷有子・菅野正彦共編.『ことばと文学　Words and Literature —池上昌教授記念論文集— Essays in Honour of Professor Masa Ikegami』東京：英宝社, pp. 105–28, 2004.
27. 「『カンタベリー物語』にみる旅—構造と意味—」原野昇・水田英美・山代宏道・中尾佳行・地村彰之・四反田想共編.『中世ヨーロッパの時空間移動』広島：渓水社, pp. 97–140, 2004. 207 pp.
28. 'Chaucer's *Gentil* with a Focus on Its Modal Implication' Jacek Fisiak & Hye-Kyung Kang eds. *Recent Trends in Medieval English Language and Literature in Honour of Young-Bae Park Vol. I.* Seoul: Thaehaksa, pp. 321–45, 2005.
29. 「クリセイデ像の変容にみる排除と寛容」原野昇・水田英美・山代宏道・中尾佳行・地村彰之・四反田想共編.『中世ヨーロッパにおける排除と寛容』広島：渓水社, pp. 125–55, 2005. 178 pp.
30. 'Exclusion and Tolerance in Cirseyde/Cresseid/Cressida' Noboru Harano, Hidemi Mizuta, Hiromichi Yamashiro, Yoshiyuki Nakao, Akiyuki Jimura, & So Shitanda eds. *Exclusion and Tolerance in Medieval Europe—Proceedings of International Research Conference 23-24 March 2005 Hiroshima University.* Hiroshima: Keisuisha, pp. 15–23, 2005. 84 pp.
31. 「「尼僧院長の話」に見る死生観—少年殉教と感覚に訴える表現」水田英美・山代宏道・中尾佳行・地村彰之・四反田想・原野昇共編.『中世ヨーロッパにおける死と生』広島：渓水社, pp. 69–108, 2006. 197 pp.
32. 'The Interpretation of *Troilus and Criseyde* 3.587: "syn I moste on yow triste"' Michiko Ogura ed. *Textual and Contextual Studies in Medieval English: Towards*

the Reunion of Linguistics and Philology. Studies in English Medieval Language and Literature (Edited by Jacek Fisiak 13). Frankfurt am Main: Peter Lang, pp. 51–71, 2006.

33. 「チョーサーの『善女伝』に見る女と男―女性像の曖昧性について―」水田英美・山代宏道・中尾佳行・地村彰之・原野昇共編.『中世ヨーロッパにおける女と男』広島:渓水社, pp. 75–103, 2007. 186 pp.

34. '"Exclusion and Tolerance in Criseyde/Cresseid/Cressida' 中尾佳行・小野祥子・白井菜穂子・野地薫・菅野正彦共編.『テクストの言語と読み―池上惠子教授記念論文集―』東京:英宝社, pp. 262–82, 2007. vii + 497 pp.

35. 'Tension between the Semantic and the Pragmatic Affecting the Word *Sad* in the Clerk's Tale' Mayumi Sawada, Larry Walker, & Shizuya Tara eds. *Language Beyond —A Festschrift for Hiroshi Yonekura on the Occasion of His 65th Birthday*, Tokyo: Eichosha, pp. 337–51, 2007.

36. 「チョーサーのファブリオに見る笑い―「船長の話」における言葉遊び再考―」水田英美・山代宏道・中尾佳行・地村彰之・原野昇共編.『中世ヨーロッパにおける笑い』広島:渓水社, pp. 111–42, 2008. 182 pp.

37. *"The General Prologue" to The Canterbury Tales: A Comprehensive Collation of the Two Manuscripts (Hengwrt and Ellesmere) and the Two Editions (Blake (1980)) and Benson (1987)) of The Canterbury Tales.* (Akiyuki Jimura, Yoshiyuki Nakao, & Masatsugu Matsuo eds.) 広島大学大学院文学研究科論集第68巻特輯号, 2008. vi + 62 pp.

38. 「*Troilus and Criseyde*, Cp写本のデジタル化―基本方針と言語特徴―」松下知紀・長谷川宏・下宮忠雄編『ことばの普遍と変容』(Anglo-Saxon語の継承と変容 叢書 3) 専修大学大学院社会知性開発研究センター・言語・文化研究センター, pp. 131–45, 2008.

39. *A Comprehensive Textual Collation of 'Troilus and Criseyde': Corpus Christi College, Cambridge, MS 61 and Windeatt (1990)* (Yoshiyuki Nakao, Masatsugu Matsuo, & Akiyuki Jimura eds.) Tokyo: Senshu University Press, 2009. xvi + 420 pp.

40. 「「トパス卿の話」に見る伝統と刷新―ロマンスの言語の解体と創造」水田英美・山代宏道・中尾佳行・地村彰之・原野昇共編.『中世ヨーロッパにおける伝統と革新』広島:渓水社, pp. 135–64, 2009. 198 pp.

41. 'Positions of Ornamental Letters within a Word in the Hengwrt and Ellesmere Manuscripts of Geoffrey Chaucer's *The Canterbury Tales*' Yoshiyuki Nakao, Akiyuki Jimura, & Masatsugu Matsuo. 『松尾雅嗣教授退職記念論文集 平和学を拓く』IPSHU研究報告シリーズ, 研究報告, No.42, 広島大学平和科学研究セ

ンター, pp. 384–99, 2009.

42. 「Chaucerの言語とメトニミー—*Troilus and Criseyde*の場合—」渡部眞一郎・細谷行輝共編.『英語フィロロジーとコーパス研究—今井光規教授古稀記念論文集—』東京：松柏社, pp. 413–26, 2009.

43. 「ChaucerのComment Clause—認識・思考動詞の主観化とテクストの読み」秋元実治編.『Comment Clauseの史的研究—その機能と発達—』東京：英潮社フェニックス, pp. 51–80, 2010.

44. 'Chaucer's Ambiguity in Voice' Osamu Imhayashi, Yoshiyuki Nakao, & Michiko Ogura eds. *Aspects of the History of English Language and Literature: Selected Papers Read at SHELL 2009, Hiroshima.* Internatiler Verlag der Wissenschaften: Frankfurt am Main: Peter Lang, pp. 143–57, 2010. ix + 407.

45. 「英語教師に求められる専門性—教育的文体論の構築—」小迫勝・瀬田幸人・福永信哲・脇本恭子共編.『英語教育への新たな挑戦—英語教師の視点から—』東京：英宝社, pp. 77–89, 2010.

46. 「ガウェイン詩人とチョーサーに見る祝宴と罠」水田英美・山代宏道・中尾佳行・地村彰之・原野昇共編.『中世ヨーロッパの祝宴』広島：渓水社, pp. 116–44, 2010. 175 pp.

47. 'Textual Variations in *Troilus and Criseyde* and the Rise of Ambiguity' Tomonori Matsushita, A.V.C. Schmidt, & David Wallace eds. *From Beowulf to Caxton: Studies in Medieval Languages and Literature, Texts and Manuscripts.* Bern: Peter Lang, pp.111–50, 2011.

48. 'A Comprehensive Textual Comparison of *Troilus and Criseyde*: Corpus Christi College, Cambridge, MS 61 and B.A. Windeatt's Edition of *Troilus and Criseyde* (1990)' (Yoshiyuki Nakao & Masatsugu Matsuo) Tomonori Matsushita, A.V.C. Schmidt, & David Wallace eds. *From Beowulf to Caxton: Studies in Medieval Languages and Literature, Texts and Manuscripts.* Bern: Peter Lang, pp. 151–64, 2011.

49. *The Structure of Chaucer's Ambiguity*. Frankfurt am Main: Peter Lang, 2013. 309 pp.

50. 'Progressive Diminution in 'Sir Thopas'' Yoshiyuki Nakao & Yoko Iyeiri eds. *Chaucer's Language: Cognitive Perspectives*. (Studies in the History of the English Language, 2013-B.) The Japanese Association for Studies in the History of the English Language. Osaka: Osaka Books Ltd., pp. 47–77, 2013. 151 pp.

51. 'Linguistic Differences Between the Hengwrt and Ellesmere Manuscripts of *The Canterbury Tales*: The Multifunctions of the Adjectival Final –*e* and the Scribe's Treatments' Ken Nakagawa ed. *Studies in Modern English: The Thirtieth*

Anniversary Publication of the Modern English Association. Tokyo: Eihosha, pp. 69–84, 2014.

52. 「チョーサーの『トロイラスとクリセイデ』における "assege" —＜包囲＞（内、境界、外）の認知プロセスを探る」東雄一郎・川崎浩太郎・狩野晃一共編.『チョーサーと英米文学　河崎征俊教授退職記念論集』東京：金星堂, pp. 379–58, 2015.

53. 「『カンタベリー物語』の写本と刊本における言語と文体について」（中尾佳行・地村彰之）堀正広編.『コーパスと英語文体』東京：ひつじ書房, 近刊.

54. 「英語の発達から英語学習の発達へ―法助動詞の第二言語スキーマ形成を巡って―」家入葉子編.『これからの英語教育―英語史研究との対話』大阪：大阪洋書, 近刊.

55. 「sweteの文脈と意味―Chaucerの「尼僧院長の話」の場合―」吉村耕治編.『中期英語における自然・感覚・文化』大阪：大阪教育図書, 近刊.

【論文】

1. 「ChaucerのTroilus and Criseydeにおける関係代名詞の用法―Chaucerのgrammatical styleへの一つのアプローチ」広島大学大学院文学研究科英文学会 *Phoenix* 14, pp. 71–97, 1978.

2. 「Chaucerにおける諺の用法―Chaucerに於けるconventionとinnovationの一断面」広島大学大学院文学研究科英文学会 *Phoenix* 15, pp. 3–20, 1979.

3. 「*The Canterbury Tales*のGeneral Prologueに於ける比喩の用法―人物との関連に於いて」広島大学大学院文学研究科英文学会 *Phoenix* 16, pp. 3–23, 1980.

4. 'The Conventional Language of Courtly Love and Chaucer's Characterization of Troilus' 広島英語研究会 *ERA* (*The English Research Association of Hiroshima*) 2(1), pp. 29–51, 1981.

5. 「*The Merchant's Tale*におけるずれ」山口大学『英語と英米文学』17, pp. 29–51, 1982.

6. 「関係構造と統語的変異―チョーサーのof-phrase再考」山口大学『英語と英米文学』19, pp. 1–28, 1984.

7. 「チョーサーにおけるアレゴリーとリアリズム」広島大学英文学会『英語英文学研究』(*Hiroshima Studies in English Language and Literature*) 29―アレゴリー特集号― pp. 15–26, 1985.

8. 「語彙の近接度と文学作品への適用例―*The Merchant's Tale*を例として」（中尾佳行・松尾雅嗣）広島大学英文学会『英語英文学研究』(*Hiroshima Studies in English Language and Literature*) 29, pp. 49–58, 1985.

9. 「パーソナル・コンピュータによる Chaucer作品の用例検索システム」（中尾佳行・鈴木重樹・松尾雅嗣・久屋孝夫）山口大学『英語と英米文学』20, pp. 61–72, 1985.
10. 「チョーサーの*of-phrase* の統語法—その多様性について」山口大学『英語と英米文学』20, pp. 35–60, 1985.
11. 「Chaucer 作品の磁気テープ版KWIC索引」（中尾佳行・松尾雅嗣）広島大学英文学会『英語英文学研究』(*Hiroshima Studies in English Language and Literature*) 30, pp. 36–46, 1986.
12. 'Chaucer's Verbal Ambiguities—Towards a Systematic Approach' 広島大学英文学会『英語英文学研究』(*Hiroshima Studies in English Language and Literature*) 32, pp. 54–64, 1988.
13. 'Chaucer's Ambiguity in *The Legend of Good Women*' 広島英語研究会 ERA (*The English Research Association of Hiroshima*) 6(1), pp. 14–49, 1988.
14. 「"A Little Cloud"を読む—Joyceの言語の重層性の問題」山口大学『英語と英米文学』23, pp. 29–42, 1988.
15. 「*The Merchant's Tale*の言語の重層性」山口大学『英語と英米文学』24, pp. 13–49, 1989.
16. 「*Sir Thopas*の言語への一つのアプローチ—写本の異型は何を語るか—」山口大学『英語と英米文学』25, pp. 1–56, 1990.
17. 「Chaucerにおけるambiguityの構造—特に*Troilus and Criseyde* を中心に」広島大学英文学会『英語英文学研究』(*Hiroshima Studies in English Language and Literature*) 37, pp. 14–26, 1992.
18. 「Chaucer の語彙と文脈—*Troilus and Criseyde* における'slydynge'とその関連語を中心に」中谷喜一郎編. 広島大学学校教育学部英語科研究室『英語と英語教育』（高橋久先生・五十嵐二郎先生退官記念論文集 高橋・五十嵐両先生退官記念論文集刊行会）pp. 177–85, 1993.
19. 'The Ambiguity of the Phrase *As She That* in Chaucer's *Troilus and Criseyde*' The Japan Society for Medieval English Studies SIMELL (*Studies in Medieval English Language and Literature*) 8, pp. 69–86, 1993.
20. 「Chaucerの*Troilus and Criseyde*における統語的曖昧性」山口大学『英語と英米文学』28, pp. 53–76, 1993.
21. 'A Note on the Affectivity of Criseyde's *pite*' Shubun International, *POETICA: An International Journal of Linguistic-Literary Studies* 41, pp. 19–43, 1994.
22. 「Chaucer のロマンスの言語におけるambiguity—*Troilus and Criseyde*と*The Merchant's Tale*を中心に」山口大学教育学部『研究論叢』44(1), pp. 45–66, 1994.
23. 「Chaucerの*Troilus and Criseyde* におけるテクスト異同と受容の問題」山口大

学『英語と英米文学』29, pp. 51–94, 1994.
24. 'A Semantic Note on the Middle English Phrase *As He/She That*' Odense University Press, Denmark, *NOWELE* (*North-Western European Language Evolution*) 25, pp. 25–48, 1995.
25. 「Chaucerにおける*moot/moste*の意味論―文法化と主観化の一事例研究」山口大学『英語と英米文学』31, pp. 69–122, 1996.
26. 'What can the Hengwrt-Ms of *The Canterbury Tales* Tell Us' 山口大学教育学部『研究論叢』46(1), pp. 57–82, 1996.
27. 'Descriptive Notes on Paired Words in the Language of *Caxton's Own Prose*' (Yoshiyuki Nakao & Midori Matsutani) 山口大学教育学部『研究論叢』46(1), pp. 35–48, 1996.
28. 「英語法助動詞：*must, have got to, have to* ―文法化・主観化の観点から―」（中尾佳行・平山直樹）山口大学『英語と英米文学』31, pp. 38–68, 1996.
29. 「Chaucerの*Troilus and Criseyde*における認識的副詞'trewely'の意味論」山口大学英語教育研究会 *YASEELE* (*Yamaguchi Studies in English and English Education*) 1, pp. 11–26, 1997.
30. 「Chaucerの*Troilus and Criseyde*における*shal/sholde*の意味論―Chaucerの法助動詞の凝縮性の一断面」中谷喜一郎先生退官記念論文集刊行会編. 広島大学学校教育学部英語科研究室『英語と英語教育』（中谷喜一郎先生退官記念論文集）2, pp. 23–42, 1998.
31. 「*Troilus and Criseyde*におけるChaucerのambiguity: 意味論的な観点から―序論」仏教大学英文学会 *Cirlces* 2, pp. 15–28, 1999.
32. 'Notes on the Did Do + Infinitive Construction in Late Middle English: With Special Reference to the Writings of Caxton' (Yoshiyuki Nakao & Midori Matsutani) 広島大学英文学会『英語英文学研究』(*Hiroshima Studies in English Language and Literature*) 44, pp. 93–106, 2000.
33. 「*Troilus and Criseyde*における談話構造のambiguity」広島大学学校教育学部英語科研究室『英語と英語教育』6, pp. 47–58, 2001.
34. 「英語教師に求められる専門性―英文法におけるメタ言語意識を例に」『中国地区英語教育学会研究紀要』31, pp. 105–114, 2001.
35. 「英語教育内容学の構築 (1) ―その理念と方法―」（松浦伸和・中尾佳行・深澤清治・小野章・松畑煕一）『日本教育大学協会外国語部門紀要』創刊号, 3–31, 2002.
36. 「英語教師に求められる専門性 (2) ―文法化と主観化を例に」広島大学学校教育学部英語科研究室『英語と英語教育』8, pp. 63–71, 2003.
37. 「学習英文法の構築：相の場合」広島大学学校教育学部英語科研究室『英語

と英語教育』特別号（小篠敏明先生退職記念論文集）pp. 17–26, 2006.

38. 'Towards a Parallel Text Edition of Chaucer's *Troilus and Criseyde*: A Study of Book 1.1-28' 専修大学大学院社会知性開発研究センター・言語文化・研究センター『ことばの普遍と変容』(*Universals and Variation in Language*) 1, pp. 89–114, 2006.

39. 'The Structure of Chaucer's Ambiguity with a Focus on Modal Discourse (Tr 5.1084, etc.)' The English Linguistics Society of Korea *English Language and Linguistics* (Journal of the English Linguistics Society of Korea) 21, pp. 181–219, 2006.

40. 'The Structure of Chaucer's Ambiguity with a Focus on *Troilus and Criseyde* 5.1084' The Japan Society for Medieval English Studies *SIMELL* (*Studies in Medieval English Language and Literature*) 21, pp. 55–63, 2006.

41. 'A Project for a Comprehensive Collation of the Two Manuscripts (Hengwrt and Ellesmere) and the Two Editions (Blake [1980] and Benson [1987]) of *The Canterbury Tales*' (Yoshiyuki Nakao, Akiyuki Jimura, & Masatsugu Matsuo) 広島大学英文学会『英語英文学研究』(*Hiroshima Studies in English Language and Literature*) 53, pp. 1–22, 2009.

42. 'Chaucer's Ambiguity in Discourse: The Case of *Troilus and Criseyde*' 専修大学社会知性開発研究センター・言語・文化研究センター『ことばの普遍と変容』(*Universals and Variation in Language*) 5, pp. 85–97, 2010.

43. 「Chaucerのcomment clause—韻律と意味の融合—」近代英語協会『近代英語研究』26, pp. 71–8, 2010.

44. 'Chaucer's Language: 'Subjectivisation' and 'Expanding Semantics' The Japan Society for Medieval English Studies *SIMELL* (*Studies in Medieval English Language and Literature*) 25, pp. 1–41, 2011.

45. 「Chaucerの*treweliche*に見る主観性と読み」The Conference Organizing Committee ed. The English Linguistic Society of Japan *JELS* (*Papers from the Twenty-Eighth Conference of The English Linguistic Society of Japan November 13-14, 2010*) pp. 117–23, 2011.

46. 'Truth and Space in Chaucer: A Cognitive Linguistic Approach' 近代英語協会『近代英語研究』28, pp. 23–49, 2012.

47. 'Choice and Psychology of Negation in Chaucer's Language: Syntactic, Lexical, Semantic Negative Choice with Evidence from the Hengwrt and Ellesmere MSs and the Two Editions of the *Canterbury Tales*' (Yoshiyuki Nakao, Akiyuki Jimura, & Noriyuki Kawano) 広島大学英文学会『英語英文学研究』(*Hiroshima Studies in English Language and Literature*) 59, pp. 1–34, 2015.

【書評】

1. Robert M. Jordan *Chaucer's Poetics and the Modern Reader,* University of California Press, 1987, viii + 182 pp.『英文学研究』66(2), pp. 331–5. 1989.
2. Ebbe Klitgard *Chaucer's Narrative Voice in 'The Knight''s Tale',* University of Copenhagen, Museum Tusculanum Press, 1995, 111 pp.『英文学研究』75(1), pp. 144–50. 1989.
3. Yoko Iyeiri *Negative Constructions in Middle English*, Kyushu University Press, 2001, xx + 232 pp. 『英語青年』148(2), pp. 70–1. 2002.
4. Peter Brown ed. *A Companion to Chaucer*, Blackwell Publishers, 2000, xvii + 515. *Studies in Medieval English Language and Literature* 18, pp. 64–70. 2003.
5. Laurel J. Brinton & Elizabeth Closs Traugott *Lexicalization and Language Change*, Cambridge University Press, 2005, xii + 207.『近代英語研究』24, pp. 85–91. 2008.
6. Edward I. Condren *Chaucer from Prentice to Poet: The Metaphor of Love in Dream Visions and Troilus and Criseyde*, Gainesville: University Press of Florida, 2008, xiv + 240 pp. *Studies in English Literature* 52, pp. 168–74. 2011.
7. 米倉綽編『ことばが語るもの―文学と言語学の試み』英宝社, 2012, 271 pp.『英文学研究』90, pp. 144–9. 2013.

【その他】

1. 「Chaucerのcreative contiguityと意味拡張」『英語史研究会会報』4, pp. 12–3, 2000.
2. 「Chaucerの「目」の詩学：'semely for to se' (LGW 2074)の含意」『英語史研究会会報』6, pp. 17–20, 2001.
3. 「David Burnley教授追悼」『英語史研究会会報』6, pp. 25–8, 2001.
4. 「推論の詩学：トロイラスとクレシダから」『芽萌えんと森』4, pp. 59–64, 2001.
5. 『コンピュータによる『カンタベリー物語』Hg, El写本の計量的比較』（中尾佳行・地村彰之・松尾雅嗣）平成12年度〜平成13年度科学研究費補助金研究成果（課題番号：12610494（基盤研究(C)(2)））報告書, 2002. 199 pp.
6. 「第2章　英語、第3節：尾道北高等学校」平成13年度教育学研究科リサーチオフィス経費研究報告書「高等学校における教科指導研究」プロジェクト『高等学校における教科指導研究』広島大学大学院教育学研究科, pp. 46–51, 2002.
7. 「推論の詩学：「チョーサーの動く意味」」『芽萌えんと森』5, pp. 74–7, 2002.
8. 「推論の詩学：「チョーサーの総合的認識」」『芽萌えんと森』6, pp. 46–9, 2002.
9. 「第2章　英語、第2節：尾道北高等学校」平成14年度教育学研究科リサーチ

オフィス経費研究報告書「高等学校における教科指導研究」プロジェクト『高等学校における教科指導研究』広島大学大学院教育学研究科, pp. 51–60, 2003.
10. 「翻訳に関する2, 3の問題」「言語文化教育プロジェクト」報告集『「翻訳作品の教材化」研究』広島大学大学院教育学研究科言語文化教育学専攻, pp. 23–30, 2003.
11. 「推論の詩学：残像の効用」『芽萌えんと森』7, pp. 48–50, 2003.
12. 「推論の詩学：OEDと認知論」『芽萌えんと森』7, pp. 22–3, 2003.
13. 'Modality and Ambiguity in Poetic Discourse—A Focus on Modal Lexical Verbs—' *Proceedings of ICSWC2* (The 2nd International Conference on Speech, Writing and Context: Exploring Interdisciplinary Perspectives. 6, 7, 8 August 2003 Nakamiya Campus Kansai Gaidai University Hirakata City, Osaka Japan), pp. 135–8, 2003.
14. 『チョーサー作『カンタベリー物語』Hg, El写本の計量的比較』（中尾佳行・地村彰之・松尾雅嗣）平成14年度～平成15年度科学研究費補助金研究成果（課題番号：14510524（基盤研究(C)(2)））報告書, 2004. Viii + 109 pp + Appendix: An Exhaustive List of Word Form Pairs, 129 pp.
15. 「高大連携への新しい取り組み：3. 大学から高等学校への提言、3.1. 英語学領域からの提言」（中尾佳行・柳瀬陽介）『広島大学大学院教育学研究科　リサーチ・オフィス共同研究プロジェクト報告書』2, 広島大学大学院教育学研究科リサーチ・オフィス, pp. 26–7, 2004.
16. 「第2章　英語—効果的な英語教育のための大学からの提案、第1節：英語の相：学習論的立場からの再考」平成16年度教育学研究科リサーチオフィス経費研究報告書「中等教育における教科教育内容指導研究プロジェクト」『中等教育における教科教育内容指導研究』広島大学大学院教育学研究科, pp. 58–65, 2005.
17. 「第2章　英語教育内容の開発とその指導、第2節：言語の「発達」から学習の「発達」へ—」平成17年度教育学研究科リサーチオフィス経費研究報告書「中等教育における教科教育内容の開発とその指導に関する研究プロジェクト」『中等教育における教科教育内容に関する研究』広島大学大学院教育学研究科, pp. 82–6, 2006.
18. 「第2章　英語教育内容の開発とその指導、第2節：機能論と教育文法—法助動詞を例に—」平成18年度教育学研究科リサーチオフィス経費研究報告書「中等教育における教科教育内容とその指導に関する研究プロジェクト」『中等教育における教科教育内容に関する研究』広島大学大学院教育学研究科, pp. 64–73, 2007.
19. 「Chaucerの言語とテクストの読み—言語の主観化(subjectification)をめぐって—」日本英文学会『第80回大会Proceedings. The 80th General Meeting of The

English Literary Society of Japan 24-25 May 2008』pp. 185–7, 2008.
20. *A Comprehensive Textual Comparison between the Hengwrt and the Ellesmere Manuscripts and the Edited Texts of The Canterbury Tales: The Cook's Tale, The Wife of Bath's Prologue and Tale, The Friar's Tale and The Summoner's Tale* (Yoshiyuki Nakao, Akiyuki Jimura, & Masatsugu Matsuo) A Report of a Grant-in-Aid for Scientific Research from the Ministry of Education, Science and Culture (No. 18520208) (基盤研究(C)), 2008. 521 pp.
21.「第2章　英語教育内容の開発とその指導、第2節：英語教師に求められる専門性—前置詞の動詞性—」平成19年度教育学研究科リサーチオフィス経費研究報告書「中等教育における教科教育内容の開発とその指導に関する研究プロジェクト」『中等教育における教科教育内容に関する研究』広島大学大学院教育学研究科, pp. 61–7, 2008.
22. *A Collation Concordance to the Verse Texts of the Hengwrt and Ellesmere Manuscripts of the Canterbury Tales* (Yoshiyuki Nakao, Akiyuki Jimura, & Masatsugu Matsuo) A Report of a Grant-in-Aid for Scientific Research from the Ministry of Education, Science and Culture (No. 20520229) (基盤研究(C)) [Unpublished], 2009. 570 pp.
23.「第2章　英語教育内容の開発とその指導、第2節：英語教師に求められる専門性—教育的文体論の構築—」平成20年度教育学研究科リサーチオフィス経費研究報告書「中等教育における教科教育内容に関する研究プロジェクト」『中等教育における教科教育内容に関する研究』広島大学大学院教育学研究科, pp. 66–76, 2009.
24.「「トパス卿の話」における音と意味—ロマンスの解体と再構築—」日本英文学会『第83回大会Proceeding. The 83rd General Meeting of the English Literary Society of Japan 21-22 May 2011（付2010年度支部大会Proceedings）』pp. 111–3, 2011.
25.「英語の発達から英語学習の発達へ—法助動詞の第二言語スキーマ形成を巡って」日本英文学会『第86回大会Proceeding. The 86th General Meeting of the English Literary Society of Japan 24-25 May 2014（付2013年度支部大会Proceedings）』pp. 31–2, 2014.
26.「チョーサーの*Troilus and Criseyde*における"assege"—＜器＞（内、境界、外）の認知プロセスを探る」日本英文学会『第86回大会Proceeding. The 86th General Meeting of the English Literary Society of Japan 24-25 May 2014（付2013年度支部大会Proceedings）』pp. 257–8, 2014.
27.「大学の抱える今日的問題と人文学的「知」の追究の狭間で—英文学会からの問いかけ」日本英文学会『第87回大会Proceedings. The 87th General Meeting

of the English Literary Society of Japan 23-24 May 2015（付2014年度支部大会 Proceedings）』pp. 90–1, 2015.「本特別シンポジアムの狙い」及び「「人材を育てる」人材を育てる―英語教育内容学（以下「内容学」）」を執筆.

28.「チョーサーの言語の身体性―「トパス卿の話」にみる＜漸減化＞の認知プロセス―」The English Linguistic Society of Japan *Conference Handbook 33* (The Thirty-Third Conference of The English Linguistic Society of Japan. 21-22 November 2015 Kansai Gaidai University), pp. 137–40, 2015.

お礼のことば

中尾　佳行

　今年度に入って間もないころ、現、英語文化教育学講座主任であり、また教育学研究科で言う「内容学」を運営してきた柳瀬陽介先生から、私の定年退職を機に論文集を編みたいという提案があった。教育学研究科の教科教育学は、基本的に教育内容自体を深める「内容学」とその教育課程、教材開発、指導法あるいは評価に関わる「方法学」に二分されている。「英語教育内容学」の場合、深める内容により方向性は、文学、語学、教育学、心理学、哲学など多岐に渡るが、私は主として語学を担当してきた。当初は、「内容学」の講座を運営してきた同僚の先生方と、私が大学院で深く指導に関わった修了生を中心にと思っていたが、柳瀬先生から、文学研究科、さらには他大学の先生方も含めて、執筆を依頼したらどうかという勧めがあった。お世話になった研究仲間は際限なく広がるので、私の教え子、同窓生、そして日頃活動を共にしている広島英語研究会の友人に限らせてもらった。リストを作成して柳瀬先生にお渡しすると、すぐに各先生方に依頼して下さった。有り難いことに、全員の方が賛同して下さった。2月6日の「最終講義」には、私の教え子、同僚、さらには広島英語研究会と中世英語英文学研究の研究仲間にも遠くから来ていただいた。論文集には参加していない私の教え子や仲間に記して感謝したい。「内容学」を同じように支えてこられた小野章先生からは、私の最終講義に向けた諸々の準備でお忙しいにも拘わらず、本論文集投稿での共同執筆を提案された。同僚の温かい心遣いに感謝したい。また現、博士課程前期の院生からも、この論文集に参加したいという申し出があった。教師冥利につきることである。

　結果、私の教え子、友人、先輩まで、多くの方々のお蔭で、英語という言語を起点として、人間の知性と感性を揺さぶるすばらしい論文集が刊行された。執筆者の方々に感謝申し上げたい。世界が英語化する、英語が世界化するグローバリゼーションのさなか、だからこそ英語をコミュニケーションの「ツール」とすると同時に人間の知性と感性を広げる人間形成の手段ともすることが大切であると常々考えてきた。本書は、このことに果敢に挑戦し、その新地平を描いたものと言えよう。内容学の本質は、専門性の質を落とさず、学習段階に合わせ、いかに易しく説明できるか、にあると思われるが、本書にはこのことへの有益な情報と示唆が詰まっているようにも思える。

　本書の編集という大変な仕事については、柳瀬陽介先生と西原貫之先生に企

画から出版に至るまでお世話になりました。査読委員の先生方には、ご多忙にも拘わらず、ご尽力いただきました。本当に有難うございました。そして何よりも執筆して下さった多くの先生方、そして院生のみなさん一人ひとりに、深くお礼申し上げます。

本論文集は私へのみなさんの「やわらかき心」の結集と認識しています。

Pitee renneth soone in gentil herte. (Geoffrey Chaucer)

平成28年3月

言葉で広がる知性と感性の世界
―英語・英語教育の新地平を探る―

2016 年 5 月20日　発行

編　者　柳瀬陽介・西原貴之
発行所　株式会社　溪水社
　　　　広島市中区小町 1-4（〒730-0041）
　　　　電話 082-246-7909　FAX082-246-7876
　　　　info@keisui.co.jp
　　　　URL: www.keisui.co.jp

ISBN978-4-86327-345-0 C3082